Schöne Momente pflegender Angehöriger in der Pflege und Begleitung von Menschen mit Demenz

Anna Kiefer

Schöne Momente pflegender Angehöriger in der Pflege und Begleitung von Menschen mit Demenz

Eine Tagebuchstudie

Anna Kiefer
Heidelberg, Deutschland

Zugl.: Dissertation, Ruprecht-Karls-Universität Heidelberg, Fakultät für Verhaltens- und Empirische Kulturwissenschaften, Jahr 2023

ISBN 978-3-658-45185-1   ISBN 978-3-658-45186-8   (eBook)
https://doi.org/10.1007/978-3-658-45186-8

Die Deutsche Nationalbibliothek verzeichnet diese Publikation in der Deutschen Nationalbibliografie; detaillierte bibliografische Daten sind im Internet über https://portal.dnb.de abrufbar.

© Der/die Herausgeber bzw. der/die Autor(en) 2024. Dieses Buch ist eine Open-Access-Publikation.

Open Access Dieses Buch wird unter der Creative Commons Namensnennung 4.0 International Lizenz (http://creativecommons.org/licenses/by/4.0/deed.de) veröffentlicht, welche die Nutzung, Vervielfältigung, Bearbeitung, Verbreitung und Wiedergabe in jeglichem Medium und Format erlaubt, sofern Sie den/die ursprünglichen Autor(en) und die Quelle ordnungsgemäß nennen, einen Link zur Creative Commons Lizenz beifügen und angeben, ob Änderungen vorgenommen wurden.
Die in diesem Buch enthaltenen Bilder und sonstiges Drittmaterial unterliegen ebenfalls der genannten Creative Commons Lizenz, sofern sich aus der Abbildungslegende nichts anderes ergibt. Sofern das betreffende Material nicht unter der genannten Creative Commons Lizenz steht und die betreffende Handlung nicht nach gesetzlichen Vorschriften erlaubt ist, ist für die oben aufgeführten Weiterverwendungen des Materials die Einwilligung des jeweiligen Rechteinhabers einzuholen.
Die Wiedergabe von allgemein beschreibenden Bezeichnungen, Marken, Unternehmensnamen etc. in diesem Werk bedeutet nicht, dass diese frei durch jedermann benutzt werden dürfen. Die Berechtigung zur Benutzung unterliegt, auch ohne gesonderten Hinweis hierzu, den Regeln des Markenrechts. Die Rechte des jeweiligen Zeicheninhabers sind zu beachten.
Der Verlag, die Autoren und die Herausgeber gehen davon aus, dass die Angaben und Informationen in diesem Werk zum Zeitpunkt der Veröffentlichung vollständig und korrekt sind. Weder der Verlag noch die Autoren oder die Herausgeber übernehmen, ausdrücklich oder implizit, Gewähr für den Inhalt des Werkes, etwaige Fehler oder Äußerungen. Der Verlag bleibt im Hinblick auf geografische Zuordnungen und Gebietsbezeichnungen in veröffentlichten Karten und Institutionsadressen neutral.

Planung/Lektorat: Marija Kojic
Springer VS ist ein Imprint der eingetragenen Gesellschaft Springer Fachmedien Wiesbaden GmbH und ist ein Teil von Springer Nature.
Die Anschrift der Gesellschaft ist: Abraham-Lincoln-Str. 46, 65189 Wiesbaden, Germany

Wenn Sie dieses Produkt entsorgen, geben Sie das Papier bitte zum Recycling.

Für Jürgen
Danke, für die vielen schönen Momente
mit Dir!
Wir vermissen Dich alle sehr.

Geleitwort

Es liegt hier eine Schrift vor, die nicht nur aus fachlich-gerontologischer, sondern auch aus ethischer und humaner Perspektive zutiefst anspricht und überzeugt. Es wird eine profunde gerontologische Analyse der psychischen, sozialen und gesundheitlichen Situation von pflegenden Angehörigen (vor allem: von Menschen mit Demenz) vorgenommen: Diese Analyse weist die Autorin als eine (auch) auf diesem Analysegebiet ungemein belesene Autorin aus, der es gelingt, auf der Basis der von ihr studierten Wissenskorpora einen anspruchsvollen und ansprechenden Überblick über die Literatur zu geben und das Thema der Lebenssituation von pflegenden Angehörigen sehr überzeugend und sehr leserfreundlich zu strukturieren. Die Autorin stützt sich dabei zum einen auf „klassisch" zu nennende Literatur zum Thema Pflege, zum anderen (und sehr viel ausführlicher) auf neueste Arbeiten.

Wie bereits geschrieben: Die vorliegende Arbeit vermag auch aus ethischer und humaner Perspektive sehr zu überzeugen. Das *Überzeugungspotenzial in ethischer Hinsicht* sehe ich in der tiefgreifenden, originellen Darstellung der Arbeiten von Immanuel Lévinas wie auch in der Ableitung von Folgerungen hinsichtlich der sittlich-normativen Deutung von Pflegeakten. Die wertvolle *humane Dimension* erkenne ich schon allein in der Wahl der Tagebuchmethode als entscheidender Erhebungsmethode (mit dem Ziel, persönliche Reflexionen über die in der Pflege gewonnenen Erfahrungen anzustoßen) und in deren Begründung. Die ausführliche und kluge Begründung für die Wahl dieser Methode ist eben nicht allein fachlich überzeugend, sondern auch human: Der Autorin ist nämlich auch darum zu tun, mit ihrer und durch ihre Forschung pflegende Familienangehörige in der Tat seelisch-geistig zu „bereichern", ihnen die Möglichkeit zu bieten, ihre eigenen Ressourcen zu erkennen und in diesem Erkenntnisprozess zu einer gefassteren und optimistischeren Lebens- und Zukunftsperspektive zu gelangen. Fachliches, Ethisches und Humanes zeigen sich nicht nur in den Inhalten, sondern auch in der sprachlichen Darstellung der Argumentation: wie ansprechend, auch ganz persönlich!

Die im Zentrum der Schrift stehenden Tagebuchmethode – verbunden mit wiederholt durchgeführten Interviews – soll pflegenden Frauen und Männern die Möglichkeit eröffnen, den vielfältigen Belastungen positiv valente Erlebnisse und Erfahrungen gegenüberzustellen. Auf dieser Grundlage sollen die pflegenden Angehörigen darin unterstützt werden, jene Gedanken, Empfindungen und Emotionen deutlich stärker in das Bewusstsein treten zu lassen und über diese zu reflektieren, die im Pflegealltag – vor allem aufgrund der Dominanz von Belastungen – in Abschattung zu geraten drohen. Die stärkere Bewusstwerdung und Durcharbeitung positiv valenter Inhalte wird als Stimulans für eine in Teilen vollzogene Neubewertung der Pflegeakte und der aktuellen Lebenssituation gedeutet. Ist diese Zielsetzung, ist diese Deutung angemessen? Unbedingt! Die in der internationalen Literatur vorgenommene Differenzierung zwischen „expressivem" und „positivem Schreiben", die die Autorin aufgreift und ihrer Deutung zugrunde legt, ist auch für das Verständnis der gewonnenen Befunde hilfreich: Das Schreiben hat eben nicht nur eine expressive Funktion, es hat auch und gerade eine positive Funktion: In der Selbstbetrachtung, die nicht nur aufzählt, sondern die die eigene Existenz als dynamischen Kontext von Gedanken, Empfindungen und Gefühlen begreift, kommt die Person mehr und mehr zu sich selbst, in dieser Betrachtung distanziert sie sich mehr und mehr von Stereotypen (zu denen auch die einseitige Auslegung von Pflege als Belastung zu rechnen ist).

Dieser Schrift wünsche ich viele Leserinnen und Leser. Und ich kann versprechen: Sie werden nicht enttäuscht werden, im Gegenteil: Sie werden reiche Inspiration erfahren.

Prof. Dr. Dr. h.c. Andreas Kruse
Seniorprofessor distinctus der
Universität Heidelberg
Heidelberg, Deutschland

Danksagung

In der Zeit der Promotion wurde ich von vielen Personen begleitet und unterstützt, denen ich an dieser Stelle danken möchte.

Im Besonderen möchte ich mich ganz herzlich bei allen teilnehmenden pflegenden Angehörigen und ihren an Demenz erkrankten Familienmitgliedern bedanken. Ich durfte nicht nur viele tolle Menschen und deren Lebenssituationen kennenlernen. Ich durfte sie ein Stück weit in ihrem Alltag begleiten, indem sie ihre innersten Gedanken und Gefühle für mich verschriftlichten und mit mir teilten. Sie schenkten mir damit nicht nur die Bereitschaft mich in meiner Arbeit zu unterstützen, sondern insbesondere ein hohes Maß an Zeit und Vertrauen, was nicht selbstverständlich ist und ich sehr zu schätzen weiß. Ich wünsche ihnen weiterhin viele schöne Momente und den Sinn dafür, diese Momente (auch in hoher Belastung) zu erkennen, wahrnehmen und bewusst erleben zu können.

Weiterhin gilt auch allen teilnehmenden professionellen Akteuren mein herzlicher Dank für ihr hohes Interesse an meiner Arbeit und ihre fachliche und praktische Expertise. Sie leisten in ihrer Begleitung und Beratung von pflegenden Angehörigen und Menschen mit Demenz auf unterschiedlichen Ebenen einen wichtigen Beitrag für die Gesellschaft.

Mein großer Dank gilt außerdem den Beratern meiner Dissertation: Herr Prof. Dr. Dr. h.c. Andreas Kruse, Herr Prof. Dr. Hartmut Remmers und Herr Prof. Dr. Eric Schmitt. Durch sie konnte ich mich wissenschaftlich, aber auch persönlich (weiter-)entwickeln. Sie haben mich von Beginn an in meinem Promotionsvorhaben unterstützt, motiviert und mit hoher fachlicher Expertise betreut. Ihre Ratschläge, Gedanken und Erfahrungen, die sie mit mir in vielen Gesprächen teilten, waren stets bereichernd und haben im Wesentlichen zum Gelingen dieser Arbeit beigetragen.

Bedanken möchte ich mich auch bei Andreas Müller, der mir in seiner Methodenberatung geduldig die qualitative Datenanalyse und den Umgang mit MAXQDA näherbrachte.

Maren Wittek, mit der ich nicht nur das Büro, sondern auch die Zeit der Promotion teilen durfte, gilt mein besonderer Dank. Wir sind gemeinsam durch die Höhen und Tiefen, die eine solche Arbeit mit sich bringt gegangen und wurden dabei zu guten Freunden. Vielen Dank für diese Zeit und die daraus entstandene Freundschaft mit Dir!

All meinen Kollegen und Kolleginnen am Institut für Gerontologie der Universität Heidelberg möchte ich ebenfalls meinen Dank aussprechen. Sie alle haben mich auf unterschiedliche Weise unterstützt. Ganz besonders Sebastian, Steffi, Monika, Ietza und Pia, die immer ein offenes Ohr für mich hat und mich vor allem in der Endphase meiner Promotion stärkte und an mein leibliches Wohl dachte.

Von Herzen möchte ich mich auch bei meinen engsten Freunden bedanken. Vor allem Janina, Marika, Reshma, Sebastian und Jonas: Ihr habt nicht nur die schönen Momente mit mir gefeiert, sondern auch in schwierigen Momenten zugehört, Mut zugesprochen und mich bestärkt. Danke für Eure tiefe und beständige Freundschaft!

Zuletzt möchte ich mich bei meiner Familie bedanken. Ganz besonders bei meiner Mutter Ruth und meinen beiden Schwestern Isabell und Katrin, meinem Patenonkel Peter und meiner Oma, die mich immer unterstützt und an mich geglaubt haben – vor allem dann, wenn ich es nicht konnte. Danke, dass Ihr immer für mich da seid!

Zusammenfassung

Hintergrund
Die Übernahme der Pflege und Begleitung von Familienmitgliedern stellt für Angehörige eine herausfordernde Lebenssituation dar, die insbesondere in der Betreuung von Menschen mit Demenz mit hohen physischen, psychischen und sozialen Belastungen verbunden ist. Pflegende Angehörige aber auch Kommunen, die Unterstützungsangebote entwickeln, betrachten und erleben aus diesen Gründen die Pflegesituation vorrangig defizitorientiert und aus der Belastungsperspektive.

Das Erleben positiver Aspekte bzw. schöner Momente in der jeweiligen Pflegesituation bleibt dabei häufig unerwähnt. Wissenschaftlichen Arbeiten zufolge berichtet jedoch die Mehrheit der pflegenden Angehörigen von Menschen mit Demenz von schönen Momenten, die sie gemeinsam mit ihren Angehörigen in und durch die Pflege und Begleitung erleben.

Mit dem Ziel eines Perspektivenwechsels hin zu einer ressourcenorientierten Sichtweise auf informelle Pflegesituationen, erscheint die bereits empirisch nachgewiesene Wirkung von Schreibprozessen eine effektive Methode zur Förderung der Selbstfürsorge und Selbstreflexion bei pflegenden Angehörigen von Menschen mit Demenz, was zu einer positiven Bewertung der Pflegesituation und somit zur Förderung der subjektiv wahrgenommenen Lebensqualität beitragen kann.

Es stellt sich die Frage, ob positives Schreiben, d. h. das Aufschreiben von positiv wahrgenommenen Gedanken, Gefühlen und Erlebnissen, dabei helfen kann, pflegende Angehörige individuell auf die Wahrnehmung positiver Aspekte in der Pflege und Begleitung zu sensibilisieren und ob es darüber hinaus eine Möglichkeit zur Gestaltung einer ressourcenorientierten Unterstützungsmaßnahme bietet.

Methodik
Zur Beantwortung der Forschungsfrage wurde eine qualitative Tagebuchstudie durchgeführt. Die Datenerhebung erfolgte über vier Wochen, in denen zehn pflegende Angehörige von Menschen mit Demenz täglich (28 Tage) kriteriengeleitete Tagebucheinträge anhand einer hierfür entwickelten Tagebuchvorlage schrieben. Im Prä-Post-Design wurden darüber hinaus leitfadengestützte Interviews zur Wahrnehmung schöner Momente sowie zur Bewertung der Methode geführt. Im Anschluss und mit Blick auf einen möglichen Transfer in die Praxis wurde eine Fokusgruppe initiiert, in der das Instrument Tagebuch vorgestellt wurde und Bezug auf dessen mögliche Integration als Unterstützungsmaßnahme in der professionellen Begleitung und Beratung von pflegenden Angehörigen mit unterschiedlichen Akteuren aus der Praxis diskutiert wurde. Die Ergebnisse wurden im Anschluss mittels qualitativer Inhaltsanalyse in Anlehnung an Udo Kuckartz (2018) mit Hilfe der Analysesoftware MAXQDA 2020 organisiert und analysiert.

Ergebnisse
Die Annahme, dass durch regelmäßiges Tagebuch-Schreiben eine Sensibilisierung pflegender Angehöriger zur Wahrnehmung schöner Momente gelingen kann, wird durch die analysierten Daten gestützt. Zumeist finden jene schönen Momente ihren Ursprung in der zwischenmenschlichen Begegnung gemeinsam mit dem an Demenz erkrankten Familienmitglied – aber auch innerhalb des (gemeinsamen) sozialen Netzwerkes und in Momenten der Selbstpflege. Sie werden dabei individuell erlebt und wirken sich positiv auf die Lebensqualität und Haltung pflegender Angehöriger aus. Das Erleben schöner Momente in der Pflege und Begleitung spendet demnach Kraft und trägt zur Sinnfindung in der (langfristigen) Übernahme der informellen Fürsorge bei.

Die teilnehmenden pflegenden Angehörigen weisen darauf hin, dass die Wahrnehmung schöner Momente dabei positive Auswirkungen auf die Bewertung der Pflegesituation hat.

Diskussion
Mit Hilfe der entwickelten Tagebuchvorlage können pflegende Angehörige auf die Wahrnehmung schöner Momente in der Pflege und Begleitung ihrer an Demenz erkrankten Familienmitglieder sensibilisiert werden. Die Ergebnisse zeigen, dass eine qualitative Herangehensweise in der Analyse der Tagebucheinträge dahingehend nicht nur Offenheit und ein hohes Maß an Individualität erlaubt, sondern

insbesondere einen Blick auf das innere Erleben pflegender Angehöriger von Menschen mit Demenz ermöglicht. Durch die Bereitstellung einer Tagebuchvorlage für pflegende Angehörige kann auf niedrigschwelliger Ebene ein einfacher Zugang zu einem innovativen und ganzheitlichen Unterstützungsangebot ermöglicht werden. Mit Blick auf die fortschreitende Digitalisierung aber auch unter Berücksichtigung der betroffenen Personengruppe, sollte die Tagebuchvorlage sowohl analog als auch digital (weiter-)entwickelt und angeboten werden, um so eine Vielzahl pflegender Angehöriger in der Gesellschaft anzusprechen und zu unterstützen.

Abstract

Background
Supporting and taking care of family members is a challenging life situation for relatives, which is associated with high physical, psychological and social stress, especially when caring for people with dementia. For these reasons, family caregivers as well as municipalities that develop support services view and experience the care situation primarily from a deficit-oriented and burdening perspective.

The experience of positive aspects or moments in caring relationships often remains unmentioned. However, according to scientific studies, the majority of caring relatives of people with dementia describe positive moments which they experience together with their relatives in and through the care and support.

With the aim of a change of perspective leading to a more resource-oriented view of informal care situations, the already empirically proven effect of writing process appears to be an effective method for promoting self-care and self-reflection among caring relatives of people with dementia. This can contribute to a positive evaluation of the care situation and thus to the subjectively perceived quality of life.

The question arises whether positive writing, i.e. writing down positively perceived thoughts, feelings and experiences, can help to sensitise caring relatives individually to the perception of positive aspects in care and support and whether it furthermore offers a possibility to design a resource-oriented support measure.

Methods
To answer the research question, a qualitative diary study was conducted. The data collection took place over four weeks, during which ten caring relatives of people with dementia daily (28 days) wrote criteria-based diary entries using a diary template developed for this purpose. In a pre-post design, interviews were also conducted on the perception of positive moments and on the evaluation of the diary-method. Following this, a possible transfer into practice was discussed within a focus group. Among others, actors from practice reviewed the possible integration of the presented diary method as a support measure in the professional accompaniment and counselling of caring relatives.The results were then organised and analysed by qualitative content analysis following Udo Kuckartz (2018) with the help of the analysis software MAXQDA 2020.

Results
The hypothesis that regular diary writing can sensitise caring relatives to the perception of positive moments is supported by the analysed data. In most cases, these positive moments arise in interpersonal relationships, together with the people with dementia – but also within the (shared) social network and in moments of self-care. They are experienced individually and have a positive effect on the quality of life and mindset of caring relatives. Experiencing positive moments in care and support gives strength and contributes to finding meaning in informal care situations. Furthermore, the participating caring relatives point out that the perception of positive moments has positive effects on the evaluation of the individual care situation.

Discussion
With the use of the developed diary template, caring relatives can be sensitised to the perception of positive moments in the care and support of their family members suffering from dementia. The results show that a qualitative approach in the analysis of the diary entries not only allows openness and a high degree of individuality, but in particular enables a view of the inner experience of carers of people with dementia.

The provision of a diary template for caring relatives, offers an innovative and holistic support at a low-threshold level. In view of the advancing digitalisation, but also taking the affected group of caring relatives into account, the diary template should be further developed and offered both analogue and digitally in order to address and support a large number of caring relatives in society.

Anmerkung

In der folgenden Arbeit wird das *generische Maskulinum* verwendet. Selbstverständlich sind jedoch – wenn nicht eigens gekennzeichnet – stets und ganz ausdrücklich alle Geschlechter und Geschlechtsidentitäten angesprochen und eingeschlossen.

Inhaltsverzeichnis

1	**Einleitung**	1
2	**Pflegende Angehörige**	5
2.1	Wer sind pflegende Angehörige?	6
2.2	Herausforderungen und Belastungen pflegender Angehöriger von Menschen mit Demenz	9
2.2.1	Belastungserleben pflegender Angehöriger	10
2.2.2	Rollenumkehr	14
2.3	Schöne Momente in der Pflege und Begleitung von Menschen mit Demenz	16
3	**Die Einbindung von Tagebüchern in Therapie und Forschung**	25
3.1	Entstehung und Geschichte der Tagebuch-Methode	26
3.2	Die Nutzung der Tagebuch-Methode in der Forschung	30
3.3	Schreib-Therapie oder: Die heilende Kraft des Schreibens ...	31
3.3.1	Expressives Schreiben	32
3.3.2	Positives Schreiben	34
4	**Zwischenfazit**	39
5	**Tagebuchstudie zu berührenden Momenten in der Begleitung von Menschen mit Demenz**	43
6	**Forschungsziel und Forschungsfragen**	45

7	**Der qualitative Forschungsansatz**		47
	7.1 Das Tagebuchverfahren als Erhebungsmethode		48
	7.2 Das qualitative Interview als Erhebungsmethode		50
8	**Die Erhebungsinstrumente**		53
	8.1 Das Tagebuch		54
		8.1.1 Konzeption der Tagebuchvorlage	55
		8.1.2 Die Anwendung der Tagebuchvorlage	56
	8.2 Die Interviewleitfäden		56
		8.2.1 Konzeption der Interviewleitfäden	57
		8.2.2 Pilotierung der Erhebungsinstrumente	60
9	**Feldzugang und Interviewsituation**		63
	9.1 Forschungsethische Grundlage		63
	9.2 Rekrutierung		64
	9.3 Studiensample		66
	9.4 Interviewsetting		68
10	**Aufbereitung des Datenmaterials**		71
11	**Die angewendete Auswertungsmethode: Qualitative Inhaltsanalyse**		75
	11.1 Inhaltlich strukturierende Inhaltsanalyse		75
	11.2 Das Kategoriensystem		81
12	**Beschreibung der Studienteilnehmenden**		85
	12.1 Variablen zur Soziodemographie aller Personen im Überblick		85
	12.2 Fallzusammenfassungen: Schöne Momente in der Pflege und Begleitung eines Menschen mit Demenz		89
		12.2.1 Fallbeschreibung 1: „Schöne Momente sind, wenn es meiner Frau gut geht"	90
		12.2.2 Fallbeschreibung 2: „Also täglich ist mindestens ein schöner Moment, dabei"	92
		12.2.3 Fallbeschreibung 3: „Berührende Momente kann ich eigentlich immer finden"	95
		12.2.4 Fallbeschreibung 4: „Ich konnte wahrnehmen, dass es ein Geschenk ist diese Zeit"	98
		12.2.5 Fallbeschreibung 5: „Ich habe fast jeden Tag einen schönen Moment gehabt"	101

	12.2.6	Fallbeschreibung 6: „Am Ende des Tages haben die schönen Stunden gezählt"	103
	12.2.7	Fallbeschreibung 7: „Auch in der Demenz gibt es schöne Momente"	105
	12.2.8	Fallbeschreibung 8: „Man nimmt es bewusster wahr. Dinge bekommen einen anderen Stellenwert"	108
	12.2.9	Fallbeschreibung 9: „Das Bewusstsein, dass wir ein gutes Leben haben – trotz Demenz?"	110
	12.2.10	Fallbeschreibung 10: „Wie viele schöne Momente wir haben. Wir sind sehr miteinander verbunden"	113

13 Fallübergreifende Ergebnisdarstellung 117
    13.1 Energieräuber 117
    13.2 Berührende Momente aus Sicht der pflegenden Angehörigen 126
        13.2.1 Schöne Momente in der Pflege und Begleitung 127
        13.2.2 Reaktionen der Menschen mit Demenz 140
        13.2.3 Keine schönen Momente gefunden 143
    13.3 Methode Tagebuch 145
        13.3.1 Sensibilisierung für schöne Momente 145
        13.3.2 Bewertung der Tagebuch-Methode 148
        13.3.3 Weiterführung der Tagebuch-Methode 152

14 Zusammenfassung und Diskussion der Ergebnisse 157
    14.1 Energieräuber 157
    14.2 Schöne Momente 159
    14.3 Methode Tagebuch 164

15 Abschließende Gedanken und Ausblick 167

Literaturverzeichnis 171

Abbildungsverzeichnis

Abbildung 8.1	Die Erhebungszeitpunkte in der Studie	54
Abbildung 10.1	Import des Datenmaterials in MAXQDA	72
Abbildung 11.1	Beispiel Dokument-Memo über Inhalt und Verlauf eines Tagebucheintrages	77
Abbildung 11.2	Überblick über die Hauptkategorien in MAXQDA	78
Abbildung 11.3	MAXQDA-Ansicht des Codierbaums mit Einblick in die Subkategorien der Hauptkategorie „Berührende Momente"	81
Abbildung 11.4	Hierarchisches Code-Subcode-Modell	82
Abbildung 13.1	Code-Matrix-Browser: Energie- und Krafträuber	118
Abbildung 13.2	Code-Baum „Berührende Momente"	127
Abbildung 13.3	Kategorien-System „Schöne Momente"	128
Abbildung 13.4	Verteilung der Eintragungen pro pflegende Angehörige	128
Abbildung 13.5	Sub-Kategorie „Soziales Netzwerk"	129
Abbildung 13.6	Sub-Kategorie „Selbstpflege"	134
Abbildung 13.7	Sub-Kategorie „Interaktion pA und MmD"	137
Abbildung 13.8	Heatmap mit den Häufigkeiten der Nennungen der Kategorie „Zwischenmenschlichkeit"	138
Abbildung 13.9	Heatmap zu den Angaben „Keine schönen Moment gefunden"	144
Abbildung 13.10	Heatmap zur Bewertung der Tagebuch-Methode	148

Tabellenverzeichnis

Tabelle 9.1	Einschlusskriterien der Studienteilnehmenden	66
Tabelle 9.2	Merkmale der teilnehmenden pflegenden Angehörigen	67
Tabelle 11.1	Aufbau des Codebuches	78
Tabelle 11.2	Beispieldarstellung einer Kategorie aus dem Codebuch	80
Tabelle 12.1	Alter der teilnehmenden pflegenden Angehörigen	86
Tabelle 12.2	Geschlecht der teilnehmenden pflegenden Angehörigen	86
Tabelle 12.3	Verhältnis der teilnehmenden pflegenden Angehörigen zur pflegebedürftigen Person	86
Tabelle 12.4	Wohnsituation der teilnehmenden pflegenden Angehörigen	86
Tabelle 12.5	Schulabschluss der teilnehmenden pflegenden Angehörigen	87
Tabelle 12.6	Berufstätigkeit der teilnehmenden pflegenden Angehörigen	87
Tabelle 12.7	Pflegezeit der teilnehmenden pflegenden Angehörigen	87
Tabelle 12.8	Alter der Menschen mit Demenz	88
Tabelle 12.9	Geschlecht der Menschen mit Demenz	88
Tabelle 12.10	Demenzdiagnose der Menschen mit Demenz	88
Tabelle 12.11	Pflegegrad der Menschen mit Demenz	88
Tabelle 12.12	Wohnsituation der Menschen mit Demenz	89
Tabelle 13.1	Weiterführung der Tagebuch-Methode	153

Einleitung

Ich nehme die [schönen Momente] ganz anders wahr oder ich habe sie ganz anders wahrgenommen. Ja, fast auch entdeckt, dass es schöne Momente sind

(A004; T1, Pos. 26)

Die Förderung der Lebensqualität und Stärkung des subjektiven Wohlbefindens pflegender Angehöriger[1] von Menschen mit Demenz ist als gesamtgesellschaftliche Aufgabe zu betrachten (BMFSFJ, 2016; Kruse et al., 2022). Mit Blick auf den demographischen Wandel und dem nach wie vor bestehenden Pflegenotstand in Deutschland erscheint die (langfristige) Bereitschaft zur Übernahme einer Pflege und Begleitung eines nahestehenden Angehörigen mit Demenz von besonders hoher Relevanz.

Seit Jahren werden deshalb vonseiten der Politik und Kommunen, aber auch vonseiten der Forschung und insbesondere im Rahmen der direkten Begleitung und Unterstützung von pflegenden Angehörigen und Menschen mit Demenz Anstrengungen unternommen, um diese in ihrer (zum Teil hoch belasteten) Lebenssituation zu stärken und zu unterstützen, sodass diese wesentliche Säule des deutschen Pflegesystems nicht nur aufrechterhalten, sondern individuell betrachtet, gehört, wahrgenommen und unterstützt werden kann.

---

[1] Die Begrifflichkeit „pflegende Angehörige" schließt sowohl Familienangehörige als auch vergleichbar nahestehende Personen wie Freunde ein, die die Begleitung und Versorgung pflegebedürftiger An- und Zugehöriger in der Häuslichkeit übernehmen.

Die Pflege und Begleitung von Menschen mit Demenz wird dabei sowohl von pflegenden Angehörigen selbst, in der Entwicklung von Entlastungsangeboten in der Kommune als auch in der empirischen Forschung mehrheitlich beinahe exklusiv aus der Belastungsperspektive betrachtet (Kruse, 2023). Ein Großteil der pflegenden Angehörigen von Menschen mit Demenz berichtet jedoch auch von schönen Momenten, die sie gemeinsam mit ihren Angehörigen in und durch die Pflege und Begleitung erleben. Diese werden insbesondere im Rahmen von Beziehungen wahrgenommen und spenden nicht nur Kraft, sondern auch Sinnfindung in der (langfristigen) Übernahme der informellen Pflegesituation. Diese positiven Aspekte und deren Wirkung auf die Pflegenden finden immer häufiger auch in der Wissenschaft Eingang, mit dem Ziel der Entwicklung einer ganzheitlichen und ressourcenorientierten Betrachtung der informellen Pflege.

Um die Wahrnehmung schöner Momente bzw. positiver Aspekte durch die Pflege und Begleitung zu fördern sowie die Selbstregulationsfähigkeit pflegender Angehöriger zu stärken, wurde im Rahmen dieser Arbeit eine halb-strukturierte Tagebuchvorlage entwickelt.

Die Tagebuchvorlage folgt dabei einem ressourcenorientierten Ansatz, mit dem nicht nur ein ganzheitlicher Blick auf die eigene Pflegesituation ermöglicht wird, sondern darüber hinaus, durch die Entwicklung innovativer Unterstützungsangebote, ein Beitrag zur Verbesserung der Lebensqualität pflegender Angehöriger geleistet werden soll.

Zur Entwicklung dieser Tagebuchvorlage erfolgte zunächst eine eingehende Auseinandersetzung mit der Lebenssituation pflegender Angehöriger (von Menschen mit Demenz) (Kapitel 2) sowie mit der Einbindung von Tagebüchern in Therapie und Forschung (Kapitel 3). Dabei wurde vor allem die Wirkung von Schreiben in den Blick genommen und der Fokus vor allem auf das positive Schreiben und dessen Wirkung auf das Belastungserleben und die Wahrnehmung schöner Momente gelegt. In einem Zwischenfazit werden wesentliche Aspekte und Auswirkungen des positiven Schreibens mit der Lebenssituation pflegender Angehöriger von Menschen mit Demenz in Verbindung gebracht und dieses als möglicher – effektiver und niedrigschwelliger – Ansatzpunkt in der Entwicklung von Unterstützungsmaßnahmen für pflegende Angehörige stark gemacht (Kapitel 4).

Nach der Darstellung der Lebenssituation pflegender Angehöriger von Menschen mit Demenz und Ausführungen zur Tagebuchforschung sowie der Verbindung beider Stränge im theoretischen Teil, folgt der empirische Teil.

In einem ersten Schritt wird die Tagebuchstudie zu berührenden Momenten in der Pflege und Begleitung von Menschen mit Demenz beschrieben (Kapitel 5),

1 Einleitung

um danach detailliert auf das Forschungsziel und die einzelnen Forschungsfragen eingehen zu können (Kapitel 6). Der qualitative Forschungsansatz sowie die angewandten Erhebungsmethoden werden im Anschluss dargestellt (Kapitel 7). Kapitel 8 stellt die verwendeten Erhebungsinstrumente in den Vordergrund: Das Tagebuch und die Interviewleitfäden sowie deren Konzeption, Anwendung und Pilotierung.

Im Anschluss folgt die Beschreibung des Feldzugangs (Kapitel 9). Insbesondere forschungsethische Aspekte, die Rekrutierung der pflegenden Angehörigen, die Beschreibung des Studiensamples sowie das jeweilige Interviewsetting werden dabei dargestellt und die Aufbereitung des Datenmaterials erläutert (Kapitel 10).

Vor dem Hintergrund der angewendeten Auswertungsmethode wird die inhaltlich strukturierende Inhaltsanalyse sowie deren Anwendung im Rahmen der Analysearbeiten beschrieben und ein Blick auf die Entwicklung des für die Analyse der Ergebnisse verwendeten Kategoriensystems vorgenommen (Kapitel 11). Die Beschreibung der Studienteilnehmenden – in Hinblick auf deren Soziodemographie – sowie die darauf aufbauenden Fallbeschreibungen stellen dahingehend erste Ergebnisse dar (Kapitel 12). Darauf aufbauend findet eine fallübergreifende Ergebnisdarstellung auf Basis der individuellen Fallbeschreibungen statt (Kapitel 13). Die Darstellung der Ergebnisse umfasst sowohl die von pflegenden Angehörigen als „Energieräuber" wahrgenommenen Ereignisse als auch die Erlebnisse, die aus Sicht der pflegenden Angehörigen als „schöne Momente" bezeichnet werden können. Dabei spielt auch der Bezug auf die Methode des Tagebuch-Schreibens und deren Bewertung eine Rolle. Die abschließende Zusammenfassung und Diskussion wesentlicher Ergebnisse verschränkt diese mit den vorangestellten theoretischen Ausführungen (Kapitel 14).

Hinweise auf Forschungsdesiderate sowie ein Ausblick auf mögliche Forschungsvorhaben beschließen die Arbeit (Kapitel 15).

Open Access Dieses Kapitel wird unter der Creative Commons Namensnennung 4.0 International Lizenz (http://creativecommons.org/licenses/by/4.0/deed.de) veröffentlicht, welche die Nutzung, Vervielfältigung, Bearbeitung, Verbreitung und Wiedergabe in jeglichem Medium und Format erlaubt, sofern Sie den/die ursprünglichen Autor(en) und die Quelle ordnungsgemäß nennen, einen Link zur Creative Commons Lizenz beifügen und angeben, ob Änderungen vorgenommen wurden.

Die in diesem Kapitel enthaltenen Bilder und sonstiges Drittmaterial unterliegen ebenfalls der genannten Creative Commons Lizenz, sofern sich aus der Abbildungslegende nichts anderes ergibt. Sofern das betreffende Material nicht unter der genannten Creative Commons Lizenz steht und die betreffende Handlung nicht nach gesetzlichen Vorschriften erlaubt ist, ist für die oben aufgeführten Weiterverwendungen des Materials die Einwilligung des jeweiligen Rechteinhabers einzuholen.

Pflegende Angehörige 2

Der aktuellen Pflegestatistik (Stand 2022) zufolge sind in Deutschland etwa 5,0 Millionen Menschen im Sinne des SGB XI pflegebedürftig. Ein Großteil dieser pflegebedürftigen Menschen (84 %; 4,2 Millionen) wird dabei in der Häuslichkeit von pflegenden Angehörigen begleitet und versorgt. Etwa 63 % dieser pflegebedürftigen Personen bezieht hierbei ausschließlich Pflegegeld, weshalb davon auszugehen ist, dass diese in der Regel hauptsächlich in Unterstützung von pflegenden Angehörigen begleitet und versorgt werden (Statistisches Bundesamt, 2022).

Im Vergleich zur Pflegestatistik 2019 (Statisches Bundesamt, 2020) ist – unter anderem bedingt durch den Demographischen Wandel und den weitergefassten Pflegebedürftigkeitsbegriff – die Tendenz einer zunehmenden Pflegebedürftigkeit zu erkennen. Weiterhin lässt sich ebenso deutlich eine Zunahme der familialen Pflege in der Häuslichkeit verzeichnen (Statistisches Bundesamt, 2022). Dabei ist von einer deutlich höheren Dunkelziffer auszugehen, da nicht alle pflegebedürftigen Personen in Deutschland Leistungen der Pflegeversicherung beziehen und teilweise mehrere Pflegepersonen in die Versorgung eines pflegebedürftigen Menschen eingebunden sind (DEGAM, 2018). Schneekloth und Kollegen (2017) bestätigen diese Annahme indem sie belegen, dass 59 % der pflegebedürftigen Personen Unterstützung und Versorgung von zwei oder mehr pflegenden Angehörigen erhalten, womit sich die Anzahl an pflegenden Angehörigen in Deutschland verdoppelt (Kantar, 2019; Rothgang & Müller, 2018). Schätzungen zufolge liegt die Anzahl von Menschen, die durch pflegende Angehörige in der Häuslichkeit begleitet und versorgt werden, deshalb weit über der 4-Millionen-Marke (Nowossadeck, 2018).

Pflegende Angehörige bilden dementsprechend die größte Säule des deutschen Pflegesystems und können aus diesem Grund zurecht als „Deutschlands größter

Pflegedienst" (Wetzstein et al., 2015) bezeichnet werden. Im Zuge dessen ist das deutsche Gesundheits- und Pflegesystem stark auf Familialismus ausgerichtet und mit einer Vielzahl an Erwartungen an begleitende Familien verbunden (Leitner, 2013), sodass Deutschland als eine *home care society* zu verstehen ist (Pfau-Effinger et al., 2008).

Da die Übernahme der Pflege und Begleitung durch pflegende Angehörige durchaus als bereichernd und sinnstiftend erlebt werden kann, diese jedoch gleichzeitig mit schweren Belastungen und Herausforderungen einhergeht, ist eine auf die individuelle Lebenssituation und Bedürfnisse ausgerichtete Unterstützung und Begleitung pflegender Angehöriger von besonderer Relevanz, um diese am stärksten wachsende Säule des deutschen Pflegesystems aufrechtzuerhalten und dem deutschen Pflegenotstand entgegenzuwirken.

Im Verlauf dieses Kapitels soll die Personengruppe der pflegenden Angehörigen unter Berücksichtigung zentraler soziodemographischer Merkmale beschrieben und empirische Erkenntnisse ihrer Lebenssituation dargestellt werden; entsprechend der Zielsetzung dieser Arbeit wird der Fokus dabei insbesondere auf pflegende Angehörige von Menschen mit Demenz gesetzt. Anschließend werden wahrgenommene Belastungen pflegender Angehöriger auf unterschiedlichen Ebenen beleuchtet und darüber hinaus bereichernde und sinnstiftende Aspekte der Pflege und Begleitung von Angehörigen eingehend betrachtet.

2.1 Wer sind pflegende Angehörige?

Die Begrifflichkeit *pflegende Angehörige* wurde in Deutschland erst im Jahr 2001 durch das Pflegeleistungs-Ergänzungsgesetz eingeführt und beschreibt dabei nach der rechtlichen Definition eine „Person, die eine Pflegebedürftige oder einen Pflegebedürftigen nicht erwerbsmäßig in ihrer oder seiner häuslichen Umgebung pflegt" (BMG 2023). Der S3-Leitlinie *Pflegende Angehörige von Erwachsenen* (2018) zufolge, wurde die Gruppe pflegender Angehöriger bislang jedoch nicht einheitlich definiert, weshalb diese erweitert und auf den folgenden Personenkreis bezogen werden sollte:

> [M]it pflegenden Angehörigen [sind] grundsätzlich alle Personen gemeint, die einen pflegebedürftigen Menschen aus dem familiären oder erweiterten Umfeld unentgeltlich (ausgenommen Pflegegeld gemäß §37 SGB XI) und längerfristig körperlich pflegen und/oder hauswirtschaftlich versorgen und/oder psychosozial betreuen (DEGAM, 2018).

2.1 Wer sind pflegende Angehörige?

Im Zuge dessen ist anzumerken, dass die beschriebene Personengruppe vorwiegend nicht systematisch bzw. professionell in der Ausübung von pflegerischen und begleitenden Tätigkeiten ausgebildet ist. In vielen Fällen weisen pflegende Angehörige allerdings Kompetenzen auf, die sie etwa in auf Freiwilligkeit beruhenden Pflegekursen, wie sie bspw. von Krankenkassen angeboten werden, erworben haben (Gräßel & Behrndt, 2016). Im Rahmen solcher Bildungsmaßnahmen werden grundlegende Informationen und Hilfestellungen für die Begleitung und Versorgung von pflegebedürftigen Angehörigen vermittelt.

Nach Kuhlmey und Budnick (2023) sind es mehrheitlich Frauen, die ihre pflegebedürftigen Angehörigen pflegen und begleiten. Dabei stehen diese zumeist mit der pflegebedürftigen Person in einem partnerschaftlichen/ehelichen Verhältnis oder in einer Eltern-Kind-Dyade (Ehrlich & Kelle, 2019). Hervorzuheben ist hierbei vor allem der höhere Anteil an pflegenden und begleitenden Frauen bei pflegebedürftigen Menschen mit Demenz, welcher mit Fortschreiten der Demenzerkrankung und einem höheren Pflegeumfang weiter ansteigt (Hobler et al., 2017).

Dass es sich bei der dargestellten Personengruppe um eine äußerst heterogene handelt, wird durch die Altersverteilung pflegender Angehöriger deutlich, die unter anderem auch mit Blick auf die Geschlechterverteilung zu betrachten ist. So befinden sich Kelle & Ehrlich (2022) zufolge 17,7 Prozent der pflegenden Angehörigen in der zweiten Lebenshälfte. Mehr als die Hälfte der pflegenden Angehörigen gehören dabei der Altersgruppe zwischen 40 und 64 Jahren an und befinden sich daher im erwerbsfähigen Alter. Zu dieser Altersgruppe zählen – was mit Blick auf die obigen Ausführungen von Relevanz ist – vor allem Frauen (Hetzel et al., 2015; Hobler et al., 2017). Pflegende Angehörige von Menschen mit Demenz sind im Durchschnitt älter als Hauptpflegepersonen von Menschen ohne Demenzerkrankung, was auf das Auftreten der Krankheit im höheren Lebensalter zurückzuführen ist.

Betrachtet man sowohl das Alter als auch das Geschlecht pflegender Angehöriger, wird deutlich, dass ältere pflegende Angehörige (Ehe-)Partner begleiten und versorgen (Nowossadeck et al., 2016) und jüngere primär die Pflege eines (Schwieger-)Elternteils übernehmen. Diese Pflegedyaden sind dabei mit unterschiedlichen An- und Herausforderungen verbunden, die in Abschnitt 2.2.1 eingehender dargestellt werden. In Anbetracht der jeweiligen Beziehung zur pflegebedürftigen Person unterscheidet sich dabei auch die jeweilige Wohnsituation: So leben etwa zwei Drittel der pflegenden Angehörigen im selben Haushalt mit der pflegebedürftigen Person (Rothgang & Müller, 2018), wobei es sich hierbei mehrheitlich um pflegende und begleitende (Ehe-)Partner handelt (Ehrlich & Kelle, 2019). Im Gegensatz hierzu leben Eltern-Kind-Dyaden mehrheitlich nicht gemeinsam in einem Haushalt (Eggert & Teubner, 2022; Franke et al., 2019). Etwa ein Viertel der begleitenden Töchter und Söhne lebt dabei mindestens 25 Kilometer entfernt. Es ist anzunehmen, dass in Zukunft die Entfernung zwischen Pflegenden und Zu-Pflegenden immer größer werden wird (Wagner et al., 2019), sodass auch die Thematik des *distance care giving* – also einer Pflege auf Distanz – immer relevanter wird (Eggert & Teubner, 2022).

Die Übernahme der Pflege und Begleitung eines Angehörigen geht darüber hinaus mit einem hohen Zeitaufwand einher. So wenden Kelle und Ehrlich (2022) zufolge pflegende Angehörige durchschnittlich 13,3 Stunden in der Woche Pflege- und Betreuungszeit auf. Im Ruhestandsalter sogar im Schnitt 18,5 Stunden wöchentlich. Vor allem pflegende Angehörige von Menschen mit Demenz, die die Pflege und Begleitung über mehrere Jahre hinweg übernehmen, geben hinsichtlich dessen an, „rund um die Uhr" mit pflegerischen und begleitenden Aufgaben beschäftigt zu sein (Wilz & Pfeiffer, 2019).

Pflegende Angehörige von Menschen mit Demenz gehen mehrheitlich keiner Erwerbsarbeit nach. Dies liegt insbesondere darin begründet, dass sie im Vergleich zu anderen pflegenden Angehörigen häufig nicht mehr im erwerbsfähigen Alter sind (Nowossadeck et al., 2016). Jedoch kommt auch hier der Geschlechterunterschied zum Vorschein, nach dem insbesondere Frauen häufiger eine Kombination aus Erwerbsarbeit und der Pflege und Begleitung eines Angehörigen übernehmen (Nowossadeck et al., 2016). Zudem ist davon auszugehen, dass die Vereinbarkeit von Pflege, Familie und Beruf zukünftig einen immer größeren Stellenwert einnehmen wird, da immer mehr Menschen früher an einer Demenz erkranken. Nach Angaben der Deutschen Alzheimer Gesellschaft geht man bei einer „Demenz im jüngeren Lebensalter" dabei von einer Diagnose vor dem 65. Lebensalter aus. In Deutschland ist Schätzungen zufolge anzunehmen, dass derzeit über 100.000 Menschen unter 65 Jahren an einer solchen früh einsetzenden Demenz leiden (Blotenberg & Thyrian, 2022), welche auf vielen unterschiedlichen Ebenen Auswirkungen auf begleitende Familien mit sich bringt: „In addition, EOD [" early-onset dementia"] has greater impact on patients and their families because it affects people who are still engaged in social, working, and parental life" (Chiari et al., 2021, S. 190). Diese Entwicklung stellt die Gesellschaft vor weitere Herausforderungen in der Unterstützung und Begleitung von Menschen mit Demenz und deren pflegenden Angehörigen (Olivieri et al., 2022).

Pflegende Angehörige unterscheiden sich darüber hinaus hinsichtlich ihrer Lebenssituationen, ihrer charakterlichen Profile sowie mit Blick auf ihre Bedarfe und Bedürfnisse und können daher verschiedenen Kategorien von Pflegetypen zugeordnet werden. Bohnet-Joschko und Kollegen (2022) schlagen dabei folgende Klassifizierung vor: (1) hilfsbereite Kümmerer, (2) berufstätige Organisationstalente, (3) alltäglich Grundpflegende, (4) mitleidende Aufsichtspersonen und (5) erschöpfte Langzeitpflegende. Eine weitere Differenzierung ergibt sich zudem aus den Erkrankungsbildern der pflegebedürftigen Personen, welche die Pflegesituationen maßgeblich beeinflussen und pflegende Angehörige vor unterschiedliche Herausforderungen stellen (Wilz & Pfeiffer, 2019). Die einschlägige Fachliteratur hebt in diesem Zusammenhang insbesondere den Sonderstatus von pflegenden Angehörigen von Menschen mit Demenz hervor, die durch die mit dem Erkrankungsbild einhergehenden Herausforderungen in der Pflege und Begleitung besonders belastet sind, weshalb im Nachfolgenden der Fokus insbesondere auf pflegende Angehörige von Menschen mit Demenz gesetzt wird.

2.2 Herausforderungen und Belastungen pflegender Angehöriger von Menschen mit Demenz

Um die gegenwärtige Situation pflegender Angehöriger adäquat darzustellen, werden im Folgenden die wesentlichen Belastungsfaktoren und wahrgenommenen Herausforderungen pflegender Angehöriger von Menschen mit Demenz auf unterschiedlichen Ebenen betrachtet (Abschnitt 2.2.1). In einem weiteren Unterkapitel (Abschnitt 2.2.2) wird zudem das veränderte Beziehungserleben zwischen pflegenden und begleitenden (Ehe-)Partnern und Menschen mit Demenz sowie Kindern und ihren pflegebedürftigen Eltern thematisiert.

Stellt die informelle Pflege also eine wesentliche Säule des Versorgungssystems insbesondere von Menschen mit Demenz dar, ist sie aufgrund der hohen Belastungssituation der Pflegenden massiv gefährdet (Alltag et al., 2019) und demnach zugleich auch die schwächste Säule des Pflegesystems (Schaeffer, 2001).

Vor allem der kognitive Status und das veränderte Verhalten der pflegebedürftigen Menschen mit Demenz, die Dauer der Pflegebedürftigkeit, ein höheres Lebensalter sowie eine geringe soziale Unterstützung sind dabei mit einer schlechteren körperlichen Gesundheit, einem reduzierten Wohlbefinden, vermehrten Stresserleben und psychischen Belastungen pflegender Angehöriger (Pinquart & Sörensen, 2007; Wetzstein et al., 2015) sowie mit daraus folgenden zwischenmenschlichen Konflikten (Frewer-Graumann, 2020) und einem maßgeblich veränderten Beziehungserleben zwischen den beteiligten Personen verbunden (Bjørge et al., 2019) und können dahingehend als „Energieräuber" bezeichnet werden.

Kruse (2017) beschreibt in diesem Zusammenhang, dass der Umgang bzw. die Konfrontation mit der Vulnerabilität eines Familienmitglieds für pflegende Angehörige „mit emotionalen, kognitiven und sozialkommunikativen Anforderungen verbunden [ist]" (Kruse, 2017, S. 355). Diese An- und Herausforderungen gilt es nachfolgend zu beschreiben.

2.2.1 Belastungserleben pflegender Angehöriger

Die Belastungen pflegender Angehöriger werden in wissenschaftlichen Arbeiten vor allem mit Hilfe von stresstheoretischen Modellen konzeptualisiert, welche zwischen subjektiven und objektiven Belastungen bzw. primären und sekundären Stressoren unterscheiden und damit auf dem transaktionalen Stressmodell nach Lazarus und Folkman (1984) basieren, welches von einer individuellen Bewertung potenziell belastender Ereignisse ausgeht. Pearlin und Kollegen (1990) haben das transaktionale Stressmodell nach Lazarus und Folkman (1984) weiterentwickelt und speziell auf Pflegebelastungen ausgelegt. In ihrem Pflege-Stress-Modell erklären sie die Belastungen in der Pflege und Begleitung von Menschen mit Demenz durch das Zusammenspiel unterschiedlicher Faktoren, wie beispielsweise den pflegebezogenen Kontext, die Pflegesituation selbst und Rollenkonflikte, die durch die Übernahme der Pflege und Begleitung entstehen können und in ihrer Gesamtheit in physischen und psychischen Erkrankungen und emotionalen Belastungen resultieren können. Diese vorgestellten Modelle unterscheiden zwischen situativen Belastungen und allgemeinen, individuellen Belastungen (Zank & Schacke, 2007). Demnach können die (langfristige) Übernahme einer Pflegesituation und die damit einhergehenden Belastungen negative Auswirkungen auf das subjektive Wohlbefinden sowie die körperliche Gesundheit pflegender Angehöriger haben, diese müssen jedoch nicht zwingend im Zusammenhang miteinander stehen (Zank & Schacke, 2007). Zank und Schacke (2007) betrachten Belastung ausgehend von dieser theoretischen Grundlage als „situationsspezifisches, mehrdimensionales Konstrukt" (Zank & Schacke, 2007, S. 13), trennen in ihrem modifizierten Modell zur pflegebedingten Belastung objektive und subjektiv wahrgenommene Belastungen zentral voneinander ab und „[gehen] davon aus, dass individuelle Ereignis- und Ressourceneinschätzungen für jeden Stressor vorgenommen werden" (Zank & Schacke, 2007, S. 15).

Das Belastungserleben pflegender Angehöriger ist demnach höchst individuell und kann in Verbindung mit den aus der Demenzerkrankung resultierenden Verhaltensveränderungen der betroffenen Personen stehen:

2.2 Herausforderungen und Belastungen pflegender Angehöriger ...

1. *Objektive Belastungen* beziehen sich auf die Kognitions- und Verhaltensänderungen der Menschen mit Demenz und die daraus entstehenden Herausforderungen für die pflegenden Angehörigen (z. B. motorische Unruhe, Tag-Nacht-Umkehr, Aggression)
2. *Subjektive Belastungen* bezeichnen emotionale Reaktionen der pflegenden Angehörigen auf die entstandene Belastungssituation (z. B. Erschöpfung, Depression, Angst) (Meier et al., 1999).

Wenngleich die Pflege und Begleitung eines Angehörigen immer mit einer Vielzahl an physischen und psychischen Belastungen einhergeht, sind besonders pflegende Angehörige von Menschen mit Demenz dabei häufiger mit Belastungen konfrontiert als pflegende Angehörige von rein somatisch erkrankten Menschen (Gräßel & Behrndt, 2016), wobei Gräßel (1994) sowie Pinquart und Sörensen (2003, 2007) einen Zusammenhang zwischen der subjektiven Belastung und physischen Belastung sehen. Dem Pflege-Report 2016 zufolge gilt das Prinzip: „Je größer die Belastung ist, desto ausgeprägter sind die körperlichen Beschwerden" (Gräßel & Behrndt, 2016, S. 177).

Die physischen und psychischen Belastungen der pflegenden Angehörigen sind unterschiedlich und äußern sich individuell, wobei pflegende Angehörige von Menschen mit Demenz insbesondere auf emotionaler Ebene belastet sind und dies in einem engen Zusammenhang mit körperlichen Auswirkungen und Erkrankungen steht.

Nach Daten der GEDA 2012 (Robert-Koch-Institut, 2014) leiden pflegende Angehörige häufiger unter einem niedrigeren subjektiven Wohlbefinden, fühlen sich gestresst und haben ein höheres Risiko, eine psychische Erkrankung wie etwa eine Depression oder Angststörung, zu entwickeln (Butterworth et al., 2010; Sallim et al., 2015). Das Auftreten einer Depression gilt dabei als verlässlicher Prädiktor für Belastung (Schäufele et al., 2007; Wilz et al., 1999) und äußert sich durch Traurigkeit, negative Gedankengänge, Unzufriedenheit, Reizbarkeit sowie dem Auftreten von Schlaf- und Angststörungen (Angerer, 2011; Franke, 2005; Mantovan et al., 2012).

Dass pflegende Angehörige durch die Übernahme einer Pflege- und Begleitungssituation unter körperlicher und emotionaler Erschöpfung leiden, zeigt sich darüber hinaus unter anderem durch das vermehrte Auftreten von Müdigkeit aufgrund von Schlafmangel und Schlafstörungen (Gibson & Gander, 2021; Simón et al., 2019). Ein solcher Erschöpfungszustand hat dabei nicht nur eine geringere Leistungsfähigkeit zur Folge, sondern führt zudem zu einer maßgeblichen Verschlechterung der Lebensqualität pflegender Angehöriger (Simón et al., 2019) und kann ein Burnout-Syndrom nach sich ziehen (Gérain & Zech, 2019). Anzumerken ist hierbei, dass insbesondere Frauen ein höheres Risiko aufweisen, subjektiv belastet zu sein bzw. eine depressive Symptomatik zu entwickeln (Pillemer et al., 2018).

Weiterhin stehen die pflegenden Angehörigen durch die progrediente Veränderung ihrer Angehörigen, die von Betroffenen als ein „‚Auslöschen' der gemeinsamen Biografie" (BMFSFJ, 2002, S. 201) beschrieben wird, vor der Herausforderung der Bewältigung von schrittweisen Trauerprozessen und der Konfrontation mit der (eigenen) Vulnerabilität und (eigenen) Sterblichkeit, auf welche mitunter Verlusterfahrungen und Einsamkeitsgefühle folgen (Andrén & Elmståhl, 2008).

Aufgrund des hohen und chronischen Stresslevels sowie der emotionalen Belastung geht Gräßel (1998) davon aus, dass die Pflegebelastung mit erheblichen körperlichen Einschränkungen für pflegende Angehörige verbunden ist, die im Äußersten zu einer verkürzten Lebenserwartung führen können. Abermals sind hier vor allem pflegende Angehörige von Menschen mit Demenz zu nennen, deren körperliche Gesundheit wesentlich schlechter bewertet wird als jene pflegender Angehöriger rein somatisch erkrankter Personen (Angerer, 2011).

Laut DAK-Pflegereport (2015) sind pflegende Angehörige dabei besonders von Erkrankungen des Muskel-Skelettsystems betroffen. Rücken- sowie Nacken- und Schulterschmerzen, aber auch Gelenk- und Gliederschmerzen bis hin zu rheumatischen Erkrankungen können aus den teilweise körperlich belastenden und anstrengenden Pflegetätigkeiten resultieren (Rothgang & Müller, 2018; Schulze & Drewes, 2004). Insbesondere das vermehrte Auftreten von Rückenschmerzen kann dabei als Indikator für einen schlechteren physischen Gesundheitszustand bei pflegenden Angehörigen gewertet werden (Wetzstein et al., 2015).

Pflegende Angehörige leiden darüber hinaus häufiger an Herz-Kreislauf-Erkrankungen, die nicht selten mit Schwindelgefühlen, Blutdruckproblemen und einem höheren Risiko, einen Herzinfarkt oder Schlaganfall zu erleiden, einhergehen (Capistrant et al., 2012; Haley et al., 2010). Weiterhin treten bei pflegenden Angehörigen im Vergleich zu Nicht-Pflegenden häufiger Erkrankungen des Verdauungssystems oder chronische Erkrankungen auf (Rothgang & Müller, 2018). Andere Studien belegen darüber hinaus einen herabgesetzten Immunstatus bei pflegenden Angehörigen (Roth et al., 2019).

Insgesamt ist festzuhalten, dass ein erhöhtes Belastungserleben langfristig zu einem geringeren Wohlbefinden und einer verschlechterten Lebensqualität führt. Des Weiteren sind sowohl höhere Morbiditäts- als auch Mortalitätsraten zu verzeichnen (Duplantier & Williamson, 2023). Weitere langfristige Konsequenzen

2.2 Herausforderungen und Belastungen pflegender Angehöriger ...

der Übernahme einer Pflege und Begleitung sowie daraus folgender hoher Belastung können verbale und/oder körperliche Gewalt gegen die pflegebedürftige Person sein. Der DEGAM-Leitlinie Nr. 6 *Pflegende Angehörige* zufolge neigen „[s]ubjektiv stärker belastete Angehörige [...] zu [einem] aggressivere[n] Pflegestil" (Lichte et al., 2005, S. 81).

Ehrlich und Kelle (2019) beschreiben diesbezüglich, dass Hauptpflegepersonen, die sich oftmals selbst im höheren Lebensalter befinden, mit der Übernahme der Pflege und Begleitung des an Demenz erkrankten Familienmitglieds die eigene Gesundheit maßgeblich gefährden. Sie sind im Besonderen physischen, psychischen und emotionalen Belastungen ausgesetzt, welche die pflegenden Angehörigen an die Grenzen der Belastbarkeit bringen. Resultat dieser Belastungen ist häufig, dass die pflegenden Angehörigen selbst erkranken und zu sogenannten *hidden victims* werden (Zarit et al., 1985), worauf schließlich sogar ein Zusammenbruch der Pflegeperson *(caregiver collapse)* folgen kann (Braun et al., 2010; Gort et al., 2007).

Zusätzlich zu den wahrgenommenen physischen und psychischen Belastungen pflegender Angehöriger werden auch soziale Beeinträchtigungen mit der Übernahme einer Pflege- und Betreuungssituation in Zusammenhang gebracht (Wilz & Pfeiffer, 2019). So kann es vorkommen, dass sich pflegende Angehörige unter anderem durch eine fehlende Einbindung in soziale und institutionelle Sorgestrukturen vergessen fühlen und dies ebenfalls Auswirkungen auf eine geringere Lebensqualität und das subjektive Wohlbefinden hat. Da aufgrund der Demenzerkrankung gemeinsame Aktivitäten schwieriger zu planen sind und somit auch Einschränkungen in Freizeitaktivitäten der pflegenden Angehörigen mit sich bringen, werden soziale Beziehungen in der Familie, dem Freundes- und Bekanntenkreis maßgeblich beeinflusst und darüber hinaus eine Möglichkeit der Auszeit und emotionalen Distanzierung für pflegende Angehörige erschwert bis unmöglich (Fringer et al., 2022).

Die Pflege und Begleitung eines Menschen mit Demenz verändert darüber hinaus maßgeblich das familiäre Verhältnis und führt nicht selten zu Konflikten und Veränderten Beziehungsdynamiken zwischen (Ehe-)Partnern und Eltern-Kind-Beziehungen (Hochgraeber et al., 2023), was eine zusätzliche emotionale Belastung mit sich bringt. Eine Demenzerkrankung wird deshalb auch als „Familienkrankheit" bezeichnet (Knauf, 2004, S. 20).

Pflegende Angehörige von Menschen mit Demenz tolerieren insofern durch die Versorgung der auf Hilfe angewiesenen Eltern oder Ehepartner einen hohen Grad an Einschränkungen ihrer Lebensqualität und Lebenszufriedenheit (Kruse, 2017).

Unter Betrachtung dieser Aspekte stellt sich die Frage nach einer adäquaten Begleitung und Unterstützung sowie der Gestaltung von Interventionsprogrammen und Unterstützungsmaßnahmen für pflegende Angehörige (von Menschen mit Demenz) mit besonderer Dringlichkeit.

Die Auseinandersetzung mit einer ausschließlich deskriptiven und wenig prozessorientierten informellen Pflegesituation erweist sich dabei als wenig zielführend. Vielmehr ist die Pflege von Familienmitgliedern ein dynamischer Prozess, „an dem zumindest zwei ‚interdependente', d. h. miteinander in Beziehung stehende, Individuen beteiligt sind" (Rohr & Lang, 2011, S. 299). Die Pflege und Begleitung von Angehörigen mit Demenz wird in diesem Sinne nicht ausschließlich als belastend erlebt, sondern kann durchaus auch als bereichernd und erfüllend erfahren werden (u. a. Cohen et al., 2002; Kruse, 2017; Lloyd et al., 2016; Wang et al., 2022; Zarit, 2012). Die Fokussierung auf eine derartige „prozess- und beziehungsbezogene Perspektive" (Rohr & Lang, 2011, S. 299) soll im weiteren Verlauf dieser Arbeit entsprechend stärker konkretisiert werden (siehe Abschnitt 2.3).

2.2.2 Rollenumkehr

Neben den in Abschnitt 2.2.1 dargestellten Herausforderungen und Belastungen pflegender Angehöriger, steht nun das Phänomen der Rollenumkehr im Zentrum.

Besonders für erwachsene Kinder stellt die Übernahme der Pflege und Begleitung ihres Elternteils eine Grenzsituation dar, welche mit dem Konzept der filialen Reife und filialen Krise (Blenkner, 1965) zu erklären ist. Aufgrund alter- bzw. krankheitsbedingten Veränderungen des Elternteils entsteht ein erhöhter Hilfe- und Pflegebedarf, der die Eltern-Kind-Beziehung maßgeblich verändert. Die bewusste Wahrnehmung der Vulnerabilität der Eltern führt dazu, dass sich das Rollenverhalten bzw. das Rollenverständnis umkehrt: Vermehrtes Kümmern und Sorgen um die eigenen Eltern, das Treffen wichtiger Entscheidungen und das Vermitteln von Sicherheit, begründen eine neue Form von Autonomie bei den begleitenden Kindern (Kruse, 2017). Von einer filialen Krise spricht man dann, wenn die auf Seiten der Kinder wahrgenommenen Veränderungen der Eltern zu einer emotionalen Betroffenheit und der Erkenntnis der Notwendigkeit einer Übernahme von Begleitung und Unterstützung führen. Die wahrgenommenen Veränderungen innerhalb der Eltern-Kind-Beziehung können dabei von den betroffenen erwachsenen Kindern als belastend erlebt werden (Kruse, 2017). Nach Brody (1985) stehen die Kinder in dieser Situation vor der Herausforderung,

2.2 Herausforderungen und Belastungen pflegender Angehöriger ...

jenes neue Rollenverhältnis anzunehmen und sich mit dem eigenen Alterungsprozess und der eigenen Verletzlichkeit auseinanderzusetzen. Der beschriebene Prozess kann dabei die filiale Krise weiter verstärken oder auch dazu führen, dass es den erwachsenen Kindern gelingt, sowohl externe (alltagspraktische Unterstützung) als auch interne (emotionale, kognitive) Prozesse positiv zu bewältigen und eine neue Einstellung und Haltung zur veränderten Eltern-Kind-Beziehung zu entwickeln. Gelingt dieser Perspektivwandel, so spricht man von einem Wachstums- und Reifungsprozess, der sogenannten filialen Reife (Bruder, 1988).

Nach Kruse (2017) kann das Konzept von Blenkner (1965) teilweise auch auf die partnerschaftliche bzw. eheliche Beziehung übertragen werden, welche häufig im Vergleich zur Pflege und Begleitung eines an Demenz erkrankten Elternteils als emotional belastender wahrgenommen wird (Pinquart & Sörensen, 2003). In dieser partnerschaftlichen Beziehung kann es ebenfalls durch Alterungs- und Krankheitsprozesse zu einer Abnahme der Autonomie eines Partners kommen. Besonders die Notwendigkeit einer kontinuierlichen Betreuung und Fürsorge sowie die sich nach und nach entwickelnde Abhängigkeit bis hin zur Entscheidungsunfähigkeit des Partners belastet pflegende Ehepartner langfristig, was nicht selten in Resignation und Niedergeschlagenheit resultiert (Kruse, 2017). Dies passiert beispielsweise dann, wenn die frühere – von Reziprozität geprägte – Beziehung sich in ein einseitiges, von Abhängigkeit geprägtes, Verhältnis wandelt (Riedijk et al., 2008) und „die Angehörigen einige der zuvor gültigen Maximen partnerschaftlicher oder filialer Loyalität aufgeben [müssen]" (Kurz & Wilz, 2011, S. 337). Die pflegenden Angehörigen stehen dabei vor der Herausforderung, jenen Trauerprozess, der darüber hinaus auch mit einem hohen Maß an Verzicht gemeinsamer Lebensinhalte verbunden ist, zu bewältigen und trotz des beschriebenen Wandels innerhalb der Beziehung emotionale Nähe und Zuneigung zu der pflegebedürftigen Person zu bewahren (Kurz & Wilz, 2011). Eine solche drohende „gegenseitige Entfremdung" (Kruse, 2017, S. 368) kann darüber hinaus das Erleben von Einsamkeitsgefühlen verstärken.

Die Begleitung und Pflege eines Partners kann dabei über die Belastungsperspektive hinaus mit Entwicklungsaufgaben und positiven Aspekten einhergehen, die in Form von vermehrter (Selbst-)Verantwortung und Initiative gleichermaßen für den Partner und sich selbst zu bewältigen ist (Kruse, 2017).

2.3 Schöne Momente in der Pflege und Begleitung von Menschen mit Demenz

Die Fokussierung auf die negativen Aspekte der Pflege und Begleitung zeichnet nur ein unvollständiges Bild der Lebenssituation pflegender Angehöriger und Menschen mit Demenz. So gibt es zahlreiche Hinweise und Belege auf das Vorhandensein positiver Aspekte in den jeweiligen Pflegebeziehungen (u. a. Carbonneau et al., 2010; Cohen et al., 2002; Habermann et al., 2013; Pendergrass et al., 2019; Wang et al., 2022), auch wenn bislang keine Einigkeit über das Konzept bzw. die genaue Bestimmung der positiven Aspekte in der Pflege und Begleitung von Menschen mit Demenz herrscht (Wang et al., 2022). So führt bereits Kramer (1997b) das Fehlen eines theoretischen Rahmens sowie eindeutiger Definitionen über positive Aspekte und Gewinne durch die Übernahme einer Pflege und Begleitung an, was das Bilden allgemeiner Schlussfolgerungen hinsichtlich der Lebenssituation pflegender Angehöriger erschwert bzw. verunmöglicht. Mit dem Aufkommen der *Positiven Psychologie* durch Martin Seligman (2000)[1] nimmt das Forschungsinteresse an den positiven Auswirkungen der informellen (und formellen) Pflege und Begleitung in den letzten Jahren weiter zu, wobei die Thematik insbesondere in den letzten zehn Jahren immer mehr Eingang in die Wissenschaft findet (Wang et al., 2022). Unter anderem greifen Carbonneau und Kollegen (2010) in ihren Arbeiten das von Kramer (1997b) beschriebene theoretische Defizit auf und entwickeln ein konzeptuelles Modell positiver Aspekte in der Pflege und Begleitung von Menschen mit Demenz mit dem Ziel eines besseren Verständnisses derselben (Carbonneau et al., 2010). Das Modell geht dabei von drei zentralen Domänen aus: die tägliche Beziehungsqualität zwischen Pflegenden und Zu-Pflegenden, das Zufriedenheitsgefühl der pflegenden Person sowie die Bedeutung der Rolle der Pflegenden im täglichen Leben, womit im Wesentlichen Sinnzuschreibungen innerhalb der Übernahme einer Pflege- und Begleitungssituation bzw. individuelle Sinnerfahrungen pflegender Angehöriger zu verstehen sind, und erklärt so die Entstehung positiver Aspekte durch das Auftreten von bereichernden Ereignissen im täglichen Leben der pflegenden Angehörigen. Das Auftreten solcher positiven Momente ist dabei in einem hohen Maße durch Selbstwirksamkeit der pflegenden Angehörigen bedingt. Carbonneau und Kollegen (2010) sehen – basierend auf einer positiven Sichtweise der Pflege und Begleitung – in ihrem Modell das Potential, in der

---

[1] Martin Seligmann postuliert in seinen Arbeiten, dass eine einseitige Beschränkung auf eine defizitorientierte Sichtweise und die Berücksichtigung negativer Symptome in der Psychotherapie nicht ausreichend sei, sondern vielmehr eine Förderung der Lebenszufriedenheit und des (subjektiven) Wohlbefindens erzielt werden sollte (Blickhan, 2015).

2.3 Schöne Momente in der Pflege und Begleitung ...

Entwicklung von Hilfsangeboten für pflegende Angehörige von Menschen mit Demenz unterstützend wirken zu können.

In Untersuchungen positiver Aspekte, die mit der Übernahme einer Pflege und Begleitung eines Menschen mit Demenz einhergehen, sollten diese allerdings nicht getrennt von den negativen Aspekten und Belastungen betrachtet werden, da diese eng miteinander verbunden sind und dementsprechend nicht unabhängig voneinander wirken. Pinquart und Sörensen (2003) sowie Cohen und Kollegen (2002) merken in diesem Zusammenhang an, dass sich nicht zuletzt auch psychosoziale Interventionen für pflegende Angehörige auf die Förderung der positiven Aspekte der Fürsorge konzentrieren sollten. Dabei sehen insbesondere Cohen und Kollegen (2002) die Förderung der Wahrnehmung positiver Aspekte in der täglichen Pflegeerfahrung als wesentlich bei der Implementierung von Unterstützungsmaßnahmen für pflegende Angehörige an. Ein solcher Ansatz könnte das Wohlbefinden der Pflegenden stärken und die Auswirkungen von Stress und Belastung durch die Übernahme der Pflege und Begleitung verringern (Lévesque et al., 2002; Louderback, 2000; Nolan et al., 1996; Nolan et al., 2003b). Folglich könnte das Erleben von mehr positiven Ereignissen in der Pflege und Begleitung dazu beitragen, das Engagement der Pflegenden aufrechtzuerhalten und zu fördern (Carbonneau et al., 2010) sowie als Coping-Strategie für pflegende Angehörige in der Pflege und Begleitung wirken (Pendergrass et al., 2023). Ein umfassendes Verständnis über die positiven Aspekte der Pflege und Begleitung aus Sicht pflegender Angehöriger könnte demnach in der Entwicklung und Implementierung von Unterstützungsmaßnahmen für pflegende Angehörige hilfreich sein (Smaling et al., 2021), indem Umweltfaktoren, wie beispielsweise die Entwicklung von Hilfsmitteln und Unterstützungsmaßnahmen, die Gestaltung der Sozialpolitik und das Engagement der Gesundheitsdienste, ganzheitlich – also nicht nur unter der Berücksichtigung der vorliegenden Belastungen, sondern auch unter Berücksichtigung positiver Aspekte – beeinflusst bzw. (weiter-)entwickelt werden können (Pysklywec et al., 2020). Da die positiven Auswirkungen der Pflege miteinander verbunden sind, könnte die Bewältigung von Belastungen, die auf einen positiven Effekt abzielen, durch die Entwicklung von Unterstützungsangeboten diese positive Wirkung verstärken. Dabei würden die Auswirkungen von Maßnahmen, die auf die Schaffung oder Förderung positiver Aspekte innerhalb der Pflege und Begleitung abzielen, wahrscheinlich Einfluss auf die gesamte Pflegesituation und das Pflegenetzwerk nehmen (Pysklywec et al., 2020).

Aus der Sicht pflegender Angehöriger werden dahingehend insbesondere das Gefühl der persönlichen Erfüllung, persönliches Wachstum, eine verbesserte Beziehung zwischen ihnen und Menschen mit Demenz sowie die Entwicklung einer neuen Lebensperspektive als positive Aspekte der Pflege und Begleitung ihres Angehörigen beschrieben (Cheng et al., 2015; Lloyd et al., 2016; Pendergrass et al., 2019; Smaling et al., 2021; Wang et al., 2022). An dieser Stelle ist auf das Modell psychischen Wohlbefindens von Caroll Ryff zu verweisen, welches die sechs Dimensionen (1) Selbstakzeptanz, (2) persönliches Wachstum, (3) Lebensziele, (4) positive Beziehungen zu anderen, (5) effektiver Umgang mit Anforderungen sowie (6) Autonomie umfasst. Ryff geht im Rahmen ihres multidimensionalen Konzepts davon aus, dass ebendiese persönlichen und sozialen Faktoren als zentrale Voraussetzungen für Wohlbefinden und Lebenszufriedenheit gelten und miteinander in Zusammenhang stehen (Ryff, 1989; Ryff & Keyes, 1995). Kruse (2017) sieht hinsichtlich der Lebenssituation pflegender Angehöriger alle diese Dimensionen angesprochen, die ein psychologisches Wachstum pflegender Angehöriger durch die Übernahme der Pflege und Begleitung bedingen. Das Modell kann in diesem Sinne auch auf die obig dargestellten Wahrnehmungen pflegender Angehöriger bezogen werden, welche die von Ryff angesprochenen Dimensionen beinhalten. Im Folgenden sind einige dieser Dimensionen näher dargestellt und auf die Situation pflegender Angehöriger von Menschen mit Demenz übertragen: „People attempt to feel good about themselves even while being aware of their own limitations (self-acceptance)" (Ryff et al., 2021, S. 97). Die hier beschriebene Dimension der Selbstakzeptanz zeigt sich bei pflegenden Angehörigen darin, dass sie mit sich und ihrem Tun zufrieden sind und darüber hinaus in der Lage dazu sind, ihre Grenzen anzuerkennen und sich Unterstützung zu suchen. Die zweite Dimension, persönliches Wachstum, beschreibt die Bewältigung der persönlichen Herausforderungen und die Fähigkeit sich an neue Situationen anzupassen. Ebendieser Bewältigungsprozess kann dabei als stabilisierender Resilienzprozess angesehen werden (Wiloth & Kramer, 2021). In diesem Sinne wirken sich Belastungen und Herausforderungen nicht ausschließlich negativ auf das Individuum aus, sondern können durch eine erfolgreiche Bewältigung bzw. einen erfolgreichen Umgang das psychische Wohlbefinden stärken. Die Gestaltung und der Erhalt einer positiven Beziehung zum an Demenz erkrankten Familienmitglied, stellen weitere wichtige Motive für pflegende Angehörige dar: „They also seek to develop and maintain warm and trusting interpersonal relationships (positive relations with others)" (Ryff et al., 2021, S. 97).

Die Wahrnehmung positiver Pflegeerfahrungen steht dabei in Zusammenhang mit einer geringeren Belastung und einer besseren psychischen und physischen Gesundheit (Carbonneau et al., 2010; Pinquart & Sörensen, 2004; Smaling et al., 2021). Darüber hinaus beeinflusst die Wahrnehmung positiver Aspekte das (subjektive) Wohlbefinden pflegender Angehöriger (Cartwright et al., 1994; Motenko, 1989; Pinquart & Sörensen, 2004), sodass durch weniger Belastung und eine

2.3 Schöne Momente in der Pflege und Begleitung ...

bessere physische und psychische Gesundheit auch mit weniger negativen Verhalten auf die zu Pflegenden eingegangen wird (Cohen et al., 1994). In Anbetracht dessen gehen Nolan und Kollegen (1996) davon aus, dass fehlende Zufriedenheit ein wesentlicher Indikator für das Risiko von Gewalt und Missbrauch in der informellen Pflege ist und eine positive Wahrnehmung der Pflegesituation die längerfristige Bereitschaft zur Übernahme der Pflege und Begleitung fördert (Pruchno et al., 1990).

So stellen Pysklywec und Kollegen (2020) in ihren Analysen fest, dass pflegende Angehörige vor allem in der Beziehung zur pflegebedürftigen Person – beispielsweise durch eine vertrautere dyadische Beziehung zueinander –, in der Beziehung zu Anderen sowie in der Beziehung zu sich selbst (etwa in Form von persönlichem Wachstum) positive Aspekte wahrnehmen. Die wesentliche Bedeutung der Beziehungskomponente pflegerischen Sorgehandelns, die auf dem person-zentrierten Pflegeverständnis Tom Kitwoods basiert und dabei die Einzigartigkeit der Person stets in den Mittelpunkt rückt, wird in einschlägigen pflegewissenschaftlichen Arbeiten von Nolan und Kollegen hervorgehoben (vergleiche Nolan & Allan, 2012; Nolan et al., 2006; Nolan et al., 2004). Ausgehend von dieser Sichtweise und mit der Zielsetzung der Stärkung der Beziehungsdimension, entwickelten Nolan und Kollegen das *Senses Framework*, mit welchem sie insbesondere die Beziehungsdimension in den Mittelpunkt der Pflege und Begleitung setzen (Nolan et al., 2004):

> The 'Senses Framework' is intended to capture the subjective and perceptual dimensions of caring relationships and reflects both the interpersonal processes involved and the intra-personal experiences of care (Nolan et al., 2003a, S. 275).

Dabei gehen die Autoren davon aus, dass „personhood is best understood in the context of relationships" (Nolan et al., 2004, S. 47) und halten fest, dass „good care is best understood in terms of the inter-relationships between those giving and receiving care" (Nolan et al., 2004, S. 49). Aus diesem Blickwinkel können nicht nur „Interdependenzen und Abhängigkeitsverhältnisse thematisiert werden, die zu einer Verbesserung der pflegerischen Gesamtsituation beitragen können" (Ritzi, 2023, S. 202), sondern darüber hinaus auch die Wichtigkeit von Beziehungen im Erleben schöner Momente bzw. positiver Aspekte innerhalb der Pflege und Begleitung begründet werden. Ausgangspunkt des *Senses Framework* stellt dabei das Sinnerleben bzw. die Sinnerfahrungen der Sorgenden und deren individuelle Förderung dar. Dieses bezieht über die pflegebedürftige Person hinaus, auch die Erfahrungen der Pflegenden, seien es professionell Pflegende oder pflegende Angehörige, mit ein:

Das innovative und stimulierende Moment dieses Ansatzes ist vor allem darin zu sehen, dass diese Sinnquellen nicht allein aus der Sicht der pflegebedürftigen Person untersucht werden, sondern auch aus der Sicht der pflegenden Person (Kruse, 2021a, S. 135).

Wesentlich für die Gestaltung eines bereichernden Pflegeumfelds und die Wahrnehmung positiver Aspekte in der Pflege und Begleitung ist für Nolan und Kollegen die Notwendigkeit voneinander abhängiger Beziehungen, in denen die Bedürfnisse aller Beteiligten anerkannt und berücksichtigt werden:

> For us, [...] the Senses Framework captures the important dimensions of interdependent relationships necessary to create and sustain an enriched environment of care in which the needs of all participants are acknowledged and addressed. This lies at the heart of our vision of relationship-centred care and illustrates the delicate interactions necessary to achieve truly collaborative care (Nolan et al., 2006, S. 124).

Das *Senses Framework* umfasst dabei die folgenden sechs Sinndimensionen: (1) Sicherheit (security), (2) Kontinuität (continuity), (3) Zugehörigkeit (belonging), (4) Ziel (purpose), (5) Erfüllung (achievement/fulfillment) und (6) Bedeutung (significance), die von den Autoren als Grundvoraussetzung für gute (Pflege-)Beziehungen angesehen werden. Die zentrale Ausrichtung auf den Sinn ermöglicht es nicht nur der pflegebedürftigen Person selbst, sondern auch den an der Pflege und Begleitung beteiligten Akteuren, „die je eigenen Sinnerfahrungen und das Sinnerleben zu befragen und dieses in Folge zu befördern" (Ritzi, 2023, S. 202). Nolan und Kollegen gehen in diesem Zusammenhang davon aus, dass gute Pflege und Begleitung nur dann verwirklicht werden kann, wenn alle Beteiligten ebendiese Sinndimensionen erleben (Nolan et al., 2006).

Im Folgenden seien vor diesem Hintergrund die bereits beschriebenen Beziehungskonstellationen im Kontext der Wahrnehmung positiver Aspekte dargestellt.

Beziehung zur pflegebedürftigen Person
Besonders die Beziehung zur pflegebedürftigen Person stellt einen wesentlichen Aspekt in der Wahrnehmung positiver und sinnstiftender Momente in der Pflege und Begleitung dar. Pflegende Angehörige, die ein hohes Maß an Liebe und Intimität zu ihren pflegebedürftigen Angehörigen empfinden, beschreiben Braithwaite (1996) zufolge weniger negative Effekte, sondern vielmehr positive Gefühle und ein besseres allgemeines psychisches Wohlbefinden.

Darüber hinaus berichten manche Studien von einer verbesserten Beziehung zwischen pflegenden Angehörigen und pflegebedürftiger Person durch die Übernahme der informellen Pflege und Begleitung (u. a. Cheng et al., 2015; Lloyd

2.3 Schöne Momente in der Pflege und Begleitung ...

et al., 2016; Yu et al., 2018). So heben Habermann und Kollegen (2013) hervor, dass die gemeinsame Zeit, die pflegende Angehörige mit ihren pflegebedürftigen Angehörigen im Alltag verbringen, vor allem für die pflegenden Angehörigen zu bedeutungsvollen Momenten werden. Insbesondere Gefühle der geteilten Freude und der entgegengebrachten Wertschätzung aufseiten der pflegebedürftigen Personen werden von den pflegenden Angehörigen dabei als positiv wahrgenommen (Andrén & Elmståhl, 2005; Kuuppelomäki et al., 2004). Kuuppelomäki und Kollegen (2004) sowie Cheng und Kollegen (2015) berichten vor diesem Hintergrund, dass Wertschätzung – insbesondere durch die Anerkennung der entgegengebrachten Begleitung und Versorgung aufseiten der pflegebedürftigen Person sowie der daraus hervorgebrachten Dankbarkeit – als positiv von den pflegenden Angehörigen bewertet wird. Habermann und Kollegen (2013) fügen zudem Aspekte von Liebesbekundungen als schöne Momente aus Sicht der pflegenden Angehörigen hinzu. Momente der Reziprozität wirken dabei motivierend auf pflegende Angehörige in Bezug auf die langfristige Übernahme der Pflege und Begleitung (Peacock et al., 2010). Bereits Motenko (1989) sowie Nolan und Kollegen (1996) haben in diesem Zusammenhang gezeigt, dass Reziprozität und Kontinuität im Wesentlichen von der Qualität der Beziehung als positiv wahrgenommene Aspekte der Pflege abhängen. An dieser Stelle sei auf die obig dargestellten Ausführungen zum *Senses Framework* von Nolan und Kollegen (2006) verwiesen, die ebendiese Aspekte von Beziehungserleben als essentiell in der Wahrnehmung positiver Pflegeerfahrungen beschreiben.

Diese empirischen Befunde lassen sich auf einer tieferen Ebene auch ethisch begründen, da sie auf eindrückliche Weise die Art der Begegnung illustrieren, die Emmanuel Lévinas als Begegnung mit *dem Anderen* charakterisiert: Der Andere kann nach Lévinas jeder Mensch sein, dem man begegnet, vor allem aber vulnerable Menschen, die uns durch ihre Angewiesenheit auf Unterstützung direkt in die Verantwortung nehmen, ihnen zu helfen. Lévinas spricht in diesem Kontext von dem *Antlitz* und tatsächlich stellt der „Appell des Antlitzes an den Nächsten" (Kruse, 2021b, S. 280) einen zentralen Aspekt seiner Ethik dar:

> Jemand, der sich durch [...] das Antlitz [...] ausdrückt, ist jemand, der dadurch an mich appelliert, jemand, der sich in meine Verantwortung begibt: Von nun an bin ich für ihn verantwortlich. All die Gesten des Anderen waren an mich gerichtete Zeichen (Lévinas, 2013, S. 22).

Antwortet man auf diesen Appell, so erkennt man den Vorrang des Anderen vor jedem Eigeninteresse und lässt sich von ihm in die Pflicht nehmen, zu helfen:

Die Sorge für den Anderen siegt über die Sorge um sich selbst. Genau das ist es was ich ‚Heiligkeit' nenne. Unsere Menschlichkeit besteht darin, dass wir den Vorrang des Anderen anerkennen können. Die Sprache wendet sich immer dem Anderen zu, so als ob man gar nicht denken könnte, ohne sich bereits um den Anderen zu sorgen (Lévinas, 2006, S. 173).

In dieser Ethik, die vom grundsätzlichen Anspruch des Anderen ausgeht, steht die interpersonale Begegnung mit (vulnerablen) Menschen im Mittelpunkt. Ein zentraler Aspekt seines Denkens ist dabei das Motiv der Verantwortung, insofern er den Menschen primär als einen vom Anderen zur „Verantwortung gerufenen" ansieht. Nicht nur auf formelle Pflegebeziehungen (Ritzi, 2023), sondern auch auf die vorliegende Thematik lässt sich diese ethische Struktur sinnvoll anwenden: Pflegende Angehörige können es als eine große Anforderung des Antlitzes ihrer pflegebedürftigen Angehörigen erfahren, für diese einzustehen und für sie zu sorgen. Es kann dabei aber auch und besonders als bereichernd empfunden werden, ein solches Vertrauen und eine solche Verantwortung zu erhalten und die Angehörigen in ihrer Vulnerabilität nicht im Stich zu lassen, sondern sie tiefer kennen und lieben zu lernen. Die Ethik von Emmanuel Lévinas, die die Verantwortlichkeit von Menschen für ihre unmittelbar nächsten Mitmenschen in den Mittelpunkt rückt, kann ein besonderes Licht auf die informelle Pflege und die selbstlose Bereitschaft pflegender Angehöriger für die Pflege und Betreuung ihrer Nahestehenden werfen. Sie lässt sich jedoch in eine gesamtgesellschaftliche Verantwortung in der Begleitung und Unterstützung pflegender Angehöriger einbetten.

Zuletzt sei zudem darauf hingewiesen, dass sich diese Begegnung mit dem Anderen auch im weiteren Rahmen über die unmittelbare Beziehung zu pflegebedürftigen Angehörigen hinaus mit anderen Personenkreisen ereignen kann: Beziehungen zu anderen Personen sind, wie empirische Studien zeigen, ein essentieller Aspekt für eine gelingende positive Wahrnehmung der Pflegesituation. Dabei wird nicht nur das Vorhandensein einer guten Beziehung zu Freunden und Familie eingeschlossen, sondern darüber hinaus auch das soziale Netzwerk, das sich im Verlauf der Pflegesituation neu entwickelt. Hierzu zählen etwa unterstützende bzw. beratende Pflegekräfte oder andere Betroffene. Mehrotra und Sukumar (2007) sowie Peacock und Kollegen (2010) stellen bereits diesbezüglich in ihren Arbeiten fest, dass pflegende Angehörige sich vor allem durch ihre Familien gut unterstützt fühlen. Auch aktuellere Arbeiten bestätigen diese Bedeutung des Umfelds und werten sie als positive Aspekte innerhalb der Pflege und Begleitung (Lindeza et al., 2020). Darüber hinaus fungieren bereits bestehende Freunde in den jeweiligen Pflegesituationen ähnlich unterstützend wie die Familie selbst

(Mehrotra & Sukumar, 2007; Ribeiro & Paúl, 2008). Weiterhin werden auch Kontakte zu professionellen Pflegekräften, die den pflegenden Angehörigen unterstützend oder beratend zur Seite stehen, als wertvoll beschrieben (Lindeza et al., 2020; Mehrotra & Sukumar, 2007). Auch der Kontakt zu anderen pflegenden Angehörigen durch Selbsthilfegruppen wird als positive Auswirkung angesehen – da die Pflegenden darin eine Möglichkeit sehen, die eigene innere Stärke zu entdecken (Peacock et al., 2010).

Beziehung zu sich selbst
Die Übernahme einer Pflege und Begleitung ist eng mit der Beziehung zu sich selbst verbunden und wird von Pysklywec und Kollegen (2020) als Prozess der Vertiefung eines Identitätsgefühls durch die Entdeckung innerer Stärken, der Entwicklung des Charakters und der Stärkung eines positiven Selbstbildes charakterisiert. Die Beziehung zu sich selbst wirkt sich dabei im Wesentlichen auf drei positive Aspekte aus: persönliches Wachstum, Anpassung durch Wissens- und Kompetenzerwerb sowie Lebenssinn (Pysklywec et al., 2020). Insbesondere das persönliche Wachstum wird in einer Vielzahl an Studien als positive Auswirkung der Übernahme einer Pflegesituation beschrieben (u. a. Cameron et al., 2014; Cheng et al., 2015; Duggleby et al., 2012; Habermann et al., 2013; Kang et al., 2013; Kim et al., 2007; López et al., 2005; McCausland & Pakenham, 2003; Mehrotra & Sukumar, 2007; Netto et al., 2009; Pakenham, 2005; Peacock et al., 2010). Persönliches Wachstum wird hinsichtlich dessen als ein Prozess der Überwindung von Schwierigkeiten definiert, durch den die pflegenden Angehörigen geistig und emotional widerstandsfähiger werden, was sich positiv auf sie selbst auswirkt, wie z. B. in der Übernahme von Verantwortung für den anderen. Zudem ermittelten Kim und Kollegen (2007) im Rahmen einer Studie, dass einige pflegende Angehörige als Folge der Übernahme einer Pflege und Begleitung, eine höhere Empathie für andere Menschen spüren. Auch die Wahrnehmung eines verbesserten Selbstwertgefühls zählt dabei zu den am häufigsten genannten persönlichen Entwicklungen (López et al., 2005). Die Fürsorge für einen Angehörigen zu übernehmen geht Cheng und Kollegen (2015) zufolge auch mit der Fähigkeit einher, zu lernen, jeden Moment zu genießen. Weiterhin geben pflegende Angehörige in unterschiedlichen Untersuchungen an, spiritueller zu sein (Mehrotra & Sukumar, 2007; Netto et al., 2009). Spiritualität lässt sich mit Kruse (2021b) „als transzendentale Selbst- und Welterfahrung" (Kruse, 2021b, S. 123) ohne den zwingenden Verweis auf eine göttliche Instanz beschreiben, die zum Bewusstsein eigener Werte und dem Anstoß von Entwicklungsprozessen innerhalb des Selbst führt (Kruse & Schmitt, 2018).

An dieser Stelle kann festgehalten werden, dass die Qualität der Beziehung zur pflegebedürftigen Person sowie die Beziehung zu sich selbst zentrale Bereiche positiver (Erfahrungs-)Aspekte der Pflege und Begleitung sind. Diese lassen sich auch auf das obig dargestellte Modell von Carbonneau und Kollegen (2010) beziehen, die ebenfalls Aspekte positiver Pflegeerfahrungen konzeptualisieren. Es sind darüber hinaus vor allem die Sinnfindung in der Übernahme der Pflege und Begleitung sowie das Gefühl der Erfüllung, beispielsweise durch wahrgenommenes Wachstum an der neuen Lebensaufgabe sowie der Möglichkeit dem pflegebedürftigen Angehörigen etwas zurückgeben zu können, die als positive Pflegeerfahrungen wirken können, die miteinander in Zusammenhang stehen und sich ggf. beeinflussen. Für die weitere Entwicklung und Gestaltung von Unterstützungsmaßnahmen für pflegende Angehörige von Menschen mit Demenz sind sie deshalb unbedingt zu berücksichtigen.

Open Access Dieses Kapitel wird unter der Creative Commons Namensnennung 4.0 International Lizenz (http://creativecommons.org/licenses/by/4.0/deed.de) veröffentlicht, welche die Nutzung, Vervielfältigung, Bearbeitung, Verbreitung und Wiedergabe in jeglichem Medium und Format erlaubt, sofern Sie den/die ursprünglichen Autor(en) und die Quelle ordnungsgemäß nennen, einen Link zur Creative Commons Lizenz beifügen und angeben, ob Änderungen vorgenommen wurden.

Die in diesem Kapitel enthaltenen Bilder und sonstiges Drittmaterial unterliegen ebenfalls der genannten Creative Commons Lizenz, sofern sich aus der Abbildungslegende nichts anderes ergibt. Sofern das betreffende Material nicht unter der genannten Creative Commons Lizenz steht und die betreffende Handlung nicht nach gesetzlichen Vorschriften erlaubt ist, ist für die oben aufgeführten Weiterverwendungen des Materials die Einwilligung des jeweiligen Rechteinhabers einzuholen.

Die Einbindung von Tagebüchern in Therapie und Forschung 3

Im Rahmen der vorliegenden Forschungsarbeit sollen pflegende Angehörige von Menschen mit Demenz durch die Anwendung der Tagebuch-Methode für die Wahrnehmung schöner Momente im Alltag sensibilisiert werden. Dabei tritt durch individuelle Aufzeichnungen der Schreibenden die Sichtweise des Individuums („subjektiver Sinn") als primärer Bezugspunkt in den Vordergrund der Betrachtung (Mey & Ruppel, 2018) und ermöglicht so die Betrachtung des inneren „Seelenlebens" sowie die Abbildung der „Einzigartigkeit dieser Lebensphase" (Mey, 2000, S. 4).

Die Übernahme der Pflege und Begleitung eines nahen Angehörigen ist ein emotionales und in Teilen stark belastendes Lebensereignis, welches bislang nur selten mit der Nutzung der Tagebuchmethode in Verbindung gebracht wurde (Wilz & Brähler, 1997). Ausgehend von der Entwicklung der Tagebuchmethode in der Wissenschaft wird der Einsatz von Tagebüchern insbesondere in der Verhaltenstherapie und Bewältigungsforschung vorgestellt. Darüber hinaus werden Schreibinterventionen und deren Wirkung diskutiert, mit besonderem Blick auf positiven Schreibinterventionen – also dem Aufschreiben positiver Emotionen. Damit soll begründet werden warum sich die Methode des Tagebuch-Schreibens insbesondere zur Betrachtung der Lebenssituation pflegender Angehöriger von Menschen mit Demenz eignet bzw. diese in der Bewältigung vorherrschender Herausforderungen und Belastungen aber auch in der Förderung einer ressourcenorientierten Haltung auf die Pflegesituation unterstützen kann.

3.1 Entstehung und Geschichte der Tagebuch-Methode

Mit der Tagebuch-Methode wird in der Psychologie das regelmäßige bzw. tägliche Aufschreiben wesentlicher erlebter und wahrgenommener Aspekte und Verhaltensbereiche bezeichnet (Stangl, 2023). Sie dient dabei als Erhebungsstrategie „bei der vorher festgelegte Ereignisse, Verhaltensweisen und Urteile nach bestimmten Richtlinien zum gegebenen Zeitpunkt von Probanden selbst protokolliert werden müssen" (Laireiter & Thiele, 1995, S. 132).

Ursprünglich ist die Methode mit der Entwicklungspsychologie verbunden und wird mit deren Frühphase im Übergang vom 19. zum 20. Jahrhundert assoziiert, die insbesondere durch „detaillierte Beobachtungs- und Tagebuchstudien" (Mey, 2000, S. 3) gekennzeichnet ist. Im weiteren Entwicklungsverlauf findet sich die Tagebuch-Methode auch in anderen psychologischen Disziplinen wie der Klinischen und Pädagogischen Psychologie als Methode zur Selbstkontrolle und Selbstreflexion und wird zudem als therapeutisch wirksames Instrument genutzt (Seemann, 1997; Wilz, 2002). In klinisch-medizinischen Studien findet sie bspw. in Form von Schmerztagebüchern, Migränetagebüchern und Ernährungstagebüchern Anwendung.

Tagebuchaufzeichnung haben einen weit zurückgehenden historischen Hintergrund. Bereits in der Antike wurden Notizen des römischen Kaisers und Philosophen Marc Aurel als Tagebucheinträge bezeichnet, in denen er seine Gedanken und Erlebnisse aus dem Feldlager verschriftlichte. Ebendiese schriftlichen Einträge bzw. „Selbstbetrachtungen" von Marc Aurel weisen nach Sperl (2010) Elemente des heutigen Tagebuch-Konstrukts auf, werden aber mit autobiographischen Elementen und Belehrungen zur Emotionskontrolle kombiniert (Sperl, 2010).

Im Mittelalter mehrten sich Chroniken, in denen Berichte über den Alltag, Religions- und Moralvorstellungen sowie Beobachtungen aus Reisen und der Natur festgehalten wurden. Gugulski (2002) zufolge handelt es sich dabei jedoch weniger um Selbstreflexionen als vielmehr um sachliche Berichterstattungen, die Wuthenow (1990) z. B. als „chronikalische Teilnahmslosigkeit" (S. 59) beschreibt.

> Alles Beobachtete wurde aufgezählt, ohne Unterschiede hervorzuheben. Ohne Reflexion wurden persönliche Dinge neben Beobachtungen zur Arbeit oder zur Natur aneinandergereiht (Sperl, 2010, S. 21).

3.1 Entstehung und Geschichte der Tagebuch-Methode

Insbesondere in der Renaissance (16. Jahrhundert) wurden Niederschriften „zu immer genaueren Spiegelungen der intimen, unteilbaren, souveränen Individualität" (Hocke, 1978, S. 16), die in der französischen Literatur als *journal intime* beschrieben wurden (Gugulski, 2002). Nach Seemann (1997) beinhalten diese Aufzeichnungen immer häufiger Beobachtungen des eigenen Ichs im Rahmen von Aktivitäten und Gedanken sowie Gefühlen und Wohlergehen. Weiterhin sieht auch Sperl (2010) diese Epoche als Wendepunkt der Tagebuchaufzeichnungen an:

> Eine Zunahme persönlicher Anteile markiert im 15. und 16. Jahrhundert die Weiterentwicklung der reinen Chronik hin zum Tagebuch. Mit dem Beginn der Renaissance wurde das einheitliche Weltbild mit einem fest gefügten christlichen Glauben und einer nach Ständen geordneten Gesellschaft mehr und mehr durch eine Sicht ersetzt, in deren Mittelpunkt ein selbstständiges Individuum steht, das sich selbst immer mehr zum Thema macht (Sperl, 2010, S. 21).

Mit der Veränderung des Menschenbildes im 18. Jahrhundert, welches den Wunsch nach Freiheit und Individualität immer stärker prägte (Boerner, 1969; Schönborn, 1999), entwickeln sich auch die Tagebucheinträge weiter: der Wunsch nach Selbstentfaltung und -verwirklichung wird immer größer (Bitzer-Gavornik, 2012).

> Biographische Texte erlebten im 18. Jahrhundert (v. a. in der zweiten Hälfte) eine gewisse Konjunktur – entsprechend ist es auch als das »eigentliche Jahrhundert der Biographie« (Maurer 2004, 40) bezeichnet worden (Schnicke, 2009, S. 234).

Bereits zu diesem Zeitpunkt verwurzeln sich erste Ansatzpunkte zur wissenschaftlichen Tagebuchforschung. Im 20. Jahrhundert, mit der Entwicklung der humanistischen Psychologie, gewinnt das Tagebuch dann (sowohl privat als auch wissenschaftlich) an Beliebtheit, wobei insbesondere Ausnahme- und Krisensituationen (wie bspw. die Weltkriege) mit Hilfe dieses Mediums verarbeitet wurden. Vor allem Aspekte der Selbsterfahrung, Selbstanalyse, Selbstfindung und Selbstreflexion finden dabei Eingang in die Tagebuchpraxis (Fischer, 2022). Ein berühmtes und international verbreitetes Beispiel stellt das Tagebuch der Anne Frank dar. Tagebücher werden in unterschiedlichen Lebenssituationen als hilfreiche Methode der Selbstreflexion erlebt, der auch positive sowie therapeutische Effekte zugesprochen werden (Wilz, 2002).

Hinsichtlich dieser Aspekte werden klassische Tagebuchaufzeichnungen von wissenschaftlichen, zum Teil (hoch)standardisierten, Tagebüchern unterschieden. Gemeinsam ist ihnen dabei jedoch die Erfahrung der Selbstbeobachtung und Selbsterkenntnis (Seemann, 1997):

Das Selbstgespräch regt zu Selbstauslegung, Selbstplanung und Selbstaufmunterung an. ... Die Selbstauslegung führt zur intimsten Ich-Analyse, die Selbstplanung zu Entwürfen aller Art, die Selbstermunterung zur Selbstdiskussion über Lebensaufgaben und Lebensziele, über Irrtümer und Vorbilder (Hocke, 1963, S. 24 f. zit. nach Seemann, 1997, S. 13).

Zentrale Kennzeichen von Tagebuchaufzeichnungen sind dabei ein ‚schreibendes Ich' (Gugulski, 2002) sowie die Regelmäßigkeit der Aufzeichnungen (Kochinka, 2008). Die Tatsache, dass Erlebnisse und Gefühle zeitnah und regelmäßig verschriftlicht werden und dabei „als sozial legitimierte Selbstreporte qualifiziert werden" (Kunz, 2018, S. 36), dient also bei aller Diversifikation als verbindendes Moment. Moderne Tagebücher – die häufig auch als *journals* beschrieben werden – zeichnen sich vor allem durch ihre Individualität und thematische Vielfalt aus:

> A journal is as individual as its writer and can be serious, purposeful, therapeutic, creative, spiritual or anything else. It can be initiated with a clear intention or a vague hope it will be helpful; and as the journal progresses it forms its own character (Wood, 2013, S. 16).

Dahingehend entstehen eine Vielzahl unterschiedlicher Typen von *journals*, die Wood (2013) in neun verschiedene Kategorien zusammenfasst: (1) the narrative journal, (2) the learning journal, (3) the self-reflective or working journal, (4) the positive achievement journal, (5) the art or creative journal, (6) the scrapbook journal or single page montage, (7) reflective frameworks and models, (8) visualisation, reflective worksheets and (9) the dream journal (Wood, 2013).

Im Kontext der vorliegenden Arbeit sind insbesondere *narrative journals* und *positive achievement journals* von Bedeutung. *Narrative journals* vereinen Aufzeichnungen persönlicher Gedanken, Beobachtungen und Ereignisse, welche einen selbstreflexiven Charakter aufweisen (Wood, 2013). Das Aufschreiben ebendieser Lebensgeschichten verspricht dabei in der individuellen Sinnfindung unterstützend zu wirken und einen Beitrag zur Selbstfindung zu leisten (Bluck & Alea, 2008; Bluck & Liao, 2013; McAdams, 1996; McLean et al., 2007). Eine Untersuchung von Steiner und Kollegen (2019) belegten, dass das Nachdenken und Schreiben über die eigene Lebensgeschichte das Selbstwertgefühl verbessert und zum Aufbau einer positiven Identität beiträgt. Holliday und Kollegen (2023) konnten zeigen, dass bei Fachkräften im Gesundheitswesen ein implementiertes Schreibprogramm auf einer Intensivstation während der Covid-19-Pandemie nicht nur eine niedrigschwellige Intervention ist, sondern das Potential aufweist, Stress und depressive Symptome zu verringern (Holliday et al., 2023).

Positive achievement journals setzen hingegen an den Konzepten der Positiven Psychologie an und thematisieren Aspekte der Achtsamkeit und Dankbarkeit. Dabei soll bei den Schreibenden vor allem Selbstliebe und Selbstfürsorge gestärkt werden (Fischer, 2022). Eine Untersuchung von Cunha und Kollegen (2019) kann belegen, dass das tägliche Führen von Dankbarkeitslisten positive Auswirkungen auf Affekt, subjektive Glücksgefühle und Lebenszufriedenheit hat und zudem depressive Symptome reduziert.

Setzt man sich wissenschaftlich mit Tagebüchern und deren Logik auseinander, sei hierbei insbesondere auf die deutsche entwicklungspsychologische Forschungstradition verwiesen, die vor allem die Entwicklung von Kindern und Jugendlichen/Heranwachsenden in den Fokus der Betrachtung rückt. Bereits das Ehepaar Clara und William Stern (1907) sowie Wilhelm T. Preyer (1923) verschriftlichten Beobachtungen und Entwicklungsprozesse ihrer Kinder. Als Pionierin der Tagebuchanalysen gilt Charlotte Bühler, die Tagebucheinträge von Jugendlichen untersuchte und diese somit zum Forschungsgegenstand machte. Zur Analyse der Tagebucheinträge nutzte Bühler einen eigenen Zugang mit dem Ziel, innere Zustände der Jugendlichen sowie deren Verarbeitung zu erfassen, und entwickelte hierzu eine Kombination aus Hermeneutik und Inhaltsanalyse, die jedoch methodisch stark kritisiert wird (Mey, 2018). Auch Siegfried Bernfeld (1978) untersuchte „Tagebuchmaterialien via hermeneutischem Forschungsansatz, psychoanalytischer Methodik und unter Berücksichtigung einer sozialgeschichtlichen Perspektive" (Mey, 2000, S. 3) und weist in diesem Zuge darauf hin, insbesondere die Beziehung zwischen dem Forschenden und dem Forschungsgegenstand zu reflektieren (Bernfeld, 2010; Mey, 2018).

Mit dem Aufkommen des Behaviorismus wurden Tagebuchstudien aufgrund der zunehmend kritisierten Subjektivität immer weniger als Forschungsmethode verwendet, und gelten als das „Stiefkind" der qualitativen Forschung: „Diary method has arguably been the 'poor relation' of the methodological family in qualitative research, compared, for example, to interviews" (Bartlett & Milligan, 2015, S. 1).

In den letzten Jahrzehnten nehmen Tagebuchstudien wieder zu – dies ist auf der einen Seite mit dem wissenschaftlich weitgehend akzeptierten epistemologischen Subjektmodell zu erklären, das dazu beiträgt, dass „der zunehmende Einsatz von Tagebüchern auch als Indiz für die ‚kognitive Wende' in den Sozialwissenschaften verstanden [wird]" (Seemann, 1997, S. 14). Auf der anderen Seite ist auch die Entwicklung der Prozessforschung bzw. Verlaufsbeobachtung förderlich für die Renaissance der Tagebuch-Methode (Seemann, 1997) und hat insbesondere in den letzten fünf Jahren (Stand 2023) immer häufiger in unterschiedlichen psychologischen Disziplinen Anwendung gefunden, wie bspw. in der Wirtschafts-, Arbeits- und Verhaltenspsychologie. Thematisch liegt der Fokus dabei vor allem auf quantitativen Forschungsarbeiten, wohingegen qualitative, inhaltsanalytische Arbeiten seltener zu finden sind. In diesem Zuge ist anzumerken, dass populäre methodische Arbeiten zur qualitativen Forschung wenig Bezug auf Tagebuchmethoden nehmen (z. B. Bowling, 2014; Creswell & Creswell, 2017; Flick, 2014), wobei diese ein durchaus flexibles Instrument zur Erhebung umfangreicher Daten darstellen.

3.2 Die Nutzung der Tagebuch-Methode in der Forschung

Die Tagebuch-Methode kann als ein Instrument zur Untersuchung verschiedener menschlicher Phänomene (einschließlich Persönlichkeitsprozesse) genutzt werden, sich mit familiären Interaktionen und Beziehungen auseinandersetzen sowie körperliche und seelisch emotionale Aspekte abbilden (Bolger et al., 2003). Insofern ist sie vor allem mit Blick auf die Zielsetzung der vorliegenden Arbeit geeignet, die Lebenssituation pflegender Angehöriger (von Menschen mit Demenz) in ihrer Unterschiedlichkeit und Individualität sowohl wahrzunehmen als auch wissenschaftlich zu betrachten. Die Tagebuch-Methode ermöglicht zudem die Betrachtung einer Person bzw. Dyade über einen längeren Zeitraum hinweg. So lassen sich einerseits individuelle Fallbeschreibungen erstellen und andererseits personale Prozesse und deren Veränderungen im zeitlichen Verlauf in den Blick nehmen.

In der wissenschaftlichen Forschung werden vor allem *angeforderte* von *nicht-angeforderten* Tagebüchern unterschieden, wobei angeforderte Tagebücher zumeist durch Wissenschaftler erbetene Tagebuch-Einträge zu bestimmten Themen (Gedanken, Gefühle und Verhaltensweisen) darstellen und die Schreibenden von den jeweiligen Forschenden begleitet werden. Ein zur Thematik dieser Arbeit passendes Beispiel stammt von Wilz (2002), die im Rahmen einer Tagebuchstudie pflegende Angehörige von Menschen mit Demenz Tagebuch schreiben ließ und deren Belastungsverarbeitung analysierte. Darüber hinaus untersuchte die *Commission on the Future of the Home Care Workforce* (2014) ebenfalls angeforderte Tagebucheinträge von Pflegekräften aus der ambulanten pflegerischen Versorgung, um deren Herausforderungen und Bedarfe in der Pflege und Begleitung von Menschen mit hohem Unterstützungsbedarf zu eruieren. Die Einträge der Pflegenden verdeutlichen die Notwendigkeit, mehr in die Pflege und Begleitung zu investieren und zeigen darüber hinaus den Wert der Tagebuch-Methode auf, die es ermöglicht, einer Personengruppe eine Stimme zu geben, die in der Regel nicht gehört wird (Bartlett & Milligan, 2015).

Tagebücher bieten die Möglichkeit, soziale, psychologische und physiologische Prozesse in Alltagssituationen zu untersuchen. Gleichzeitig erkennen sie die Bedeutung der Kontexte an, in denen sich diese Prozesse entfalten (Bolger et al., 2003). Demnach sollen Tagebücher die kleinen Erlebnisse des Alltags festhalten, die den größten Teil unserer Zeit ausmachen und unsere bewusste Aufmerksamkeit in Anspruch nehmen (Wheeler & Reis, 1991).

Grundlegender Vorteil der Tagebuchmethode ist die Möglichkeit der Untersuchung berichteter Ereignisse und Erfahrungen in ihrem natürlichen, spontanen Kontext und kann somit Informationen ergänzen, die mit traditionellen Methoden gewonnen werden (Reis et al., 1994) und dabei das Leben so erfassen, wie es gelebt wird: „capturing life as it is lived" (Bolger et al., 2003, S. 579). Tagebücher ermöglichen es darüber hinaus, die Retrospektivität zu verringern indem der Abstand zwischen dem Erlebten und dem Bericht über das Erlebte selbst sehr gering gehalten werden kann (Bartlett & Milligan, 2015; Bolger et al., 2003).

3.3 Schreib-Therapie oder: Die heilende Kraft des Schreibens

Unter Schreib-Therapie versteht man den Prozess der Selbstreflexion, der durch das Schreiben als Mittel zum Ausdruck angestoßen wird. Schreiben fördert dabei auch die die Fähigkeit, diese Reflexionsfähigkeit schriftlich auszudrücken – und dies unabhängig davon, ob der Schreibende intrinsisch oder extrinsisch, durch die Anregung eines Therapeuten oder Wissenschaftlers, motiviert ist (Wright & Chung, 2001). Schreiben erscheint somit als Instrument der Heilung und des persönlichen Wachstums (Ruini & Mortara, 2022).

Schreiben und die Betrachtung der Wirkungsweise von Schreibinterventionen wurden bereits 1986 durch James Pennebaker als Forschungsparadigma eingeführt, der gemeinsam mit seinen Kollegen therapeutische Effekte durch Schreibinterventionen belegen konnte (Pennebaker & Beall, 1986). Die nachfolgenden Ausführungen zeichnen diese Wirkungsweisen und Effekte von Schreiben nach und fragen nach Anwendungsmöglichkeiten und Wirkung sowohl des expressiven als auch des positiven Schreibens. Die (positiven) Effekte von Schreibtechniken sind dabei grundsätzlich individuell unterschiedlich (Allen et al., 2020).

3.3.1 Expressives Schreiben

Die Erforschung der Wirksamkeit von Schreibinterventionen ist im wissenschaftlichen Diskurs eng mit Pennebaker verbunden, der mit der Entwicklung und Erforschung des expressiven Schreibens in den 80er Jahren ein mittlerweile weit verbreitetes und interdisziplinär angewandtes Forschungsfeld begründete (Horn & Mehl, 2004; Wilz et al., 2017). In ihren Arbeiten untersuchten Pennebaker und Kollegen (1986) die Auswirkungen des Niederschreibens (hoch) belastender Gedanken und Gefühle bei Studierenden zu autobiographischen Ereignissen und konnten damit langfristige, positive Wirkungen sowie einen gesundheitsfördernden Effekt bei den Schreibenden belegen. Die emotionsbezogene, schriftliche Auseinandersetzung mit einem belastenden Erlebnis zeigt Kröner-Herwig und Kollegen (2004) zufolge „ein[en] einfache[n] Weg zur Selbsthilfe für jeden Menschen" (S. 184) auf und stellt ein hilfreiches Instrument zur Förderung der psychischen Gesundheit dar, ohne im regelmäßigen Kontakt zu einem Therapeuten stehen zu müssen (Gerger et al., 2021).

Die Ergebnisse von Pennebaker und Kollegen wurden in einer Reihe weiterer (konzeptueller) Studien bestätigt. In der Mehrheit der Studien wird zwar über ein kurzfristiges negatives Stimmungsbild sowie einer Zunahme an physischen Beschwerden nach der jeweiligen Schreibintervention berichtet, jedoch auch über eine langfristige Verbesserung der Faktoren und deren positive Auswirkungen auf individuelle Selböffnungsprozesse (Kröner-Herwig et al., 2004): „Zentral ist dabei die Annahme, dass es die natürliche menschliche Reaktion auf ein belastendes Erlebnis sei, seinen Gefühlen in der Kommunikation Ausdruck zu geben" (Kröner-Herwig et al., 2004, S. 184). Nach Horn und Kollegen (2004) ist dabei insbesondere die individuelle und durch die Person selbst gesteuerte Selböffnung bzw. das jeweilige Maß dieser individuellen Selböffnung eine wesentliche Stärke des expressiven Schreibens. Das expressive Schreiben weißt demnach auch als therapeutische sowie präventiv-medizinische Technik positive Wirkungen auf (Horn & Mehl, 2004; Lepore & Smyth, 2002) und steht im Zusammenhang mit einem verbesserten Immunsystem (Booth et al., 1997; Esterling et al., 1999; Pennebaker et al., 1988; Petrie et al., 1995), verbessertem Blutdruck (Crow, 2000), einer verbesserten Leberfunktion (Francis & Pennebaker, 1992) sowie einer schnelleren Wundheilung (Weinman et al., 2008). Weiterhin belegen Studien ebenfalls geringere Symptome rheumatoider Arthritis und Asthma-Erkrankungen bzw. eine verbesserte Lungenfunktion aufgrund einer Schreibintervention (Smyth et al., 1999). Ganz allgemein konnte festgestellt werden, dass expressives Schreiben mit einem geringeren Auftreten von gesundheitlichen Beschwerden korreliert (Greenberg & Stone, 1992; Pennebaker &

Beall, 1986). Durchaus belegte Wirkungen auf emotionale und psychische Prozesse sind dabei noch nicht ausreichend erforscht bzw. weniger repräsentativ: „However, the overall evidence for psychological health benefits of expressive writing is not as robust or consistent as for physical health" (Baikie et al., 2012, S. 311). Zu weiteren positiven Wirkungen auf nicht gesundheitsbezogener Ebene gehören etwa ein verbesserter Notendurchschnitt bei Studierenden (Cameron & Nicholls, 1998; Pennebaker & Francis, 1996), weniger Fehlzeiten am Arbeitsplatz (Francis & Pennebaker, 1992), ein verbessertes Arbeitsgedächtnis (Klein & Boals, 2001) sowie sportliche Leistungen (Scott et al., 2003). Spätere Studien, u. a. von Pennebaker und Chung (2011) selbst sowie von Frattaroli (2006) weisen jedoch nur moderate bis kleine Effektstärken gegenüber den ursprünglich mittelgroßen Effekten expressiven Schreibens auf. Auch die Arbeit von Kröner-Herwig und Kollegen (2004) kann eine langfristige Wirkung expressiven Schreibens nicht bestätigen.

Schreibinterventionen bzw. die Wirkung des Schreibens wird insbesondere anhand von Interventionen untersucht, in denen die Teilnehmenden über negative emotionale Erfahrungen schreiben, wie aus einer Übersichtsarbeit von King (2001) hervorgeht: „It is notable that all of these studies have started with a particular bias – that benefiting from writing must involve encountering and coping with a traumatic event from the past" (S. 799).

Burton und King (2004) zufolge gibt es jedoch keine Belege dafür, dass dieser Aspekt ein wesentliches Element des Schreibparadigmas ist, womit der „Wandel des Schreibparadigmas" (Wilz et al., 2017) eingeleitet wird:

> Though such a focus is in keeping with the assumptions of more psychoanalytically oriented notions of human functioning, there is no evidence that this aspect of the writing paradigm is an essential element of the so-called 'healing power of writing' (Pennebaker, 1990) (Burton & King, 2004, S. 151).

Hinsichtlich dessen, stellten bereits Pennebaker und Seagal (1999) in ihren Analysen fest, dass gesundheitsförderndes Schreiben insbesondere mit einer Vielzahl positiver Wörter bzw. positiver Emotionsworte verbunden ist statt mit negativen. Den Befund, dass im Laufe der Schreibintervention vermehrt Einsichts- und Kausalworte von den Schreibenden genutzt werden (Pennebaker & Seagal, 1999; Ruini & Mortara, 2022; Wilz et al., 2017) deutet für Wilz und Kollegen (2017) „darauf hin, dass die Sinnfindung hinsichtlich einer negativen Erfahrung durch die Konstruktion eines kohärenten Narrativs für die positiven Gesundheitseffekte des expressiven Schreibens verantwortlich sein könnte" (S. 23). Ein Fokus auf negative Emotionen wäre demnach nicht ausschlaggebend für einen positiven

Effekt des Schreibens (Wilz & Brähler, 1997). Diese Annahme bestätigt sich auch in Arbeiten von Greenberg und Kollegen (1996), die das Schreiben über ein imaginäres Trauma untersuchten sowie bei King und Miner (2000) über das Schreiben positiver Folgen traumatischer Erlebnisse. In beiden Arbeiten zeigen sich ähnliche Effekte wie beim expressiven Schreiben. Dabei wird von den Autoren angenommen, dass vor allem Aspekte einer verbesserten Selbstregulation und Selbstwirksamkeit für die positiven Effekte von Schreibinterventionen ausschlaggebend sind. Vor diesem Hintergrund ist es plausibel, dass Schreiben im Allgemeinen eine positive Wirkung hat und förderliche Effekte auf Selbstwirksamkeit und -regulation sowie Copingstrategien aufweist (Haertl & Ero-Phillips, 2019).

Mit dem Ziel „gain without pain" (King, 2002, S. 119) will King Schreibende nicht mit emotional belastenden bzw. negativen Gefühlen während des Schreibprozesses konfrontieren, sondern vielmehr positive Effekte des Schreibens erzielen und so eine Verschlechterung des Stimmungsbildes und negative Gefühle bei den Schreibenden verhindern (Wilz et al., 2017).

3.3.2 Positives Schreiben

In der wissenschaftlichen Auseinandersetzung mit expressiven Schreibinterventionen, haben insbesondere Pennebaker und Kollegen (1986) eine Vielzahl an positiven Auswirkungen und Effekten auf die Schreibenden belegen können (nähere Ausführungen hierzu, siehe Abschnitt 3.3.1). Besonders die kurzfristige Verschlechterung des Stimmungsbildes bei der Niederschrift negativer, traumatischer Erlebnisse wurde dabei kritisch betrachtet und in darauf aufbauenden Studien durch andere Schreibinstruktionen modifiziert (Greenberg et al., 1996; King & Miner, 2000). Die Studien konnten dabei ähnliche Ergebnisse erzielen, ohne die Schreibenden negativ zu belasten. In ihren Analysen kamen King und Miner (2000) zu dem Schluss, dass jede Form des Schreibens Selbstregulation fördert und einen positiven Einfluss auf die körperliche Gesundheit bewirken kann. In ihren Untersuchungen analysierten die Autoren deshalb das Schreiben über die positiven Aspekte eines Traumas sowie das Copingverhalten der Schreibenden, um bei den Teilnehmenden eine effektive Selbstregulation durch die Schreibinstruktionen anzustoßen.

In einer weiteren Studie von King (2001) ließ die Autorin die Teilnehmenden über ihre Lebensziele bzw. ihr bestmögliches zukünftiges Selbst schreiben, um so den Selbstregulationsprozess anzustoßen, ohne negative Emotionen hervorrufen zu müssen. Ebendiese Lebensziele sieht King (2001) dabei in ihrer

3.3 Schreib-Therapie oder: Die heilende Kraft des Schreibens

Arbeit als hilfreiches Mittel, um intrinsische Prozesse anzuregen: „The goals that individuals espouse for themselves have been seen as a window into self-regulatory processes" (S. 800) und bezieht sich dabei auf die Arbeiten zu Zielkonstruktionen von Austin und Vancouver (1996). Die Autorin geht davon aus, dass auch das Aufschreiben von positiven Aspekten des Lebens als therapeutische Maßnahme betrachtet werden kann, den Schreibenden Lebensziele bewusstmacht und sie dazu bringt, ihre Prioritäten und Werte neu zu ordnen. Das Anstoßen der beschriebenen Prozesse sind dabei wesentliche Aspekte einer kognitiv-behavioralen Therapie (King, 2001) und eng mit dem Konstrukt der positiven Psychologie verbunden, welche zur gleichen Zeit durch Martin Seligman und Mihaly Csikszentmihalyi (2000) als neue psychologische Strömung an Aufmerksamkeit gewann. In ihren Analysen kommt King zur Feststellung, dass auch das Schreiben über positive Aspekte wirkungsvoll ist und somit eine weitere Möglichkeit darstellt Schreibinterventionen anzuwenden, ohne die Schreibenden emotional zu belasten: „Results indicate that writing about life goals is another way to enjoy the health benefits of writing without the emotional costs" (King, 2001, S. 804). Ihren Ausführungen zufolge ist das positive Schreiben weniger belastend als das Niederschreiben traumatischer Erlebnisse und geht trotzdem mit einer signifikanten Verbesserung der Lebensqualität und des subjektiven Wohlbefindens einer (King, 2001) und trägt darüber hinaus dazu bei, dass bei den Schreibenden kognitive Prozesse angestoßen werden, die ohne positive Schreibinterventionen nicht verarbeitet werden (Burton & King, 2004).

Die Theorie von Fredrickson (1998) ist ein zentrales Modell und eine wichtige Grundlage der Positiven Psychologie. In ihrer „Broaden-and-build theory of positive emotions" geht sie davon aus, dass „positive emotions appear to broaden peoples' momentary thought–action repertoires and build their enduring personal resources" (Fredrickson, 2004, S. 1369). Darunter ist zu verstehen, dass positive Emotionen wie Freude, Interesse, Zufriedenheit und Liebe die Aufmerksamkeit und Denkprozesse, also die menschliche Wahrnehmung des Einzelnen, erweitern („broaden") und die Möglichkeit zum Aufbau von Fähigkeiten einräumen, wodurch positiv emotionale Erfahrungen langfristige Ressourcen sowie dauerhafte Vorteile („build") auf das Individuum haben können und dahingehend Kreativität, Copingstrategien, Problemlösungsfähigkeiten sowie Entscheidungsfindungen fördern und verbessern (Burton & King, 2004).

> A key proposition is that these positive emotions broaden an individual's momentary thought–action repertoire: joy sparks the urge to play, interest sparks the urge to

explore, contentment sparks the urge to savour and integrate, and love sparks a recurring cycle of each of these urges within safe, close relationships (Fredrickson, 2004, S. 1367).

Diese Aussage kann dabei in den Zusammenhang der bereits aufgeführten positiven Aspekte der Übernahme einer Pflege- und Begleitungssituation gesetzt werden, welche ebenfalls in Verbindung mit den beschriebenen Kategorien stehen und positive (u. a. gesundheitliche) Effekte auf pflegende Angehörige haben.

> Such a line of reasoning would suggest that experienced positive mood during writing might mediate the effects of writing topic on health. In addition, writing that reflects "broadening" processes such as global thinking, creativity, and the like, might be more likely to lead to health benefits (Burton & King, 2004, S. 153).

Auch Seligman und Kollegen (2005) konnten zeigen, dass das tägliche Schreiben über „[t]hree good things in life" (S. 416) nachhaltig das Empfinden von Glücksgefühlen verbessert sowie das Aufkommen depressiver Symptome verringert. Sie kommen deshalb zu dem Schluss, dass „[p]ositive interventions can supplement traditional interventions that relieve suffering and may someday be the practical legacy of positive psychology" (Seligman et al., 2005, S. 410). Risch und Wilz (2013) liefern in ihrer Pilotstudie zur Wirksamkeit positiver Schreibinterventionen in Form eines Ressourcentagebuchs bei Patienten nach stationärer Psychotherapie außerdem erste Hinweise auf die Verbesserung des Stimmungsbildes sowie eine Förderung der Emotionsregulation.

Aktuellere Forschungsarbeiten haben die Wirksamkeit des kommerziellen „6-Minuten Tagebuchs" wissenschaftlich überprüft und kamen ebenfalls zu dem Ergebnis, dass die Schreibenden ein geringer empfundenes Stresslevel und negativen Affekt aufweisen sowie ein höheres Maß an Resilienz und Selbstvertrauen zeigen (Lorenz et al., 2022). Die Autoren sehen das „6-Minuten Tagebuch" dabei als hilfreiche Intervention und wirksamen Präventionsansatz an: „The 6-minute diary does not appear to make individuals fundamentally more positive. However, the intervention may have a protective function against negative influences on well-being" (Lorenz et al., 2022, S. 1).

3.3 Schreib-Therapie oder: Die heilende Kraft des Schreibens

Open Access Dieses Kapitel wird unter der Creative Commons Namensnennung 4.0 International Lizenz (http://creativecommons.org/licenses/by/4.0/deed.de) veröffentlicht, welche die Nutzung, Vervielfältigung, Bearbeitung, Verbreitung und Wiedergabe in jeglichem Medium und Format erlaubt, sofern Sie den/die ursprünglichen Autor(en) und die Quelle ordnungsgemäß nennen, einen Link zur Creative Commons Lizenz beifügen und angeben, ob Änderungen vorgenommen wurden.

Die in diesem Kapitel enthaltenen Bilder und sonstiges Drittmaterial unterliegen ebenfalls der genannten Creative Commons Lizenz, sofern sich aus der Abbildungslegende nichts anderes ergibt. Sofern das betreffende Material nicht unter der genannten Creative Commons Lizenz steht und die betreffende Handlung nicht nach gesetzlichen Vorschriften erlaubt ist, ist für die oben aufgeführten Weiterverwendungen des Materials die Einwilligung des jeweiligen Rechteinhabers einzuholen.

Zwischenfazit 4

In den vorangegangenen Ausführungen zur Beschreibung der (Er-)Lebenssituation pflegender Angehöriger wird ersichtlich, dass das Phänomen „Pflegende Angehörige" von besonderer Relevanz für die gerontologische Forschung ist.

Die beschriebene Personengruppe stellt seit längerer Zeit die größte Säule des deutschen Pflegesystems dar, wobei sie dabei auch am schnellsten wächst. Bereits 2015 wurde deshalb metaphorisch von „Deutschlands größtem Pflegedienst" (Wetzstein et al., 2015) gesprochen. Besonders Frauen im erwerbsfähigem Alter übernehmen die Pflege und Begleitung eines hilfe- und pflegebedürftigen Familienangehörigen, wobei in der familiären Versorgung von Menschen mit Demenz vormals intergenerationelle Pflege geleistet wird, weshalb diese Personengruppe in der Regel selbst ein höheres Lebensalter aufweist und damit ebenfalls in besonderer Weise gesundheitlich gefährdet ist.

Die Pflege und Begleitung von Menschen mit Demenz stellt pflegende Angehörige vor eine Vielzahl an Herausforderungen, sodass sie vor allem auf psychischer, physischer und sozialer Ebene belastend wahrgenommen wird und maßgeblich auf die Lebenssituation der gesamten Familie Einfluss nimmt. Insofern wird die Demenzerkrankung in gewisser Weise auch als Familienkrankheit assoziiert. Die mit der Demenz einhergehenden Veränderungen beeinflussen dabei nicht nur die Autonomie der Menschen mit Demenz, sondern fördern eine Rollenumkehr und wesentliche Veränderung in der Beziehungsdynamik, die pflegende (Ehe-)Partner und pflegende Kinder vor die Herausforderung stellen, diese positiv zu bewältigen.

In den Darstellungen sowohl zur Situation pflegender Angehöriger im Rahmen der Entwicklung von Entlastungsangeboten innerhalb der Kommune als auch in wissenschaftlichen Beiträgen zur vorliegenden Thematik wird die Pflegesituation mehrheitlich defizitorientiert und aus der Belastungsperspektive betrachtet. Positive Aspekte hingegen werden aufgrund der Vielzahl an erlebten und zu bewältigenden Herausforderungen und Belastungen von pflegenden Angehörigen seltener bzw. nicht bewusst wahrgenommen und erlebt.

Seit Beginn der 2000er wird der Wunsch einer ressourcenorientierten und ganzheitlichen Wahrnehmung informeller Pflegesituationen immer stärker, sodass vor allem in den letzten Jahren positive Aspekte der Pflege und Begleitung zunehmend an Bedeutung gewinnen.

Die Mehrheit der pflegenden Angehörigen von Menschen mit Demenz berichtet empirischen Arbeiten zufolge auch von schönen Momenten, die sie gemeinsam mit ihren Angehörigen in und durch die Pflege und Begleitung erleben. Diese werden aus Sicht der pflegenden Angehörigen insbesondere im Rahmen von Beziehungen wahrgenommen und spenden nicht nur Kraft, sondern auch Sinnfindung in der (langfristigen) Übernahme der informellen Pflegesituation.

Die Betrachtung einer ganzheitlich orientierten Pflegesituation erlaubt es deshalb, die Pflege und Begleitung unter anderen Gesichtspunkten zu bewerten. In der Implementierung von Unterstützungsmaßnahmen für pflegende Angehörige sollte aus diesem Grund auch die Förderung positiver Aspekte Eingang finden, weil auf diese Weise nicht nur die Lebensqualität, sondern auch das (subjektive) Wohlbefinden pflegender Angehöriger gestärkt sowie ein ganzheitlicher Blick auf die Pflegesituation in der Gesellschaft unterstützt wird.

Mit Blick auf die Ausführungen zur Entwicklung und der methodologischen Struktur von Tagebuch-Studien und der Wirkung unterschiedlicher Schreibinterventionen wird deutlich, dass es sich bei der Nutzung und Anwendung von Tagebüchern nicht nur um das tägliche bzw. regelmäßige Aufschreiben und Verarbeiten von Gedanken und Gefühlen in der Privatheit, für sich selbst, handelt, sondern darüber hinaus auch seit Jahrzehnten als hilfreiche wissenschaftliche Methode zur Erfassung seelisch emotionaler Aspekte sowie individueller Persönlichkeits- und Entwicklungsprozesse verwendet wird. Nach einem gewissen „Hoch" in der Tagebuch-Forschung, insbesondere in der Entwicklungsbetrachtung von Kindern und Heranwachsenden durch Charlotte Bühler, wird diese wegen der vermeintlich hohen Subjektivität stark kritisiert und entsprechend seltener als Erhebungsmethode angewendet. Trotz steigender Anzahl von Tagebuchstudien wird die Methode – infolge der skizzierten Entwicklungen – noch immer als Stiefkind der qualitativen Forschung bezeichnet.

In der Methodik des Tagebuchs findet man eine wissenschaftlich nachgewiesene und effektive Methode zur Förderung der Selbstfürsorge und Selbstreflexion.

4 Zwischenfazit

Mit dem Ziel dieser Arbeit – der Verbesserung der Lebensqualität und Stärkung des subjektiven Wohlbefindens pflegender Angehöriger von Menschen mit Demenz – erscheint an dieser Stelle die Möglichkeit zur individuellen Sensibilisierung positiver Aspekte in der Pflege und Begleitung von Menschen mit Demenz und darüber hinaus die Entwicklung und Gestaltung einer ressourcenorientierten Unterstützungsmaßnahme möglich. Damit erscheint vor allem der Fokus auf selbstregulative positive Schreibinterventionen unterstützend und wirkungsvoll zu sein. Eine Vielzahl an wissenschaftlichen Untersuchungen weißt bereits seit Beginn der 2000er Jahre nachhaltige Effekte positiver Schreibinterventionen auf. Dabei kann nicht nur dem Umstand einer kurzfristigen Verschlechterung des Stimmungsbildes durch die von Pennebaker untersuchten expressiven Schreibinstruktionen entgegengewirkt werden, sondern gleichermaßen eine effektive Selbstregulation bei den Schreibenden angestoßen werden. Weiterhin verspricht das autobiographische Schreiben eine wesentliche Verbesserung gesundheitlicher Befinden. So konnte erwiesen werden, dass regelmäßiges Schreiben positive Auswirkungen auf das Immunsystem, Herz-Kreislauf-System sowie ein allgemein geringeres Auftreten physischer Beschwerden hat. Darüber hinaus können auch positive Wirkungen auf emotionaler bzw. psychischer Ebene nachgewiesen werden.

Mit Blick auf die positiven Wirkungen von Schreibinterventionen und dem Ziel der Entwicklung einer ganzheitlichen und ressourcenorientierten Unterstützungsmaßnahme zur Verbesserung der Lebensqualität und Förderung des subjektiven Wohlbefindens pflegender Angehöriger (von Menschen mit Demenz) wurde eine Tagebuchvorlage entwickelt, die die betroffene Personengruppe in der Wahrnehmung und dem Erleben schöner Momente sensibilisiert und darüber hinaus einen Beitrag zur Gestaltung eines innovativen Unterstützungsangebotes schafft.

Die nachfolgenden Ausführungen zur empirischen Vorgehensweise beschreiben zunächst die Entwicklung und Methodik der vorliegenden Tagebuchstudie. Nach der Darstellung der Ergebnisse der qualitativen Inhaltsanalyse werden die Erkenntnisse aufgezeigt und diskutiert.

Open Access Dieses Kapitel wird unter der Creative Commons Namensnennung 4.0 International Lizenz (http://creativecommons.org/licenses/by/4.0/deed.de) veröffentlicht, welche die Nutzung, Vervielfältigung, Bearbeitung, Verbreitung und Wiedergabe in jeglichem Medium und Format erlaubt, sofern Sie den/die ursprünglichen Autor(en) und die Quelle ordnungsgemäß nennen, einen Link zur Creative Commons Lizenz beifügen und angeben, ob Änderungen vorgenommen wurden.

Die in diesem Kapitel enthaltenen Bilder und sonstiges Drittmaterial unterliegen ebenfalls der genannten Creative Commons Lizenz, sofern sich aus der Abbildungslegende nichts anderes ergibt. Sofern das betreffende Material nicht unter der genannten Creative Commons Lizenz steht und die betreffende Handlung nicht nach gesetzlichen Vorschriften erlaubt ist, ist für die oben aufgeführten Weiterverwendungen des Materials die Einwilligung des jeweiligen Rechteinhabers einzuholen.

5 Tagebuchstudie zu berührenden Momenten in der Begleitung von Menschen mit Demenz

Die im theoretischen Teil dieser Arbeit identifizierte Forschungslücke wirft die Frage nach dem subjektiven Erleben und Wahrnehmen schöner Momente in der Pflege und Begleitung auf. Zudem wird das Tagebuch als Instrument der (Selbst-) Reflexion und Möglichkeit zur Verarbeitung von Krisensituationen in den Kontext dieser Arbeit gesetzt.

Nach der Darstellung des Forschungsziels und der Forschungsfragen (Kapitel 6) werden die methodischen Vorüberlegungen im Rahmen dieser qualitativen Studie (Kapitel 7) sowie die genutzten Erhebungsmethoden beschrieben (Kapitel 8). Dabei erfolgt aufgrund der stark belasteten und vulnerablen Stichprobe in Kapitel 9 auch ein Blick auf die forschungsethischen Grundlagen dieser Studie. Im Anschluss wird die Rekrutierungsstrategie, mit der die pflegenden Angehörigen für die Teilnahme an dem Projekt gewonnen wurden, beschrieben. Nach einer Charakterisierung des Studiensamples erfolgt die Darstellung des Interview-Settings. Alle Teilnehmenden wurden zu jeweils drei Messzeitpunkten (vor und direkt nach der Intervention sowie sechs bis acht Wochen nach der Intervention) im Rahmen von Interviews befragt.

Die erhobenen Daten aus den Interviews sowie den Tagebüchern wurden mittels inhaltlich strukturierender qualitativer Inhaltsanalyse ausgewertet. Die Aufbereitung des erhobenen Datenmaterials ist Inhalt von Kapitel 10, gefolgt von der Darstellung der angewandten Auswertungsmethode des qualitativen Forschungsansatzes in Kapitel 11.

In Kapitel 12 erfolgen die detaillierten Beschreibungen der soziodemographischen Daten aller teilnehmenden pflegenden Angehörigen sowie einzelne individuelle Fallbeschreibungen mit Bezug auf die darauffolgende Ergebnisdarstellung. In den anschließenden Kapiteln 13 und 14 werden die Fallbeschreibungen sowie darauf aufbauende, fallübergreifende Ergebnisse in Zusammenhang mit den theoretischen Grundlagen diskutiert. Hinweise auf Forschungsdesiderate sowie ein Ausblick auf mögliche Forschungsvorhaben beschließen die Arbeit (Kapitel 15).

Open Access Dieses Kapitel wird unter der Creative Commons Namensnennung 4.0 International Lizenz (http://creativecommons.org/licenses/by/4.0/deed.de) veröffentlicht, welche die Nutzung, Vervielfältigung, Bearbeitung, Verbreitung und Wiedergabe in jeglichem Medium und Format erlaubt, sofern Sie den/die ursprünglichen Autor(en) und die Quelle ordnungsgemäß nennen, einen Link zur Creative Commons Lizenz beifügen und angeben, ob Änderungen vorgenommen wurden.

Die in diesem Kapitel enthaltenen Bilder und sonstiges Drittmaterial unterliegen ebenfalls der genannten Creative Commons Lizenz, sofern sich aus der Abbildungslegende nichts anderes ergibt. Sofern das betreffende Material nicht unter der genannten Creative Commons Lizenz steht und die betreffende Handlung nicht nach gesetzlichen Vorschriften erlaubt ist, ist für die oben aufgeführten Weiterverwendungen des Materials die Einwilligung des jeweiligen Rechteinhabers einzuholen.

Forschungsziel und Forschungsfragen 6

Die Sorge für Menschen mit Demenz wird von pflegenden Angehörigen häufig aus einer Belastungsperspektive wahrgenommen. Sinnstiftende und berührende Momente zwischen pflegenden Angehörigen und Menschen mit Demenz werden dabei vielfach nicht mehr *bewusst* erlebt (Generali, 2017; Leipold et al., 2008). Da Aspekte der inneren Bereicherung und Erfüllung aber durchaus erfahren werden können (Kruse, 2017), ergibt sich die Notwendigkeit, ebendiese Momente zwischen pflegenden Angehörigen und Menschen mit Demenz wieder fassbar zu machen. Es ist davon auszugehen, dass die Sensibilisierung für sinnstiftende und berührende Momente innerhalb der informellen Pflege, pflegende Angehörige nicht nur in ihrer Wahrnehmung und ihrem Wohlbefinden stärkt, sondern zudem auch deren Selbstregulation und Selbstwirksamkeitserfahrungen verbessert. Diese seelisch-geistigen Entwicklungsprozesse ermöglichen „psychologisches Wachstum" pflegender Angehöriger (Kruse, 2017).

Ziel der vorliegenden Arbeit ist es zu untersuchen, inwieweit eine Sensibilisierung und Stärkung pflegender Angehöriger für die Wahrnehmung berührender und sinnstiftender Momente in der Pflege eines Menschen mit Demenz gelingen kann. Mit Hilfe der psychologischen Tagebuchmethode sollen pflegende Angehörige von Menschen mit Demenz für die Wahrnehmung schöner Momente in der Pflege und Begleitung sensibilisiert werden.

Dabei stellen sich die folgenden Forschungsfragen:

1. Was sind „schöne Momente" in der Pflege und Begleitung eines Menschen mit Demenz?
2. Was trägt zum Erleben schöner Momente bei pflegenden Angehörigen bei?

3. Können pflegende Angehörige durch regelmäßiges Tagebuchschreiben schöne Momente in der Pflege und Begleitung sensibler wahrnehmen?
4. Verändert sich durch die täglichen Tagebucheinträge das Stimmungsbild der pflegenden Angehörigen?
5. Inwieweit kann die Tagebuchvorlage als ein hilfreiches Instrument in der professionellen Begleitung und Beratung pflegender Angehöriger integriert werden?

Zur Beantwortung dieser Fragen wurde eine Tagebuchvorlage entwickelt, die über einen Zeitraum von vier Wochen von pflegenden Angehörigen geführt wurde. Darüber hinaus wurden mit den Teilnehmenden Interviews zur Reflexion und Bewertung der Methode geführt. Zur Beantwortung der fünften Frage wurde eine Fokusgruppe durchgeführt, deren Teilnehmenden beruflich mit der Thematik befasst sind.

Open Access Dieses Kapitel wird unter der Creative Commons Namensnennung 4.0 International Lizenz (http://creativecommons.org/licenses/by/4.0/deed.de) veröffentlicht, welche die Nutzung, Vervielfältigung, Bearbeitung, Verbreitung und Wiedergabe in jeglichem Medium und Format erlaubt, sofern Sie den/die ursprünglichen Autor(en) und die Quelle ordnungsgemäß nennen, einen Link zur Creative Commons Lizenz beifügen und angeben, ob Änderungen vorgenommen wurden.

Die in diesem Kapitel enthaltenen Bilder und sonstiges Drittmaterial unterliegen ebenfalls der genannten Creative Commons Lizenz, sofern sich aus der Abbildungslegende nichts anderes ergibt. Sofern das betreffende Material nicht unter der genannten Creative Commons Lizenz steht und die betreffende Handlung nicht nach gesetzlichen Vorschriften erlaubt ist, ist für die oben aufgeführten Weiterverwendungen des Materials die Einwilligung des jeweiligen Rechteinhabers einzuholen.

Der qualitative Forschungsansatz 7

Wie im theoretischen Teil dargestellt, gibt es wenig bis kaum empirische Befunde zur Wahrnehmung schöner Momente in der Pflege und Begleitung eines Menschen mit Demenz. Daraus ergibt sich nicht nur die Frage nach wahrgenommenen schönen Momenten in der Pflege und Begleitung, vielmehr wird eine Lücke in der Versorgung pflegender Angehöriger von Menschen mit Demenz sichtbar. Aus diesen Gründen erweist sich ein qualitativ-exploratives Vorgehen in diesem Forschungsprojekt als besonders geeignet, denn qualitative Forschung fokussiert dabei die Theoriebildung, welche im Verlauf der Untersuchung eines unbekannten Falls konstruiert wird (Merkens, 2000) und dabei

> den Anspruch [hat], Lebenswelten ‚von innen heraus', aus der Sicht der handelnden Menschen zu beschreiben. Damit will sie zu einem besseren Verständnis sozialer Wirklichkeit(en) beitragen und auf Abläufe, Deutungsmuster und Strukturmerkmale aufmerksam machen (Flick et al., 2022, S. 14).

Einem qualitativen Forschungsinteresse liegt dahingehend die Fokussierung von alltags- bzw. lebensweltlichen Phänomenen, Problemen und Prozessen zugrunde und versucht insbesondere Sichtweisen involvierter Teilnehmender zum Ausdruck zu bringen (Mey & Ruppel, 2018). Primärer Bezugspunkt ist dementsprechend die Sicht der Subjekte und deren Lebensumstände.

Die qualitative Forschung folgt dabei unterschiedlichen Bedingungen, welche als Merkmale qualitativer Forschungsmethoden gelten. Das Prinzip der Offenheit gegenüber dem „Unbekannte[n] im scheinbar Bekannten" (Flick et al., 2022, S. 23) stellt sich dahingehend als wesentlich heraus. Kennzeichnend hierfür ist die

Fokussierung auf subjektive Deutungsmuster, soziale Prozesse und Situationen aus Sicht der handelnden Personen (Flick et al., 2022). Um ein „konkreteres und plastischeres Bild" (Flick, 2014, S. 17) über die subjektive Wahrnehmung schöner Momente aus Perspektive der pflegenden Angehörigen zu erhalten, muss ein tiefergehendes Verständnis für deren jeweilige Lebenssituation innerhalb der Sorgebeziehung entwickelt werden. „[D]as Erkenntnisprinzip qualitativer Forschung [ist demnach] das Verstehen […] von komplexen Zusammenhängen" (Flick et al., 2022, S. 23) aus der Perspektive der teilnehmenden pflegenden Angehörigen.

Um die subjektive Sichtweise pflegender Angehöriger von Menschen mit Demenz erfahrbar zu machen, konzentriert sich die Datenerhebung auf diese. Dabei wird den teilnehmenden pflegenden Angehörigen ausreichend Raum und Zeit sowie eine wertschätzende und sensible Begleitung im Rahmen der Datenerhebung entgegengebracht. Die Wahrnehmung und das bewusste Erleben schöner Momente ist nicht nur situations- und kontextabhängig, sondern vor allem persönlich und individuell. Es ist deshalb zur Beantwortung der Forschungsfragen unerlässlich, die gesamte Lebenssituation aller teilnehmenden pflegenden Angehörigen mit Hilfe qualitativer Forschungsmethoden zu betrachten (Flick et al., 2022).

7.1 Das Tagebuchverfahren als Erhebungsmethode

In der vorliegenden Arbeit sollen pflegende Angehörige von Menschen mit Demenz durch die Anwendung der Tagebuch-Methode für die Wahrnehmung schöner Momente im Alltag sensibilisiert werden. Mit Hilfe von Tagebuchaufzeichnungen kann das Erleben und Verhalten sowie das Seelenleben einzelner Individuen – hier die subjektive Perspektive pflegender Angehöriger von Menschen mit Demenz – in bestimmten Phasen des Lebenslaufes bzw. einer Lebensphase abgebildet und erfasst werden. Sie bieten dahingehend eine „bedeutsame Quelle zur Erforschung [individueller] Selbst- und Weltsichten" (Mey, 2000, S. 7). In der Psychologie ist der Ursprung der Methode des Tagebuchs auf Charlotte Bühler mit ihren Arbeiten zum Lebenslauf und Hans Thomae zurückzuführen (Mey, 2020).

Eine derartige qualitativ-interpretative Vorgehensweise erlaubt eine „dichte Beschreibung der Phänomenenvielfalt" (Mey, 2000, S. 10). Die Tagebuchmethode räumt dabei dem Erkenntnissubjekt im Erkenntnisobjekt einen hohen Stellenwert ein und würdigt die Beobachtungssensibilität der Teilnehmenden selbst. Durch die individuellen Aufzeichnungen der Diaristen tritt die subjektive Sichtweise

7.1 Das Tagebuchverfahren als Erhebungsmethode

(subjektiver Sinn) als primärer Bezugspunkt in den Vordergrund der Betrachtung (Mey & Ruppel, 2018). Bislang finden qualitative Tagebuchverfahren in Forschung und Wissenschaft selten Beachtung. Sie erweisen sich jedoch als zentrale Methode der systematischen Beobachtung im Feld. Tagebücher beinhalten Selbstprotokolle, in denen teilnehmende Probanden die Möglichkeit haben, mit Hilfe vorgegebener Kategorien ihr Erleben und Verhalten aufzuzeichnen. Dementsprechend können sie als auf Anforderung oder aus eigenem Antrieb angefertigte Selbstbeobachtungsprotokolle für begrenzte, vorgegebene Themen genutzt werden (Seiffge-Krenke et al., 1997).

Inhaltlich wird dabei primär alltagsbezogenes Erleben und Verhalten erfasst, welches der Fremdbeobachtung nicht zugänglich ist. Demnach ermöglicht das Tagebuchverfahren eine ereignisnahe Aufzeichnung von Verhaltensprozessen, wie beispielsweise situationsbezogene psychologische Phänomene (z. B. Alltagsbelastungen, Angstanfälle, Schmerzen, Stimmungen) (Wilz & Brähler, 1997).

Tagebuch-Schreiben erweist sich als Möglichkeit, Situationen und Ereignisse, die im Alltag häufig unbemerkt bleiben und retrospektiv nicht adäquat wiedergegeben werden können, festzuhalten (Seemann, 1997). Insbesondere die Wahrnehmung von Stimmungen unterliegt häufig alltäglichen schleichenden Prozessen, die in der Regel nicht gut erinnert werden können (Seemann, 1997). Prägnante Ereignisse hingegen bleiben im Gedächtnis und wirken sich stimmungsmodulierend auf die jeweiligen Diaristen aus. Aus diesem Grund werden „schöne Momente" in der Pflege und Begleitung eines Menschen mit Demenz in das Zentrum der Aufmerksamkeit gestellt.

Das Tagebuch hat dabei einen besonderen methodischen Stellenwert. Es erlaubt die Aufzeichnung interner subjektiver Prozesse und kann insbesondere für die Analyse von Einzelfällen hinzugezogen werden. Diese werden vor allem in der Therapieevaluation immer häufiger genutzt, was nicht nur den wissenschaftlichen, sondern auch therapeutischen Nutzen der Tagebuch-Methode unterstreicht. Das Tagebuch ist eine geeignete Form der Datenerhebung hinsichtlich der Aufzeichnung alltäglicher Ereignisse, die dem Probanden häufig unbemerkt und retrospektiv nicht mehr zugänglich gemacht werden können. Die dargestellte Methode ermöglicht also die Fokussierung und Sensibilisierung der Teilnehmenden auf schöne Momente in der Pflege und Begleitung eines auf Fürsorge angewiesenen Angehörigen, wie es die Arbeit erzielen möchte.

Mit der Tagebuchforschung erschließen sich Forschungszugänge im privaten Alltag von Menschen, die der Wissenschaft unter anderem aus Zeit- und Kostengründen sonst vorenthalten sind. Insofern stellen Tagebuchaufzeichnungen in der Feldforschung die Methode der Wahl zur Erfassung komplexer äußerer und innerer Ereignisse dar, die auch Beobachtungen über lange Zeiträume hinweg ermöglichen. Sie eröffnen neue Möglichkeiten für die wissenschaftliche Einzelfallforschung im diagnostischen und therapeutischen Prozess, nachdem sich zeitreihenanalytische Auswertungsmethoden mittlerweile als anwendungsfähig erwiesen haben (Seemann, 1997).

Mittels des hypothesengenerierenden Fundus der Tagebuchinhalte können Interviewverfahren ergänzt und aufgewertet werden, weshalb eine Kombination aus Tagebuchverfahren und Interviews im Hinblick auf die Forschungsfragen als bedeutsam erachtet wird.

7.2 Das qualitative Interview als Erhebungsmethode

Innerhalb der Psychologie und Sozialforschung stellen Interviews die am häufigsten genutzten Verfahren zur Datenerhebung dar (Breuer et al., 2014). Qualitative Interviews werden dabei insbesondere in Bereichen der Entwicklungs- und Persönlichkeitspsychologie, aber auch in angrenzenden Forschungsrichtungen mit einem Schwerpunkt auf der Erfassung subjektiver Gesundheitstheorien sowie Erfahrungen und Einstellungen zu Handlungskontexten innerhalb der Familie verwendet und stellen insbesondere im Kontext der Tagebuch-Methode eine optimale zusätzliche Erhebungsmethode dar (Wilz, 2002).

In der qualitativen Forschung finden sich mittlerweile eine Vielzahl unterschiedlicher Interviewvarianten, die sich durch ihren Aufbau und in ihrer Durchführung maßgeblich voneinander unterscheiden. Fokus dieser Arbeit ist die Darstellung des „halb-" oder „teilstrukturierten Interviews". Zur Darstellung weiterer Interviewvarianten wird aus Platzgründen auf einschlägige Methodenhandbücher verwiesen (Baur & Blasius, 2014; Flick et al., 2022; Mey & Mruck, 2020).

Das „halb-" oder „teilstrukturierte Leitfadeninterview" gilt als Form der mündlichen Befragung, in der spezifische Situationen und Entwicklungen – ausgehend vom subjektiven Erleben der Befragten – möglichst ganzheitlich erfasst werden sollen. Die thematischen Bereiche werden dabei in Form eines Leitfadens vorgegeben und je nach Verlauf des Interviews individuell ergänzt und modifiziert (Kruse & Schmitt, 1998). Die Herausforderung besteht darin, eine möglichst natürliche Gesprächssituation zu gestalten, dabei aber nicht die Gesprächsführung abzugeben und die ursprüngliche Thematik aus dem Fokus zu verlieren (Hopf, 1978). Gleichzeitig sollten aber auch die Vorteile und Besonderheiten nicht standardisierter Forschung genutzt werden und Flexibilität und Offenheit in der Gesprächsführung ermöglichen (Meyen & Averbeck-Lietz, 2016).

7.2 Das qualitative Interview als Erhebungsmethode 51

Open Access Dieses Kapitel wird unter der Creative Commons Namensnennung 4.0 International Lizenz (http://creativecommons.org/licenses/by/4.0/deed.de) veröffentlicht, welche die Nutzung, Vervielfältigung, Bearbeitung, Verbreitung und Wiedergabe in jeglichem Medium und Format erlaubt, sofern Sie den/die ursprünglichen Autor(en) und die Quelle ordnungsgemäß nennen, einen Link zur Creative Commons Lizenz beifügen und angeben, ob Änderungen vorgenommen wurden.

Die in diesem Kapitel enthaltenen Bilder und sonstiges Drittmaterial unterliegen ebenfalls der genannten Creative Commons Lizenz, sofern sich aus der Abbildungslegende nichts anderes ergibt. Sofern das betreffende Material nicht unter der genannten Creative Commons Lizenz steht und die betreffende Handlung nicht nach gesetzlichen Vorschriften erlaubt ist, ist für die oben aufgeführten Weiterverwendungen des Materials die Einwilligung des jeweiligen Rechteinhabers einzuholen.

Die Erhebungsinstrumente 8

Im nachfolgenden Kapitel werden die in der vorliegenden Arbeit entwickelten und genutzten Erhebungsinstrumente detailliert dargestellt und beschrieben. Dabei werden das Tagebuch sowie das Interview in seiner Konzeption, Pilotierung und Anwendung betrachtet. Die Fokusgruppe mit professionellen Akteuren dient dabei lediglich der Entwicklung möglicher Transfergedanken, die im Ausblick dieser Arbeit aufgegriffen werden (Kapitel 15).

Übersicht zu den Erhebungsinstrumenten:

> Tagebuch – halb strukturierte Tagebuchvorlage; visuelle Analogskala (Stimmung)
> Interviews – halb strukturierte Interviewleitfäden
> Fokusgruppe – mit professionellen Akteuren

Abbildung 8.1 stellt eine visuelle Übersicht zu den jeweiligen Erhebungszeitpunkten in der Studie dar.

Ergänzende Information Die elektronische Version dieses Kapitels enthält Zusatzmaterial, auf das über folgenden Link zugegriffen werden kann https://doi.org/10.1007/978-3-658-45186-8_8.

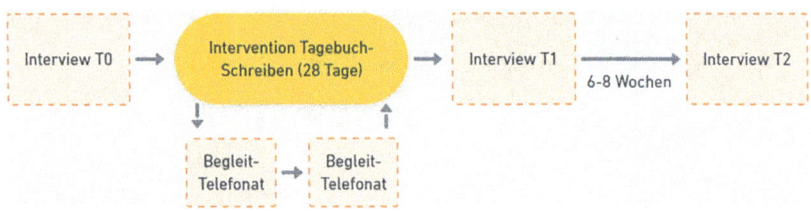

Abbildung 8.1 Die Erhebungszeitpunkte in der Studie

8.1 Das Tagebuch

Die Tagebuchvorlage wurde für einen Zeitraum von insgesamt vier Wochen (28 Tage) entwickelt und umfasst pro Tag fünf Seiten.

Die täglichen Eintragungen beinhalten offene Fragen zum Tagesverlauf und die subjektive Wahrnehmung von belastenden und schönen Momenten sowie „Kraftspendern", verstanden als innere und äußere Ressourcen. Eingeleitet wird das Tagebuch von Selbsteinschätzungen (Stimmungsbild vor und nach dem Tagebuch-Schreiben) mittels visueller Analogskala. Die Tageszeit der Eintragung wird ebenfalls täglich abgefragt.

Die einzelnen Tage sind farblich voneinander abgegrenzt und das Ende einer Woche ist durch ein sinnstiftendes Zitat markiert.

Die Entwicklung der Tagebuchleitfragen fand in einem mehrschrittigen Prozess statt und wurde pilotiert. Dabei wurden die Fragen in Anlehnung an die Forschungsfragen und das Ressourcentagebuch nach Wilz, Risch und Töpfer (2017) generiert und modifiziert.

Inhaltlich deckt die Tagebuchvorlage sowohl die Bereiche „schöne Momente" und „Kraftspender" ab als auch die Aspekte „Sorgen und Belastungen" sowie „Energieräuber", verstanden als zu bewältigende Herausforderungen pflegender Angehöriger. Um den (zusätzlichen) Zeitaufwand, der für die Teilnehmenden durch das Führen des Tagebuchs anfällt, so gering als möglich zu halten, wurde die Vorlage mit wenigen (notwendigen) Fragen gestaltet. Die Fragen wurden dabei verständlich und offen formuliert.

8.1.1 Konzeption der Tagebuchvorlage

Die Tagebuchvorlage besteht aus insgesamt sieben Fragen, die sowohl offene Fragen zur Beantwortung als auch Fragen beinhalten, die mit Hilfe einer Analogskala beantwortet werden sollen.

Die Tagebuchvorlage hat vier Schwerpunkte: Fragen zum aktuellen Stimmungsbild, offene Tagesreflexionen sowie Energieräuber und Kraftspender. Der erste Teil der Tagebuchvorlage umrahmt das Tagebuch und findet sich zu Beginn und zum Abschluss wieder. Mit der Frage *Wie würden Sie heute Ihre Stimmung beschreiben?* werden die Diaristen dazu angehalten, sich Gedanken über ihr Stimmungsbild und aktuelles Empfinden vor und nach dem Tagebuch-Schreiben zu machen und diese einzuordnen. Zur Beantwortung dieser Frage bzw. Fragen wurde eine visuelle Analogskala von 0–10 verwendet, wobei der Wert 0 für „ganz und gar unzufrieden" und der Wert 10 für „ganz und gar zufrieden" steht. Die Entscheidung das Stimmungsbild mittels Analogskala abzufragen, ist zum einen hinsichtlich der Visualisierung für die Teilnehmenden hilfreich, bietet aber auch die Möglichkeit einer quantifizierten Erfassung und Auswertung subjektiver Angaben. Mit dem zweiten Eintrag *Zum heutigen Tag möchte ich Folgendes notieren* soll das eigentliche Tagebuch-Schreiben beginnen. Dabei ist es wichtig, möglichst offen zu erfragen, was die Schreibenden am jeweiligen Tage erlebt haben und was ihnen wichtig und erwähnenswert erscheint. Sinnvoll ist dabei, den pflegenden Angehörigen Platz für ihre eigenen Gedanken zu geben, um in einen Schreibfluss zu gelangen. Im dritten Teil der Tagebuchvorlage wird den Energieräubern mit der Frage *Was hat mir heute Energie geraubt?* Raum gegeben. Bei der Konzeption der Tagebuchvorlage erschien es als wertvoll, zuerst den negativen Gefühlen Platz und Raum zu bieten, um dann auf die positiven Seiten einzugehen, die im vierten Teil erfragt werden: *Betrachten Sie nun die positiven Seiten. Was hat mich heute positiv berührt?* Da der Fokus dieser Tagebuchvorlage auf den positiven Aspekten liegt, ist dieser Teil der ausführlichste und gliedert sich in die Frage: *Ist es Ihnen schwergefallen, einen positiv berührenden Moment zu finden? Bitte kreuzen Sie an:* und *Was hat Ihnen heute Kraft gegeben?* Insbesondere die Frage nach der Schwierigkeit einen oder mehrere schöne Momente an diesem Tag gefunden zu haben, lässt in Anbetracht der Fragen in den anderen Teilen interessante Rückschlüsse darauf zu, wann schöne Momente erlebt werden und wann nicht. Die Frage nach den Kraftspendern soll dann am Ende der Tagebuchvorlage mit einem „guten Gedanken" schließen und die positiven Momente weiter in den Vordergrund bringen. Das Tagebuch endet, wie bereits erwähnt, mit einer weiteren visuellen Analogskala zum Erfassen des Stimmungsbildes nach dem Tagebuch-Schreiben sowie einer kurzen Notiz, wann der Eintrag erfolgte.

8.1.2 Die Anwendung der Tagebuchvorlage

Das Tagebuch wurde über einen Zeitraum von insgesamt vier Wochen (28 Tage) geführt. Die Auswahl des jeweiligen Zeitraums des Tagebuch-Schreibens wurde von den pflegenden Angehörigen individuell gewählt. Die vier Wochen des Tagebuch-Schreibens sollten dabei aber nicht unterbrochen werden, um so eine Sensibilisierung für schöne Momente anstoßen zu können. In der Zeit des Tagebuch-Schreibens wurden die pflegenden Angehörigen von der Autorin eng begleitet. Dies erfolgte durch wöchentliche, individuell festgelegte Telefonate zwischen den pflegenden Angehörigen und der Autorin. Diese Telefonate dienten vor allem zur Beantwortung möglicher Fragen im Verlauf des Tagebuch-Schreibens und einer kurzen Reflexion der gegenwärtigen Entwicklung der teilnehmenden pflegenden Angehörigen, hatten aber auch motivationale Gründe.

Das Tagebuch sollte einmal am Tag (es empfiehlt sich der Abend) beschrieben und möglichst lückenlos geführt werden, Auslassungen aus diversen Gründen waren erlaubt. Zudem wurde die Möglichkeit gegeben, einzelne Tage nachzutragen. Dies sollte jedoch am darauffolgenden Tag geschehen, um keine verzerrte Wahrnehmung abzubilden.

8.2 Die Interviewleitfäden

Die Interviews wurden zu drei Messzeitpunkten durchgeführt (siehe Abbildung 8.1), wobei drei unterschiedliche Leitfäden entwickelt und verwendet wurden. Der erste Messzeitpunkt erfolgte zu Beginn des Tagebuch-Schreibens und thematisiert die schönen Momente. Dieses Interview diente als Einstieg und Vorbereitung für die Zeit des Tagebuch-Schreibens. Die weiteren Interviewleitfäden beinhalten die Bewertung und Reflexion der Methode des Tagebuch-Schreibens und wurden zu den Messzeitpunkten direkt nach dem Tagebuch-Schreiben (T_1) und sechs bis acht Wochen nach dem Tagebuch-Schreiben (T_2) durchgeführt. Alle vollständigen Interviewleitfäden sind in Anhang 1 im elektronischen Zusatzmaterial einsehbar.

Die Entwicklung der Interviewleitfäden erfolgte, ebenso wie die Entwicklung der Tagebuchvorlage, in einem mehrschrittigen Prozess und wurde ebenfalls pilotiert. Ziel der Leitfadeninterviews war es, bei den teilnehmenden pflegenden Angehörigen Spontanerzählungen anzuregen, weshalb die Interviewleitfäden so wenige Fragen als möglich beinhalten und offen und verständlich gestellt werden sollten.

8.2 Die Interviewleitfäden

Allen Interviewleitfäden ging eine kurze Information über den Ablauf des Interviews voraus. Weiterhin wurde an dieser Stelle nochmals auf die Freiwilligkeit der Teilnahme und die Möglichkeit eines Abbruchs des Interviews hingewiesen.

8.2.1 Konzeption der Interviewleitfäden

Interviewleitfaden T_0: Vor dem Tagebuch-Schreiben
Der Interviewleitfaden T_0 besteht aus drei Teilen, mit insgesamt neun Fragen. Als Einstieg in das Interview wurden die teilnehmenden pflegenden Angehörigen darum gebeten, sich in die Vergangenheit zu versetzen und zu berichten, wie sie ihren Ehepartner kennengelernt haben oder welche schönen Erinnerungen sie an ihre Eltern aus ihrer Kindheit/Jugend haben: *Versetzen Sie sich doch kurz einmal in die Vergangenheit: Wie haben Sie sich kennengelernt? / Welche schönen Erinnerungen haben Sie an Ihren Elternteil zum Beispiel aus Ihrer Kindheit oder Ihrer Jugend?* Da die teilnehmenden pflegenden Angehörigen entweder als Ehepartner die Pflege und Begleitung übernehmen oder als Kinder ihre Eltern begleiten, wurde diese Frage immer individuell auf die jeweilige Person und Pflegebeziehung angepasst. Die Frage sollte als Einstieg in das Interview dienen und die pflegenden Angehörigen zum Reden anregen. Die Beantwortung dieser Frage kann zudem auch weitere Informationen zur jeweiligen Dyade und Biographie der Teilnehmenden hervorbringen. Im zweiten Teil des Interviews wird die Beziehung zwischen pflegenden Angehörigen und Menschen mit Demenz thematisiert. Hier liegt der Fokus auf den Veränderungen hinsichtlich der Diagnose Demenz und deren Einfluss auf die Beziehung zueinander: *Hat sich Ihre Beziehung (zu Ihrem Angehörigen) durch die Demenz/seit Beginn der Demenz verändert? Wenn ja: in welcher Hinsicht; was ist gleichgeblieben?* Ergänzend wurde die Frage: *Welche Aspekte der Beziehung haben sich verändert?* vorbereitet, im Falle von Verständnisproblemen während des Interviews. Der dritte und letzte Teil des Interviews lenkt den Fokus auf die Wahrnehmung berührender Momente und den individuellen Umgang mit jenen Situationen. Da berührende Momente nicht ausschließlich aus der positiven Sichtweise zu sehen sind, werden auch hier, wie bei der Tagebuchvorlage, ebenfalls die belastenden Momente sowie die Gefühle in derartigen Situationen erfragt: *Denken Sie einmal an einen Moment, in denen es Ihnen in der Pflege und Begleitung Ihres Angehörigen nicht so gut ging. Was haben Sie in solchen Momenten gefühlt? / Was hat Ihnen in solchen Momenten Kraft gegeben?* Auch bei diesen Fragen hat sich die Autorin dazu entschieden, eine alternative Frage

vorzubereiten, welche bei Verständnisproblemen gestellt werden kann: *Wie konnten Sie sich aus solchen Momenten herausnehmen?* Im Anschluss an die Frage nach den belastenden Momenten werden die Gedanken der Befragten auf die schönen Momente gelenkt, was mit einer Frage nach einer Definition schöner Momente gelingen soll: *Denken Sie nun einmal an einen schönen Moment. Was sind (ganz allgemein) schöne Momente für Sie?* Bei dieser Frage wurde ergänzend die Bitte hinzugefügt von einem solchen Moment zu berichten: *Berichten Sie mir von einem solchen Moment.* Im Anschluss an die allgemeinen, schönen Momente werden dann die schönen Momente in der Pflege und Begleitung des Angehörigen thematisiert: *Berichten Sie von einem schönen (Synonyme: bewegend/ ergreifend/emotional) Moment mit Ihren Vater/Ihrer Mutter/Ihrem Ehemann/Ihrer Ehefrau.* Um diese weiter in den Blick zu nehmen, wird zudem nach der Regelmäßigkeit dieser Momente sowie deren Wirkung und Nachwirkung gefragt: *Wie regelmäßig erleben Sie solche Momente? Wie wirken solche Momente auf Sie? Was schöpfen Sie aus solchen Momenten? (Danach, evtl. als Ergänzung: Schöpfen Sie daraus Kraft/Energie?), Wie wirken solche schönen Momente nach?*

Da es sich um einen Interviewleitfaden handelt, sind auch weitere (Nach-)Fragen während des Interviews möglich, sodass auf jedes einzelne Gespräch individuell eingegangen werden kann. Dies gilt auch für die Interviewleitfäden; die bei den Messzeitpunkten T_1 und T_2 genutzt werden.

<u>Interviewleitfaden T_1: Direkt nach dem Tagebuch-Schreiben</u>
Der Interviewleitfaden T_1 besteht aus drei Teilen, die sich in eine Bewertung der angewandten Methode des Tagebuch-Schreibens sowie in eine Reflexion über die Wahrnehmung schöner Momente und einen Ausblick gliedern. Zum Einstieg in den ersten Teil des Interviews werden die pflegenden Angehörigen mit der Frage *Wie haben Sie das Tagebuch-Schreiben erlebt?* offen nach ihrem Empfinden und Erleben der Tagebuch-Methode gefragt. Dabei können die ergänzenden Fragen nach positiven und negativen Aspekten, die mit dem Tagebuch-Schreiben einhergehen, unterstützend erfragt werden: *Inwiefern hat Ihnen das Tagebuch-Schreiben Freude bereitet?; Inwiefern hat Ihnen das Tagebuch-Schreiben Schwierigkeiten bereitet oder belastet?.* Die Fragen dienen zum einen dem Gesprächseinstieg, sollen aber auch bereits eine Bewertung und Reflexion der Methode ermöglichen. Mit der darauffolgenden Frage: *Was hat das Tagebuch-Schreiben mit Ihnen gemacht?* soll eine intensivere Auseinandersetzung mit der Methode gelingen und eine Reflektion angeregt werden. Um die Alltagstauglichkeit des Instrumentes gemeinsam mit den Anwendern herauszuarbeiten, wurden folgende Fragen gestellt: *Wie konnten Sie das Tagebuch-Schreiben in Ihren Alltag integrieren?* Sowie

8.2 Die Interviewleitfäden

Wann konnten Sie sich ausreichend Zeit für das Tagebuch schreiben nehmen? Wann war es eher schwierig Zeit und Ruhe für das Tagebuch-Schreiben zu finden? Im zweiten Teil des Leitfrageninterviews wird die Wahrnehmung schöner Momente thematisiert. Dabei soll insbesondere die Veränderung der Wahrnehmung durch das regelmäßige Tagebuch-Schreiben reflektiert werden: *Wie hat sich Ihre Wahrnehmung von „schönen Momenten" durch das Tagebuch-Schreiben verändert?* Um die pflegenden Angehörigen während des Interviews zu führen und alle wichtigen Aspekte der Sensibilisierung durch das Tagebuch gewinnen zu können, werden zudem die ergänzenden Fragen: *Inwiefern denken Sie, dass Sie durch das Tagebuch-Schreiben nun bewusster „schöne Momente" erleben? Was hat das Tagebuch-Schreiben bei Ihnen bewirkt? und Inwiefern hat sich Ihre Stimmung durch das Tagebuch-Schreiben verändert?* gestellt. Abschließend wird im dritten Teil des Leitfragebogens die Möglichkeit einer Fortführung des Tagebuchs erfragt sowie mögliche neue Formen: *Können Sie sich vorstellen das Tagebuch-Schreiben weiter zu führen? Wenn ja, inwiefern? Mit einer Vorlage? Regelmäßig? Einfach so? Wenn nein, weshalb nicht?* Diese Frage lässt zudem eine Bewertung und Reflexion der Vorlage im speziellen zu und bietet darüber hinaus einen optimalen Anknüpfungspunkt für das darauffolgende Gespräch nach sechs bis acht Wochen.

Interviewleitfaden T$_2$: Sechs bis acht Wochen nach dem Tagebuch-Schreiben
Mit dem sogenannten Follow-Up-Interview wird der Zeitraum der Datenerhebung bei den jeweiligen Teilnehmenden abgeschlossen. Das Gespräch dient insbesondere einer weiteren Reflexion und Bewertung der Tagebuch-Methode, thematisiert darüber hinaus aber auch die Entwicklung des Einzelnen nach Anwendung der Methode des Tagebuch-Schreibens. Das Leitfadeninterview ist dabei in zwei Teile gegliedert. Der erste Teil beginnt mit einer kurzen Einführung, die die Zeit des Tagebuch-Schreibens kurz vergegenwärtigen soll: *Durch das Tagebuch-Schreiben haben Sie (vermutlich) jeden Abend Ihren Tag nochmal reflektiert und vor allem auf die „schönen Momente" am Tag geachtet.* Danach wird auf die Wahrnehmung schöner Momente im Alltag nach der Zeit des Tagebuch-Schreibens Bezug genommen: *Inwiefern nehmen Sie diese Momente auch nach dem Tagebuch-Schreiben im Alltag wahr?* Im Anschluss wird nach einer Veränderung der Wahrnehmung schöner Momente gefragt *Erleben Sie durch das Tagebuch-Schreiben diese Momente nun anders? Wenn ja: inwiefern?* Dabei wird ergänzend direkt nach einer bewussteren Wahrnehmung der schönen Momente gefragt: *Nehmen Sie solche „schönen Momente" nun bewusster wahr?* Im zweiten Teil des Interviews wird vor allem der Frage nach dem Nutzen und der individuellen Entwicklung im Verlauf des Tagebuch-Schreibens nachgegangen: *Was*

konnten Sie aus der Zeit des Tagebuch-Schreibens für sich mitnehmen und im Alltag umsetzen? Außerdem wird das mögliche Weiterführen des Tagebuch-Schreibens erfragt: *In unserem letzten Gespräch sagten Sie, dass Sie sich vorstellen können, das Tagebuch-Schreiben für sich selbst weiterzuführen. Ist Ihnen das gelungen? Inwiefern schreiben Sie noch Tagebuch bzw. reflektieren über den vergangenen Tag?* In Hinblick auf das Instrument und dessen zukünftigen Nutzen, ist es besonders wichtig zu erfahren, ob die teilnehmenden pflegenden Angehörigen das Tagebuch auch ohne Begleitung oder Anleitung durch die Autorin weitergeführt haben.

8.2.2 Pilotierung der Erhebungsinstrumente

Die Erhebungsinstrumente wurden in drei Phasen pilotiert. In einem ersten Schritt wurde die Anwendbarkeit der Tagebuchvorlage im Alltag durch drei Personen aus dem wissenschaftlichen Bereich getestet, welche das Tagebuch für insgesamt eine Woche führten. In Anschluss daran wurden in einem Feedbackgespräch mögliche Änderungsvorschläge angeführt sowie die Alltagstauglichkeit bewertet. Die Tagebuchvorlage wurde daraufhin noch einmal grundlegend überarbeitet. Ähnliche Fragen wurden zusammengeführt, Kürzungen vorgenommen und Fragestellungen im Hinblick auf deren Verständlichkeit modifiziert. In diesem Arbeitsschritt wurden auch die Leitfragebögen für die Interviews vor und nach dem Tagebuch-Schreiben getestet und überarbeitet.

In einem zweiten Pilotierungsschritt haben drei pflegende Angehörige (von zwei Menschen mit Demenz und von einem onkologischen Patienten) das Tagebuch ebenfalls für eine Woche geführt. Es ist anzumerken, dass eine der drei Personen gleichzeitig als Seniorenberaterin tätig ist, und demnach das Tagebuch auch aus einem professionellen und anwendungsbezogenen Blickwinkel begutachtete. Auch in dieser Pilotierungsrunde wurde das Tagebuch auf Alltagstauglichkeit und Verständlichkeit überprüft. Vor allem die Einschätzungen der pflegenden Angehörigen erwiesen sich als essentiell, da das Tagebuch nicht zu einer Mehrbelastung der teilnehmenden pflegenden Angehörigen werden sollte. Die Rückmeldungen des zweiten Pilotierungsschrittes umfassten lediglich Gestaltungshinweise. Aufkommende Fragen konnten in diesem Schritt durch eine kurze Einführung in die Tagebuchvorlage geklärt werden. Die Leitfadeninterviews wurden ebenfalls mit den pflegenden Angehörigen vor und nach dem Tagebuch-Schreiben durchgeführt, um auch diese auf Verständlichkeit und Erhebungsdauer zu testen. Die Fragen wurden nach diesem Schritt sprachlich vereinfacht und gekürzt.

8.2 Die Interviewleitfäden

Mit Blick auf die Hinweise aus professioneller und anwendungsbezogener Sicht einer pflegenden Angehörigen, wurde bereits an dieser Stelle angemerkt, dass die Tagebuchvorlage in Zukunft als mögliches Manual in der Begleitung pflegender Angehöriger dienen könnte, woraus sich die Initiierung einer Fokusgruppe ergeben hat.

Open Access Dieses Kapitel wird unter der Creative Commons Namensnennung 4.0 International Lizenz (http://creativecommons.org/licenses/by/4.0/deed.de) veröffentlicht, welche die Nutzung, Vervielfältigung, Bearbeitung, Verbreitung und Wiedergabe in jeglichem Medium und Format erlaubt, sofern Sie den/die ursprünglichen Autor(en) und die Quelle ordnungsgemäß nennen, einen Link zur Creative Commons Lizenz beifügen und angeben, ob Änderungen vorgenommen wurden.

Die in diesem Kapitel enthaltenen Bilder und sonstiges Drittmaterial unterliegen ebenfalls der genannten Creative Commons Lizenz, sofern sich aus der Abbildungslegende nichts anderes ergibt. Sofern das betreffende Material nicht unter der genannten Creative Commons Lizenz steht und die betreffende Handlung nicht nach gesetzlichen Vorschriften erlaubt ist, ist für die oben aufgeführten Weiterverwendungen des Materials die Einwilligung des jeweiligen Rechteinhabers einzuholen.

Feldzugang und Interviewsituation 9

In diesem Kapitel wird vor dem Hintergrund der forschungsethischen Grundlage (Abschnitt 9.1), welche insbesondere in der Forschung mit einer vulnerablen Personengruppe essentiell ist, der Zugang zu den teilnehmenden pflegenden Angehörigen beschrieben. Dabei wird in Abschnitt 9.2 die angewandte Rekrutierungsstrategie aufgezeigt und im Detail dargestellt. Darüber hinaus erfolgt eine kurze Beschreibung der an der Studie teilnehmenden pflegenden Angehörigen (Abschnitt 9.3) sowie einer Betrachtung des Interviewsettings (Abschnitt 9.4).

9.1 Forschungsethische Grundlage

Pflegende Angehörige von Menschen mit Demenz werden mit besonderen Herausforderungen in der Pflege und Begleitung ihres an Demenz erkrankten Angehörigen konfrontiert, welche aus dem Erkrankungsbild resultieren (Wilz & Pfeiffer, 2019). Diese wirken sich häufig negativ auf das Wohlbefinden, den Gesundheitszustand und das soziale Netzwerk der Pflegenden aus (Wilz & Pfeiffer, 2019). Durch ihre besonderen physischen und psychischen Anforderungen gelten pflegende Angehörige häufig als „der vergessene zweite Patient" (Meier et al., 1999) und demnach als vulnerable Personengruppe (ausführlich in Kapitel 2 dargestellt).

Die Begleitung und Übernahme pflegerischer Hilfe entwickelt sich häufig als schleichender Prozess und wird von pflegenden Angehörigen nicht selten mit Gefühlen der Machtlosigkeit und Überforderung erlebt. Da pflegende Angehörige nicht nur *die* tragende Säule im deutschen Pflegesystem, sondern auch Fürsprecher der an Demenz erkrankten Personen sind, die die Bedürfnisse, Wünsche und Interessen ihrer Angehörigen am besten erkennen und interpretieren können,

© Der/die Autor(en) 2024
A. Kiefer, *Schöne Momente pflegender Angehöriger in der Pflege und Begleitung von Menschen mit Demenz*, https://doi.org/10.1007/978-3-658-45186-8_9

bedürfen sie vielfältiger Unterstützungsmöglichkeiten für die konkrete Für- und Selbstsorge. Die hohe Verletzlichkeit, die aufgrund der Übernahme der Pflege und Begleitung eines Menschen mit Demenz bei pflegenden Angehörigen entsteht sowie die hohen Belastungen und geringen Zeitressourcen tragen dazu bei, dass besondere Achtsamkeit und Empathie in der Einbindung pflegender Angehöriger in die Teilnahme der Studie erforderlich sind. Aus diesen Gründen wurde in enger Zusammenarbeit und intensiven Gesprächen mit den pflegenden Angehörigen ihre Belastbarkeit zur Teilnahme an der Studie abgewogen und sensibel und empathisch auf deren Bedürfnisse eingegangen. Um zu gewährleisten, dass die Studienteilnahme für die pflegenden Angehörigen so wenig belastend als möglich ist, wurde die Erhebungsphase jeweils individuell nach den Wünschen der pflegenden Angehörigen ausgerichtet. Die Auswahl der Interviewzeitpunkte und -orte war dabei ebenfalls den pflegenden Angehörigen überlassen und fand demnach meistens in der Häuslichkeit statt (detailliert dargestellt in Abschnitt 9.4). Darüber hinaus stellt die Wahl der Methodik der vorliegenden Arbeit auch aus ethischen Aspekten das Mittel der Wahl dar, denn diese erlaubt eine „Synthese von therapeutischer Unterstützung und wissenschaftlicher Untersuchung" (Wilz & Brähler, 1997, S. 7). Um alle forschungsethischen Standards der Universität Heidelberg einzuhalten, wurde für die Studie der Ethikantrag *AZ Kief 2020 1/2* eingereicht, welcher am *04.12.2020* ohne Beanstandungen bewilligt wurde.

9.2 Rekrutierung

Da die beschriebene Personengruppe als schwer zu erreichen gilt (Wilz & Kalytta, 2012) und insbesondere das theoriegeleitete Interesse bestand, eine möglichst breite Personengruppe in das Projekt mit einzubinden, um der Heterogenität der Lebenswelten dieser Personengruppen gerecht zu werden, wurden unterschiedliche Rekrutierungsstrategien angewendet. Die Autorin war dabei mit der Herausforderung konfrontiert, pflegende Angehörige von Menschen mit Demenz sowohl als teilnehmende Interviewpartner als auch Diaristen zu gewinnen.

Das hier dargestellte Dissertationsprojekt ist in das großangelegte und bundesweit durchgeführte Forschungsprojekt „Pflegenden Angehörigen von Menschen mit Demenz eine Stimme geben – Das Town Hall-Projekt" (Wiloth et al., 2021) eingebunden. Das Town Hall-Projekt dient dabei als Ansatzpunkt der Rekrutierung, weshalb im Nachfolgenden die Rekrutierungsstrategie des Projektes beschrieben wird, um diese dann um die Rekrutierungsstrategie des Dissertationsprojektes zu ergänzen.

9.2 Rekrutierung

Indirektes Rekrutieren: Gatekeeper
Im Rahmen des Town-Hall-Projektes wurden pflegende Angehörige von Menschen mit Demenz unter anderem mit Hilfe von „Gatekeepern" (Bohnsack et al., 2011; Helfferich, 2011; Kruse, 2014; Mayring, 2015) rekrutiert. Als Gatekeeper werden dabei Multiplikatoren bezeichnet, die aufgrund ihrer Tätigkeiten (Fachpersonen in Tagespflegeeinrichtungen, ambulanten Pflege- und Betreuungsdiensten, Seniorenbüros) einen besonders guten Zugang zu pflegenden Angehörigen haben. Vorteil dieser Strategie ist der erleichterte Zugang zu pflegenden Angehörigen durch Vertrauenspersonen (Helfferich, 2011). Grundsätzlich muss bei diesem Vorgehen jedoch beachtet werden, dass Gatekeeper den Feldzugang nicht nur öffnen können, sondern das Feld auch selektieren (Reinders, 2016). Die hier beschriebenen Fachpersonen machten die pflegenden Angehörigen im persönlichen Kontakt und unter Zuhilfenahme von Informationsschreiben und Flyern auf das Forschungsprojekt Town Hall aufmerksam und motivierten zur Teilnahme. Im Vorfeld wurden die Multiplikatoren durch die Autorin über das Forschungsvorhaben und Einschlusskriterien aufgeklärt und über den gesamten Rekrutierungsprozess begleitet.

Indirektes Rekrutieren: Pressearbeit
Zusätzlich erfolgte die Rekrutierung innerhalb des Town-Hall-Projektes über Pressearbeit in den jeweiligen Kommunen. Dabei wurden regelmäßig niederschwellige Einladungen zur Teilnahme am Town-Hall-Projekt in der Presse geschaltet sowie Flyer und Plakate in der Öffentlichkeit platziert, um das Projekt in den jeweiligen Kommunen zu bewerben. Mit Hilfe von Multiplikatoren in den Kommunen wurden Einladungen und Informationen zur Teilnahme am Town-Hall-Projekt gezielt an öffentlich zugänglichen Plätzen ausgelegt, in denen ein großes Aufkommen der Zielgruppe herrscht (bspw. Arztpraxen, Apotheken, etc.). So konnten interessierte pflegende Angehörige von Menschen mit Demenz Kontakt zur Autorin bzw. dem Projektteam aufnehmen.

Direktes Rekrutieren:
Die Autorin begleitete den Großteil jener am Forschungsprojekt Town-Hall teilnehmenden pflegenden Angehörigen durch die gesamte Projektlaufzeit (Zeitraum von ca. zwölf Wochen), sodass hier bereits ein Zugang zu einem großen Sample an pflegenden Angehörigen bestand. Aus diesem Sample konnte die Autorin passende Personen zur Teilnahme am Dissertationsprojekt auswählen und diese im Rahmen einer persönlichen Anfrage für die zusätzliche Teilnahme am Dissertationsprojekt gewinnen.

Für die Rekrutierung passender Studienteilnehmender wurden im Voraus die in Tabelle 9.1 dargestellten Einschlusskriterien benannt.

Tabelle 9.1 Einschlusskriterien der Studienteilnehmenden

Einschlusskriterien	
Pflegende Angehörige als Hauptpflegeverantwortliche	Ehepartner
	Eltern-Kind-Dyaden
Demenz-Diagnose	Die pflegebedürftige Person muss eine Demenzdiagnose aufweisen

Indirektes Rekrutieren: Schneeballsystem
Teilnehmende pflegende Angehörige, die über die direkte Ansprache von der Autorin am Dissertationsprojekt rekrutiert wurden, haben Personen in ihrem engen Verwandten- und Bekanntenkreis angesprochen und für eine Teilnahme am Dissertationsprojekt geworben und motiviert.

Insgesamt wurden 17 Personen von der Autorin kontaktiert und als Studienteilnehmende angefragt. Zwölf dieser Personen waren an einer Studienteilnahme näher interessiert. Gründe für die Absage an der Teilnahme (Drop-Outs) waren dabei vor allem die Angst vor dem großen Zeitaufwand, welche in vielen Studien mit pflegenden Angehörigen eine wesentliche Rolle spielt (Andrén & Elmståhl, 2008; Ducharme et al., 2005; Wilz & Kalytta, 2012) und die Befürchtung, keine schönen Momente mit den Angehörigen im Alltag zu erleben. Insbesondere die hohe Belastung der pflegenden Angehörigen wird hierdurch deutlich. Auch die gewählte Methode des Tagebuch-Schreibens wurde von einigen angefragten pflegenden Angehörigen abgelehnt.

9.3 Studiensample

Final besteht die Stichprobe aus insgesamt zehn pflegenden Angehörigen, zwei interessierte Teilnehmende konnten aus privaten Gründen letztendlich nicht an der Studie teilnehmen (Drop-Outs).

Bei der Stichprobe handelt es sich um zwei Ehemänner und vier Ehefrauen, die ihre an Demenz erkrankten Ehepartner zuhause begleiten und um insgesamt vier Töchter, die ihre Mütter in unterschiedlichen Settings (zuhause bei der Tochter, zuhause bei der Mutter mit Unterstützung einer 24-Stunden-Pflegekraft und

9.3 Studiensample

während des Übergangs in ein Pflegeheim) begleiten. Zum Zeitpunkt der Erhebung waren die teilnehmenden pflegenden Angehörigen zwischen 54 und 76 Jahre alt, der Durchschnitt lag bei 64,9 Jahren. Acht der Teilnehmenden waren verheiratet; eine Person ist geschieden und eine verwitwet. Alle Teilnehmenden haben Kinder. Die Hälfte (50 Prozent) haben einen Realschulabschluss, eine Person einen Volksschulabschluss, drei Personen (Fach-)Abitur und eine Person einen Hochschulabschluss.

Die an der Studie teilnehmenden pflegenden Angehörigen wurden durch ein Informationsschreiben und eine schriftliche Datenschutzerklärung über die Nutzung eines externen Transkriptionsbüros sowie den Umgang und der Speicherung der (personenbezogenen) Daten aufgeklärt. Offene Fragen wurden dabei in einem persönlichen Gespräch geklärt. Alle Teilnehmenden haben freiwillig den Datenschutzbestimmungen durch eine unterschriebene Einwilligungserklärung zugestimmt.

In Tabelle 9.2 sind die Merkmale der teilnehmenden pflegenden Angehörigen aufgezeigt. Weitere Angaben zu den soziodemographischen Daten der pflegenden Angehörigen und Menschen mit Demenz werden in Abschnitt 12.1 detailliert dargestellt.

Tabelle 9.2 Merkmale der teilnehmenden pflegenden Angehörigen

Variable	Pflegende Angehörige
Geschlecht	
weiblich	8
männlich	2
Alter	
50–65 Jahre	5
66–76 Jahre	5
Pflegedyade	
Ehepartnerschaft	6
Eltern-Kind-Dyade	4
Pflegesetting	
MmD[1] lebt alleine mit 24h-Hilfe	2

(Fortsetzung)

---

[1] Zur besseren Lesbarkeit wird in Abbildungen, Tabellen, Grafiken und Zitaten die Abkürzung MmD für Menschen mit Demenz genutzt.

Tabelle 9.2 (Fortsetzung)

Variable	Pflegende Angehörige
PA[2] lebt gemeinsam mit MmD	7
Pflegeheim	1

9.4 Interviewsetting

Bereits im telefonischen Erstkontakt mit den Interviewteilnehmenden wurde diesen die Entscheidung belassen, in welchem Setting und zu welcher Zeit das Interview stattfinden soll. Die Autorin handelte dabei nach dem Prinzip der Offenheit hinsichtlich der Wahl des Interviewortes und -zeit, sodass das Gespräch an einem Ort und zu einer Zeit stattfinden konnte, zu dem sich die Interviewpartner sicher und wohl fühlten. Aufgrund der zum Erhebungszeitpunkt (Spätjahr 2021 bis Frühjahr 2022) bundesweit vorherrschenden SARS-CoV-2-Pandemie wurden insgesamt zwei Gespräche telefonisch oder via Zoom-Konferenz geführt. Dies wurde je nach aktueller Infektionslage individuell vereinbart. Der Großteil aller Interviews wurde jedoch im Präsenz im häuslichen Umfeld geführt. Dies hatte nicht nur den Vorteil, dass sich die Interviewteilnehmenden in ihrem gewohnten Umfeld befanden, sondern stellte auch eine gegebenenfalls zum Interviewzeitpunkt notwendige Betreuung des Menschen mit Demenz sicher.

Der Ablauf war bei allen Treffen (annähernd) gleich: Zu Beginn fand ein informelles Gespräch zwischen der Autorin und dem jeweiligen Teilnehmenden statt, um dann im Anschluss das Tagebuch vorzustellen und dieses gemeinsam durchzugehen und eventuell aufkommende Rückfragen zu beantworten. Nach der Einwilligung in die Teilnahme wurde den pflegenden Angehörigen das Vorgehen während des Interviews ausführlich erklärt. So konnten die Interviewpartner größtmögliche Kontrolle über die Situation bewahren und fühlten sich sicher und wohl. Die Antworten auf die erzählgenerierenden Fragen des Interviews wurden mit Hilfe eines Diktiergeräts aufgenommen.

Die Gespräche dauerten im Durchschnitt 20 Minuten (Interview vor dem Tagebuch-Schreiben) und 30 Minuten (Interview nach dem Tagebuch-Schreiben). Nach etwa sechs bis acht Wochen erfolgte ein weiteres Interview, welches im Schnitt 20 Minuten dauerte. Die Interviews erfolgten in einem Zeitraum von August 2021 bis April 2022.

---

[2] Zur besseren Lesbarkeit wird in Abbildungen, Tabellen, Grafiken und Zitaten die Abkürzung pA für pflegende Angehörige genutzt.

9.4 Interviewsetting

Open Access Dieses Kapitel wird unter der Creative Commons Namensnennung 4.0 International Lizenz (http://creativecommons.org/licenses/by/4.0/deed.de) veröffentlicht, welche die Nutzung, Vervielfältigung, Bearbeitung, Verbreitung und Wiedergabe in jeglichem Medium und Format erlaubt, sofern Sie den/die ursprünglichen Autor(en) und die Quelle ordnungsgemäß nennen, einen Link zur Creative Commons Lizenz beifügen und angeben, ob Änderungen vorgenommen wurden.

Die in diesem Kapitel enthaltenen Bilder und sonstiges Drittmaterial unterliegen ebenfalls der genannten Creative Commons Lizenz, sofern sich aus der Abbildungslegende nichts anderes ergibt. Sofern das betreffende Material nicht unter der genannten Creative Commons Lizenz steht und die betreffende Handlung nicht nach gesetzlichen Vorschriften erlaubt ist, ist für die oben aufgeführten Weiterverwendungen des Materials die Einwilligung des jeweiligen Rechteinhabers einzuholen.

Aufbereitung des Datenmaterials 10

Die handschriftlich ausgefüllten Tagebücher wurden zur Digitalisierung des Datenmaterials gescannt, im Anschluss durch ein externes Transkriptionsbüro (Transkripto) transkribiert und in einer Excel-Tabelle vorstrukturiert. Das Transkriptionsbüro erhielt das jeweilige Datenmaterial über eine Webseite[1], die das hochgeladene Material nach Abruf der Datei löscht. Die transkribierten Datensätze wurden ebenfalls auf einer sicheren Webseite[2] hochgeladen und nach Abruf der Datei gelöscht.

Der transkribierte Datensatz wurde von der Autorin „sorgfältig kontrolliert, bereinigt und auf Plausibilität überprüft" (Rädiker & Kuckartz, 2019, S. 236). Das digitalisierte und strukturierte Datenmaterial wurde im Anschluss mit Hilfe des Survey Data Import in die MAXQDA-Datei importiert, welche die Kombination von vorstrukturierten Codes, Dokumentenvariablen und manueller Codierung ermöglicht (Rädiker & Kuckartz, 2019). Mittels des Imports wird jeder Fall zu einem eigenen Dokument und enthält die einzelnen 28 Tage des Tagebuchs. Die beantworteten offenen Fragen der Tagebuchstruktur bilden dabei den Inhalt eines Falls und werden automatisch bei Import des Datensatzes mit der Überschrift der jeweiligen Frage codiert (Abbildung 10.1) (Rädiker & Kuckartz, 2019).

Die leitfadengestützten Interviews wurden mit einem digitalen Audiogerät von der Autorin aufgenommen und im Nachgang regelgeleitet nach den Transkriptionsregeln nach Kuckartz (Kuckartz, 2018) transkribiert. Die Transkriptionen erfolgten auch hier über das externe Transkriptionsbüro Transkripto, welches das Datenmaterial verschriftlichte. Der Versand des Datenmaterials erfolgte wie bei den Tagebüchern über eine gesicherte Internetseite (WeTransfer). Die transkribierten Interviews wurden nach Erhalt von der Autorin überprüft und bereinigt.

---

[1] WeTransfer (https://wetransfer.com/)
[2] Transkripto (https://www.transkripto.de/)

Abbildung 10.1 Import des Datenmaterials in MAXQDA

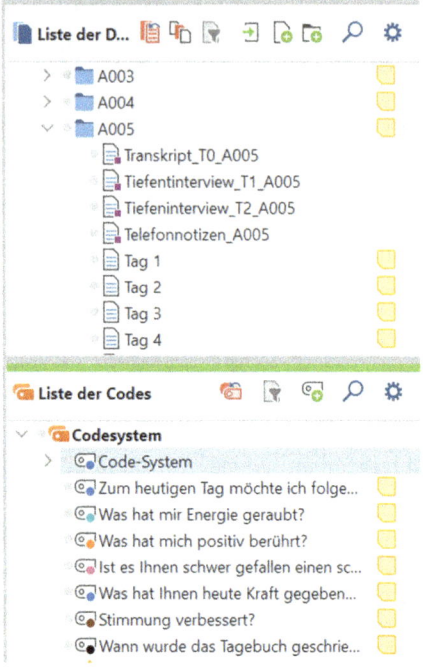

Von besonderer Bedeutung war es dabei, Sinnzusammenhänge in den Kontext zu bringen und einzuordnen. In diesem Zuge wurden zudem die von der Autorin nach den Interviews verschriftlichten interviewbegleitenden Dokumentationen und zusätzlichen Telefonnotizen aufbereitet und ebenfalls für den Import in die MAXQDA-Datei vorbereitet (Kuckartz, 2018). Die Dokumentationen erhalten dabei relevante Informationen über die Interviewsituation, den Verlauf des Interviews sowie subjektive Einschätzungen, welche der Autorin wichtig und erwähnenswert erscheinen (Helfferich, 2011; Kuckartz, 2018).

10 Aufbereitung des Datenmaterials

Open Access Dieses Kapitel wird unter der Creative Commons Namensnennung 4.0 International Lizenz (http://creativecommons.org/licenses/by/4.0/deed.de) veröffentlicht, welche die Nutzung, Vervielfältigung, Bearbeitung, Verbreitung und Wiedergabe in jeglichem Medium und Format erlaubt, sofern Sie den/die ursprünglichen Autor(en) und die Quelle ordnungsgemäß nennen, einen Link zur Creative Commons Lizenz beifügen und angeben, ob Änderungen vorgenommen wurden.

Die in diesem Kapitel enthaltenen Bilder und sonstiges Drittmaterial unterliegen ebenfalls der genannten Creative Commons Lizenz, sofern sich aus der Abbildungslegende nichts anderes ergibt. Sofern das betreffende Material nicht unter der genannten Creative Commons Lizenz steht und die betreffende Handlung nicht nach gesetzlichen Vorschriften erlaubt ist, ist für die oben aufgeführten Weiterverwendungen des Materials die Einwilligung des jeweiligen Rechteinhabers einzuholen.

11 Die angewendete Auswertungsmethode: Qualitative Inhaltsanalyse

Die Auswertung der Tagebücher sowie der dazugehörigen Interviews erfolgte anhand der *Qualitativen Inhaltsanalyse* nach Udo Kuckartz (2018). Um die erhobenen Daten zu strukturieren und anhand dieser Strukturierung zu analysieren, wurde die *Inhaltlich strukturierende Inhaltsanalyse* gewählt, deren Ablauf nachfolgend beschrieben wird.

11.1 Inhaltlich strukturierende Inhaltsanalyse

Die inhaltlich strukturierende qualitative Inhaltsanalyse lässt sich nicht nur auf die Analyse von leitfadenorientierten Interviews, sondern auf eine Vielzahl unterschiedlicher Datenmaterialien anwenden (Flick, 2007; Kuckartz, 2018). Sie zeichnet sich insbesondere durch ihr breites Spektrum hinsichtlich der Kategorienbildung aus, die sowohl einen induktiven als auch deduktiven Zugang zur Kategorienentwicklung ermöglicht (Kuckartz, 2018). Kernaspekte dieser Form der Inhaltsanalyse sind dabei die methodische Kontrolliertheit und regelgeleitete inhaltsanalytische Auswertung, die dem Ansatz Mayrings folgen (Kuckartz, 2018).

Der in dieser Arbeit ausgewertete Datensatz beinhaltet die handschriftlichen Dokumente aus insgesamt 28 halbstrukturierten Tagebucheinträgen pro Person

---

Ergänzende Information Die elektronische Version dieses Kapitels enthält Zusatzmaterial, auf das über folgenden Link zugegriffen werden kann https://doi.org/10.1007/978-3-658-45186-8_11.

und drei leitfadengestützte Interviews. Die inhaltlich strukturierende qualitative Inhaltsanalyse eignet sich insbesondere, um die Gesamtheit des erhobenen Textmaterials vollständig abzubilden.

Die Analyse des Datenmaterials sowie die Bildung des Kategoriensystems orientierte sich am Ablaufschema der inhaltlich strukturierenden Inhaltsanalyse nach Kuckartz, ausgehend von der Forschungsfrage mehrschrittig in sieben Phasen (Kuckartz, 2018). Dabei fand die Auswertung mit Hilfe der Analysesoftware MAXQDA 2020 statt und folgte insbesondere der *induktiven* Kategorienbildung.

Im Folgenden werden die Phasen der inhaltlich strukturierenden Inhaltsanalyse sowie die Bildung des Kategoriensystems anhand des erhobenen Datenmaterials beschrieben.

Phase 1: Initiierende Textarbeit: Markieren wichtiger Textstellen, Schreiben von Memos
Zentral für die initiierende Textarbeit ist es, die Zielsetzung der eigenen Arbeit klar vor Augen zu haben und weiterhin auch im Prozess der Analysearbeit, immer wieder zu vergegenwärtigen (Kuckartz, 2018). Um das erhobene Datenmaterial zu strukturieren, wird es in einem ersten Schritt intensiv gelesen und markiert. Hierbei wurde ein Ampel-System verwendet: Die Markierung ‚*Gelb*‘ steht dabei für wichtige und interessante Textstellen, ‚*Rot*‘ für Textstellen die unklar sind und Fragen aufwerfen und die Farbe ‚*Grün*‘ zur Markierung besonders geeigneter Textstellen in Hinblick auf eine spätere Ergebnisdarstellung. Zudem werden mittels der Kommentarfunktion einzelne Textstellen zusammengefasst und strukturiert. Darüber hinaus wurde zu jedem Tag ein Memo verfasst, welches unter einer prägnanten Überschrift wichtige Themen des Tages sowie einen Verlauf und Entwicklungsprozess über die Tage hinweg beinhaltet (Abbildung 11.1).

Den Abschluss der ersten Phase der inhaltlichen Analysearbeit bildet eine Fallzusammenfassung und -beschreibung der pflegenden Angehörigen, welche ebenfalls in Form eines Memos in der Analysesoftware MAXQDA erstellt wurde.

Phase 2: Entwickeln von thematischen Hauptkategorien
Ziel dieser Phase ist die inhaltliche Strukturierung der Daten mittels Hauptkategorien und Subkategorien. Wie bereits erwähnt, wurde hierbei sowohl ein deduktiver als auch ein induktiver Zugang gewählt. Dabei lassen sich insbesondere die Hauptthemen anhand der Forschungsfrage ableiten, welche in Form der strukturierten Tagebuchvorlage und der dazugehörigen Interviews bereits in der Datenerhebung leitend waren. Darüber hinaus ergibt sich durch die in Phase 1 durchgeführte initiierende Textarbeit die Möglichkeit, weitere wichtige Themen und Aspekte in die Kategorienbildung einzubeziehen (Kuckartz, 2018).

11.1 Inhaltlich strukturierende Inhaltsanalyse

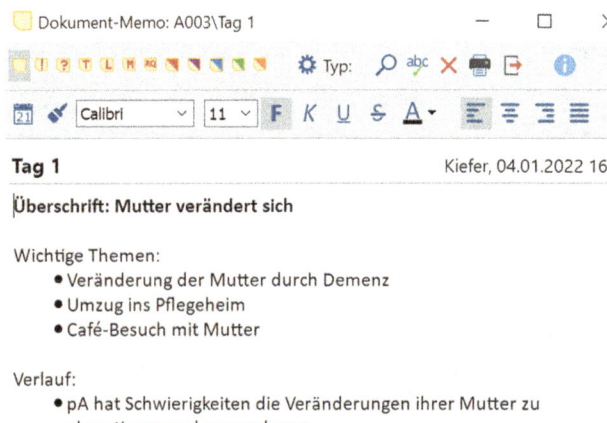

Abbildung 11.1 Beispiel Dokument-Memo über Inhalt und Verlauf eines Tagebucheintrages

Handlungsleitend ist dabei der Grundsatz, „dass alles Relevante und Auffällige festgehalten werden sollte" (Kuckartz, 2018, S. 102). Die Bildung der Kategorien erfolgte im *Smart-Coding-Tool* in MAXQDA, mit dem anhand der tabellarisch dargestellten gelb markierten Textstellen und der dazugehörigen Kommentare Codes erstellt und den Textstellen zugeordnet wurden. Die daraus hervorgehenden Codes wurden im Anschluss inhaltlich strukturiert und in Haupt- und Subcodes gegliedert. Hierbei hat sich sowohl das *Creative Coding Tool* als auch die herkömmliche Nutzung von Haftnotizen als nützlich erwiesen, um sich zeigende Hierarchien zu visualisieren.

Bereits in Phase 1 und 2 empfiehlt es sich, mit etwa 10–25 Prozent des Datenmaterials zu arbeiten, um ein breites Spektrum an Haupt- und Subkategorien zu bilden und deren Anwendbarkeit zu überprüfen (Kuckartz, 2018). Dementsprechend wurden die bis hier beschriebenen Schritte mit insgesamt drei von zehn Tagebüchern (30 Prozent) durchgeführt, so dass sich ein breites Spektrum an Kategorien entwickeln konnte (Kuckartz, 2018). Zudem wurden die Zusammenhänge der einzelnen Kategorien im Forschungskollegium besprochen. Abbildung 11.2 stellt die daraus hervorgehenden deduktiv und induktiv gebildeten Hauptkategorien dar, anhand derer das gesamte Datenmaterial nachfolgend codiert wurde.

11 Die angewendete Auswertungsmethode: Qualitative Inhaltsanalyse

Abbildung 11.2 Überblick über die Hauptkategorien in MAXQDA

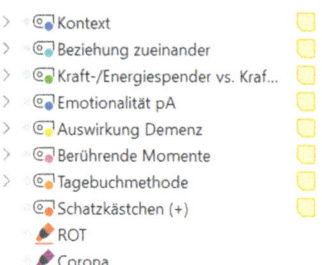

Die Kategorien wurden in Form eines Codebuches beschrieben und voneinander abgegrenzt, um eine „hinreichende Güte bei der Anwendung der Kategorien [zu] erreichen" (Kuckartz, 2018, S. 67).

In Tabelle 11.1 ist der Aufbau des Codebuches dargestellt. Das final entwickelte und ausformulierte Codebuch ist in Anhang 2 im elektronischen Zusatzmaterial einsehbar.

Tabelle 11.1 Aufbau des Codebuches

Kategorie/Code	Definition	Kodierregeln	Ankerbeispiele	Anmerkungen

Phase 3: Erster Codierprozess: Codieren des gesamten (bis zu diesem Zeitpunkt vorhandenen) Materials mit den Hauptkategorien

Im ersten Codierprozess wurde das gesamte Datenmaterial den obig dargestellten thematischen Hauptkategorien sequenziell zugeordnet. Die Inhalte der Tagebücher und Interviews wurden dabei Zeile für Zeile gelesen und einzelne Textabschnitte den passenden Kategorien zugeordnet. Dabei wurden, nach dem Prinzip von Kuckartz, passende Textstellen auch teilweise mehreren Kategorien zugeordnet:

> Bei der inhaltlich strukturierenden qualitativen Inhaltsanalyse können innerhalb einer Textstelle mehrere Hauptthemen und Subthemen angesprochen sein. Folglich können einer Textstelle auch mehrere Kategorien zugeordnet werden. So codierte Textstellen können sich überlappen oder verschachtelt sein (Kuckartz, 2018, S. 102).

Textstellen, die zur Beantwortung der Forschungsfrage nicht relevant sind, blieben dabei uncodiert (Kuckartz, 2018).

Zur Sicherstellung von Inter- und Intracoderreliabilität erfolgte die Auswertung im ersten Codierprozess bei insgesamt drei Tagebüchern (30 Prozent) konsensuell durch zwei Kodiererinnen (Kuckartz, 2018). Der zweiten Kodiererin war Methode und Ablauf der inhaltlich strukturierenden Inhaltsanalyse bekannt. Sie hat das Datenmaterial aus drei Tagebüchern sowie die dazugehörigen Interviews unabhängig von der Autorin codiert. In einem zweiten Schritt erfolgte ein Austausch zwischen den beiden Kodiererinnen, um Übereinstimmungen und Differenzen zu diskutieren. Insbesondere der Austausch über unterschiedlich codiertes Datenmaterial und die damit einhergehende Konsensfindung ermöglicht einen differenzierten Zugang zum Datenmaterial. Die angewandte Technik bietet demnach eine Konsensfindung im Forschungsteam sowie die Möglichkeit zur Präzisierung der einzelnen Kategoriendefinitionen und zielt letztlich darauf ab „die Zuverlässigkeit der Codierungen zu verbessern" (Kuckartz, 2018, S. 105). Sie trägt darüber hinaus zur Güte bei (Kuckartz, 2018). Die Kategorien wurden weiterhin um geeignete Ankerbeispiele im Codebuch erweitert (Kuckartz, 2018) und mit der jeweiligen Textstelle innerhalb der MAXQDA-Datei verknüpft. Tabelle 11.2 zeigt anhand der Beispielkategorie *Kraft-/Energiespender vs. Kraft-/ Energieräuber* die Aufbereitung einer Kategorie im Codebuch.

Phase 4 und 5: Zusammenstellen aller Textstellen mit gleicher Kategorie und Induktives Bestimmen von Subkategorien
Nach dem ersten Codierprozess erfolgte eine Ausdifferenzierung der bisher definierten und angewandten Kategorien. Dabei wurden die deduktiv gebildeten Kategorien subsumiert sowie neue Subkategorien am Datenmaterial induktiv gebildet, ausdifferenziert und definiert. Um den Gütekriterien gerecht zu werden, erfolgte auch dieser Schritt unter Mitarbeit der zweiten Kodiererin. Im gemeinsamen Austausch mit der zweiten Kodiererin wurden passende Subkategorien gebildet und den Hauptkategorien zugeordnet. Die dazugewonnenen Subkategorien wurden ebenfalls definiert und dem Codebuch mit einem eindeutigen Ankerbeispiel hinzugefügt. Abbildung 11.3 zeigt die MAXQDA-Ansicht des final entwickelten Codierbaums mit Einblick in die entwickelten Subkategorien der Hauptkategorie *Berührende Momente*. Diese ausdifferenzierte Hauptkategorie ist im Hinblick auf die erste Forschungsfrage besonders wichtig.

Tabelle 11.2 Beispieldarstellung einer Kategorie aus dem Codebuch

Kategorie/Code	Definition	Kodierregeln	Ankerbeispiele	Anmerkungen
Kraft-/Energiespender vs. Kraft-/Energieräuber Kraftspender	Hierunter fallen alle Textstellen, die beschreiben was pflegenden Angehörigen Kraft spendet, um mit den Anforderungen der Pflege und Begleitung umzugehen.	→ Was gibt pA Kraft und Energie? → Welche Ressourcen unterstützen und stärken die pA in der Pflege und Begleitung eines MmD? → Welche emotionale Stärkung erfahren pA?	[Name MmD] wird von uns (Pflegerin und mir) gut versorgt. Immer kümmert sich eine Person um sie, oft zwei. Das macht mich „frei"! Somit geben mir viele andere Dinge Kraft Energie (Sport, mein tägliches Kaffeetrinken, Freunde treffen, mit [Name MmD] weggehen, auch mit netten Frauen treffen und vieles mehr). Auch ist ihr Gesundheitszustand im Moment stabil. All das war am heutigen Tag dabei, viele „Kraftspender"! (Tag 09, Pos. 5).	deduktiv

Phase 6: Zweiter Codierprozess

Mit den in Phase 4 und 5 entwickelten Haupt- und Subkategorien erfolgt in Phase 6 der zweite Codierprozess. Dieser weitere Durchlauf durch das gesamte Material ermöglicht die Systematisierung des bereits codierten Datenmaterials. Um auch in diesem Analyseschritt die Codierer-Übereinstimmung zu gewährleisten, erfolgte dieser ebenfalls durch die beiden Kodiererinnen in einem konsensuellen Codierprozess (Kuckartz, 2018). In diesem Schritt wurden die gebildeten Subkategorien zum Teil zusammengefasst und präzisiert. Die Systematisierung und Strukturierung des Datenmaterials ist mit Abschluss des zweiten Codierprozesses zunächst beendet (Kuckartz, 2018). Der gesamte Forschungsprozess wurde dabei durch das Führen eines Log-Buches begleitet und dokumentiert (Rädiker & Kuckartz, 2019).

Abbildung 11.3
MAXQDA-Ansicht des Codierbaums mit Einblick in die Subkategorien der Hauptkategorie „Berührende Momente"

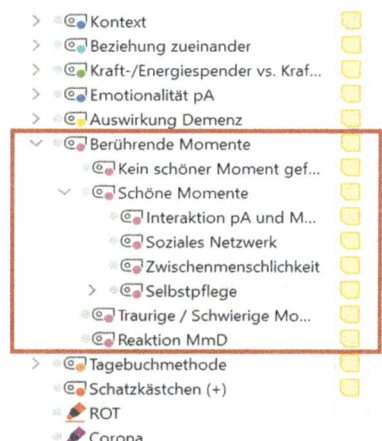

Phase 7 Einfache und komplexe Analysen, Visualisierungen
Um in Phase 7 einfache und komplexe Analysen und Visualisierungen durchzuführen, wurden in einem Zwischenschritt für die Auswertungen Fallzusammenfassungen und vertiefende Einzelfallanalysen vorangestellt. Die bereits in Phase 1 über die Memo-Funktion (MAXQDA) angefertigten Fallzusammenfassungen und -beschreibungen wurden hierfür in Form von „Case-Summarys" (Kuckartz, 2018, S. 58 ff.) ausformuliert. Diese haben eine hohe Bedeutung für den Forschungsprozess und dienen damit einem komparativen Aspekt, der es erlaubt Fallübersichten zu erstellen (Kuckartz, 2018). Zudem werden Fallunterschiede deutlich und schärfen so den differenzierten Blick auf die unterschiedlichen Fälle (Aspekt der analytischen Differenzierung). Weiterhin können Case-Summarys hypothesen- und kategoriengenerierend sein (Kuckartz, 2018).

Fallbezogene thematische Summarys sind besonders hilfreich, wenn man mit einer großen Menge an Datenmaterial arbeitet und dienen dabei als Ausgangspunkt für die folgende Analysearbeit.

11.2 Das Kategoriensystem

Das Kategoriensystem stellt das Herzstück der Analysearbeit dar und orientiert sich maßgeblich an den vorab entwickelten Forschungsfragen sowie Fragen, die sich im Verlauf der Analysearbeit ergeben haben. Das für die Analyse verwendete hierarchische Kategoriensystem umfasst sowohl deduktive als auch induktive Codes und Subcodes und besteht aus bis zu vier Ebenen, was der übersichtlichen Darstellung des Kategoriensystems dient (Rädiker & Kuckartz, 2019). Die Entwicklung des Kategoriensystems erfolgte in mehreren Schritten und in Zusammenarbeit mit einer weiteren Kodiererin. Dieser mehrschrittige Prozess wurde in Abschnitt 11.1 detailliert beschrieben und mit Hilfe eines Log-Buches begleitet. Als Log-Buch wird ein Forschungstagebuch verstanden, welches der Dokumentation und Reflexion des Forschungsablaufs dient. Dabei wird die eigene Erinnerung gestützt und eine Grundlage zur Beschreibung des Forschungsprozesses gebildet (Rädiker & Kuckartz, 2019).

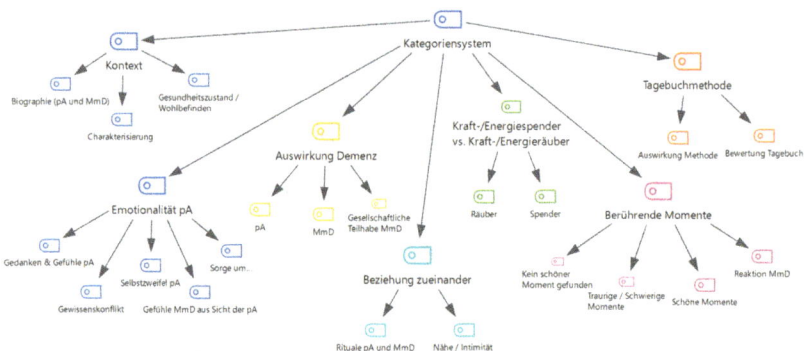

Abbildung 11.4 Hierarchisches Code-Subcode-Modell

Das in Abbildung 11.4 dargestellte finale Kategoriensystem umfasst insgesamt sieben Hauptkategorien, die aus den Bereichen Kontextualisierung und Emotionalität der pflegenden Angehörigen, die Auswirkung der Demenz und die Beziehung zueinander, Kraftspender und Energieräuber sowie berührende Momente bestehen. Ergänzt wird das Codesystem um die Kategorie Tagebuch-Methode, welche auf die Bewertung und Reflexion der angewandten Methode abzielt. Aus den Hauptkategorien entstehen weitere Ebenen mit Subkategorien, die ebenfalls in Abbildung 11.4 dargestellt sind.

11.2 Das Kategoriensystem

Open Access Dieses Kapitel wird unter der Creative Commons Namensnennung 4.0 International Lizenz (http://creativecommons.org/licenses/by/4.0/deed.de) veröffentlicht, welche die Nutzung, Vervielfältigung, Bearbeitung, Verbreitung und Wiedergabe in jeglichem Medium und Format erlaubt, sofern Sie den/die ursprünglichen Autor(en) und die Quelle ordnungsgemäß nennen, einen Link zur Creative Commons Lizenz beifügen und angeben, ob Änderungen vorgenommen wurden.

Die in diesem Kapitel enthaltenen Bilder und sonstiges Drittmaterial unterliegen ebenfalls der genannten Creative Commons Lizenz, sofern sich aus der Abbildungslegende nichts anderes ergibt. Sofern das betreffende Material nicht unter der genannten Creative Commons Lizenz steht und die betreffende Handlung nicht nach gesetzlichen Vorschriften erlaubt ist, ist für die oben aufgeführten Weiterverwendungen des Materials die Einwilligung des jeweiligen Rechteinhabers einzuholen.

Beschreibung der Studienteilnehmenden

12

In diesem Kapitel werden die zehn Studienteilnehmenden hinsichtlich ihrer soziodemographischen Daten beschrieben. Zudem werden die individuell vorherrschenden Pflegesituationen der Angehörigen und das Verhältnis zum Menschen mit Demenz dargestellt und erläutert. Die Autorin beschreibt dabei ihren subjektiven Eindruck über die psychische Verfassung der Teilnehmenden und stellt ein differenziertes Bild über den jeweiligen Kontext und Alltagsumstände zum Zeitpunkt der Datenerhebung dar. Dabei soll ein Überblick über die Lebenssituation und das psychische Wohlbefinden der pflegenden Angehörigen gegeben werden und insbesondere das Augenmerk auf positive Aspekte und schöne Momente in der Pflege und Begleitung gelegt werden. Durch die individuelle Beschreibung aller teilnehmenden pflegenden Angehörigen ist die Kontextualisierung detaillierter Analysen möglich.

12.1 Variablen zur Soziodemographie aller Personen im Überblick

Im Nachfolgenden werden die soziodemographischen Daten der pflegenden Angehörigen sowie der Menschen mit Demenz beschrieben. Erhoben wurden diese Angaben im Rahmen der Interviews, deren Inhalte in Abschnitt 8.2 näher beschrieben werden.

Angaben zu den pflegenden Angehörigen:

1. *Altersüberblick* (Tabelle 12.1)

Tabelle 12.1 Alter der teilnehmenden pflegenden Angehörigen

Altersgruppe in Jahren	Anzahl pflegender Angehöriger
71 bis 76 Jahre	4
61 bis 70 Jahre	2
50 bis 60 Jahre	4

2. *Geschlecht* (Tabelle 12.2)

Tabelle 12.2 Geschlecht der teilnehmenden pflegenden Angehörigen

Geschlecht	Anzahl pflegender Angehöriger
Männlich	2
Weiblich	8

3. *Verhältnis zur pflegebedürftigen Person* (Tabelle 12.3)

Tabelle 12.3 Verhältnis der teilnehmenden pflegenden Angehörigen zur pflegebedürftigen Person

Verhältnis	Anzahl pflegender Angehöriger
(Ehe-) Partnerschaft	6
Eltern-Kind-Dyade	4

4. *Wohnsituation* (Tabelle 12.4)

Tabelle 12.4 Wohnsituation der teilnehmenden pflegenden Angehörigen

Wohnsituation	Anzahl pflegender Angehöriger
Gemeinsam mit der pflegebedürftigen Person	7
Gemeinsam mit eigener Familie, Partnerschaft	2
Alleine	1

5. *Höchster Schulabschluss* (Tabelle 12.5)

12.1 Variablen zur Soziodemographie aller Personen im Überblick

Tabelle 12.5 Schulabschluss der teilnehmenden pflegenden Angehörigen

Höchster Schulabschluss	Anzahl pflegender Angehöriger
Volksschule	1
Realschule	5
(Fach) Abitur	3
Hochschule	1

6. *Berufstätigkeit* (Tabelle 12.6)

Tabelle 12.6 Berufstätigkeit der teilnehmenden pflegenden Angehörigen

Berufstätigkeit	Anzahl pflegender Angehöriger
Vollzeit	1
Teilzeit	2
Minijob	1
In Rente oder Pension	5
Erwerbslos	1

7. *Zeit, die für Pflege aufgewendet wird* (Tabelle 12.7)

Tabelle 12.7 Pflegezeit der teilnehmenden pflegenden Angehörigen

Pflegezeit in Stunden	Anzahl pflegender Angehöriger
5–25 Stunden / Woche	6
70–100 Stunden / Woche	4

Angaben zur pflegebedürftigen Person:
Bei den Angaben zu den pflegebedürftigen Personen wird von insgesamt neun Menschen mit Demenz ausgegangen. Grund dafür ist, dass zwei pflegende Angehörige Geschwister sind und als gleichwertige Hauptpflegeverantwortliche ihre Mutter begleiten.

1. *Altersüberblick* (Tabelle 12.8)

Tabelle 12.8 Alter der Menschen mit Demenz

Altersgruppe in Jahren	Anzahl Menschen mit Demenz
81 bis 92 Jahre	3
71 bis 80 Jahre	4
61 bis 70 Jahre	2

2. *Geschlecht* (Tabelle 12.9)

Tabelle 12.9 Geschlecht der Menschen mit Demenz

Geschlecht	Anzahl der Menschen mit Demenz
Männlich	4
Weiblich	5

3. *Demenzdiagnose* (Tabelle 12.10)

Tabelle 12.10 Demenzdiagnose der Menschen mit Demenz

Demenzdiagnose	Anzahl der Menschen mit Demenz
Alzheimer-Demenz	4
Vaskuläre Demenz	2
Frontotemporale Demenz (FTD)	2
Demenzdiagnose	1

4. *Pflegegrad* (Tabelle 12.11)

Tabelle 12.11 Pflegegrad der Menschen mit Demenz

Pflegegrad	Anzahl der Menschen mit Demenz
Pflegegrad II	3
Pflegegrad III	3
Pflegegrad IV	1
Pflegegrad V	2

5. *Wohnsituation* (Tabelle 12.12)

Tabelle 12.12 Wohnsituation der Menschen mit Demenz

Wohnsituation	Anzahl der Menschen mit Demenz
Zuhause mit pflegenden Angehörigen	5
Zuhause mit pflegenden Angehörigen in Unterstützung mit 24h-Pflege	2
Zuhause in Unterstützung mit 24h-Pflege	1
In einer Einrichtung	1

Die pflegebedürftigen Menschen mit Demenz werden alle hauptverantwortlich von ihren Angehörigen begleitet und versorgt. Eine Person ist wenige Wochen vor Beginn der Datenerhebung in ein Pflegeheim gezogen. Aufgrund des vor Kurzem erfolgten Umzuges und des großen Betreuungsaufwandes auf Seiten der pflegenden Angehörigen, entschloss sich die Autorin dennoch für einen Einschluss in die Studie.

12.2 Fallzusammenfassungen: Schöne Momente in der Pflege und Begleitung eines Menschen mit Demenz

In den folgenden Fallbeschreibungen werden die einzelnen teilnehmenden pflegenden Angehörigen und deren vorherrschende Lebens- und Pflegesituation detailliert beschrieben. Die biographischen Aspekte der Studienteilnehmenden stammen aus den Interviews, den dazugehörigen Feldnotizen (subjektive Einschätzung der Autorin) und den Tagebucheinträgen.

Fokus der Fallbeschreibungen sind insbesondere die Wahrnehmung und Wirkung schöner Momente innerhalb der beschriebenen dyadischen Beziehung und Pflegesituation. Um die jeweiligen dyadischen Beziehungen samt ihrer individuellen Pflegebeziehung möglichst umfassend darzustellen, werden zudem die subjektiv wahrgenommenen Belastungsfaktoren aufgezeigt. Kernpunkt der Fallanalysen ist darüber hinaus die Entwicklung des Tagebuch-Schreibens über vier Wochen hinweg sowie deren Bewertung und mögliche Veränderungen. Durch das Einbinden individueller Zitate soll insbesondere das Wesen und der Charakter jeder Person und (Pflege-)Beziehung hervorgehoben werden, was einen persönlichen Zugang erlaubt und darüber hinaus als Grundlage der fallübergreifenden Ergebnisdarstellung (Kapitel 13) dient. Dabei können erste Hinweise auf die Beantwortung der Forschungsfrage gegeben werden.

12.2.1 Fallbeschreibung 1: „Schöne Momente sind, wenn es meiner Frau gut geht"

Zeitraum der Datenerhebung:

Zeitraum des Tagebuchschreibens	24.08.2021 – 21.09.2021		
Interviewzeitpunkte	T1: 24.08.2021	T2: 07.10.2021	T3: 23.11.2021

Herr M. ist zum Zeitpunkt der Datenerhebung 73 Jahre alt und seit 1977 mit seiner Ehefrau (Frau M.) verheiratet, mit der er zwei Söhne hat und im Eigenheim lebt. Er hat einen Realschulabschluss und war als Bank- und Steuerfachmann tätig. Seit 2016 ist er berentet. Frau M. ist 71 Jahre alt und an einer Alzheimer-Demenz erkrankt. Sie ist in Pflegegrad II eingestuft und benötigt aus diesem Grund vermehrt Begleitung und Unterstützung, ist aber auch noch selbstständig im Alltag aktiv.

Das gemeinsame Hobby des Ehepaars ist das Spazierengehen und Fahrradfahren, was sie sehr regelmäßig zu zweit oder auch gemeinsam mit Freunden machen. Grundsätzlich ist körperliche Aktivität ein wichtiger Aspekt im Alltag des Ehepaars. Vor allem Herr M. treibt regelmäßig Sport, um Abstand von belastenden Situationen mit seiner Frau zu gewinnen: „Ihre schlechte Laune hielt an, sodass ich alleine mit dem Rad losfuhr. Hierbei kam ich wieder zu mehr Ausgeglichenheit" (A001; Tag 26, Pos. 1). Das Ehepaar hat darüber hinaus ein sehr enges, gefestigtes soziales Netzwerk und verbringt viel Zeit gemeinsam mit Freunden. Herr M. hat dabei vor allem einen engen Freund, mit dem er sich regelmäßig trifft, um über die Situation mit seiner Frau zu sprechen oder auf andere Gedanken zu kommen: „Am Nachmittag mit Freund [Name] radeln. Tut gut und lenkt ab" (A001; Tag 02, Pos. 1). Frau M. nimmt ebenfalls aktiv am sozialen Leben teil und trifft sich regelmäßig mit Freundinnen. Diese Treffen haben eine große Bedeutung für sie, aber auch für ihren Mann als Möglichkeit der Entlastung: „Am Abend für meine Frau ein Treffen in [Ort] mit ihren ‚Strickließchen'. Wichtige Kontakte für [Name MmD]" (A001; Tag 16, Pos. 1).

Das Ehepaar hat ein sehr gutes Verhältnis zueinander. Vor allem durch die Demenz-Diagnose und die damit einhergehenden Veränderungen in der Beziehung sowie die Übernahme der Begleitung seiner Ehefrau wurde die Beziehung

12.2 Fallzusammenfassungen: Schöne Momente in der Pflege …

weiter gestärkt: „Ja, das kann man sagen. Das ist, ja, ich will sagen, […] mir ist bewusstgeworden oder noch mehr bewusstgeworden, dass ich meine Frau sehr mag, ja" (A001; T_0, Pos. 16). In den Interviews gibt Herr M. an, dass vor allem die Anfangszeit, vor und kurz nach der Diagnosestellung, besonders schwierig für ihn war. In dieser Zeit hat er sich sehr viele Sorgen um die Zukunft gemacht: „Ich hatte einfach Ängste. Ich hatte Ängste, ich packe das nicht" (A001; T_0, Pos. 22). Ihn belasten dabei vor allem die mit der Demenz einhergehenden Verhaltensweisen seiner Frau. Durch Gespräche mit Beratungsstellen und einer Psychotherapeutin konnte er neuen Mut und Kraft zur Bewältigung der Pflegesituation sammeln:

> Ja, dass ich jemanden gefunden habe, der sehr viel Erfahrung hat mit der Situation und der mir auch sagen konnte, machen Sie das oder machen Sie jenes, und ja, mit diesem Gespräch habe ich einfach ein wesentlich besseres Gefühl bekommen, diese Situation mit meiner Frau zu beherrschen (A001; T_0, Pos. 26).

Es wird ersichtlich, dass die Aspekte soziales Netzwerk, Zeit für sich und körperliche Aktivität für Herrn M. die wohl wichtigsten Kraftspender zur Bewältigung der vorherrschenden Pflegesituation sind. Dabei ist es ihm besonders wichtig, dass es seiner Frau gut geht, denn nur dann schafft er es, sich abzugrenzen und für sich selbst zu sorgen: „Meiner Frau ging es gut und ich konnte etwas für mich tun" (A001; Tag 10, Pos. 3).

Das Tagebuch-Schreiben:
Herr M. ist sehr offen und interessiert an allem, was ihm in seiner aktuellen Lebenssituation helfen könnte, sodass er eine hohe Bereitschaft zur Teilnahme an der Tagebuchstudie aufweist. Er gibt an, bislang noch kein Tagebuch geschrieben zu haben, schreibt allerdings regelmäßig Briefe an seine Söhne mit Berichten von aktuellen Vorkommnissen und Veränderungen seiner Frau, um diese zu informieren und die Entwicklung seiner Frau sowie den Verlauf der Erkrankung festzuhalten.

Der Schreibstil von Herr M. lässt sich als dokumentarisch beschreiben. Er schreibt vergleichsweise wenig und stichpunktartig, geht dabei aber auch auf seine Gedanken und Gefühle ein. Besonders an belastenden Tagen beschreibt er die jeweiligen Situationen ausführlich und drückt seine Angst und Verzweiflung vor der Zukunft aus: „Sorgen um meine Frau. Wie geht es weiter?" (A001; Tag 7, Pos. 4–6).

Zu Beginn des Tagebuch-Schreibens gerät für Herrn M. die belastende Situation mit seiner Ehefrau wieder in den Fokus seiner Gedanken. Besonders die

Verhaltensweisen seiner Ehefrau bestimmen dabei seinen Tagesablauf und seine Gedanken:

Am Morgen noch okay. Im Tagesverlauf ging es meiner Frau schlecht. Erhebliche Stimmungsschwankungen. Meine Frau gegen Abend: ‚Ich weiß nicht, was ich tun soll.' Sie war hilflos, verzweifelt. Habe mich zu ihr gesetzt und versucht zu beruhigen (A001; Tag 07, Pos. 1).

Im Verlauf des Tagebuch-Schreibens wird für Herrn M. deutlich, dass er seinen Alltag zurzeit sehr auf seine Ehefrau ausrichtet und demnach weniger für sich selbst sorgt. Das Tagebuch-Schreiben hat ihm dazu verholfen, mehr Achtsamkeit und Aufmerksamkeit auf sich selbst zu lenken: „Irgendwie verändert sich da was, man bekommt eine andere Beziehung dazu" (A001; T_1, Pos. 3), was Herr M. als positiv bewertet: „Es ist eine Aufmunterung für sich selbst und eine gute Sache, die Sie da angestoßen haben. Ich würde es immer wieder tun" (A001; T_1, Pos. 4–5).

Nach der Zeit des Tagebuch-Schreibens konnte Herr M. die abendlichen Tagesreflexionen weiter in den Alltag einbauen und ritualisieren:

[M]eistens ist es eben am Abend so, wenn man dann mit Ruhe [dasitzt] und lässt nochmal den Tag ablaufen und dann ja, wird einem das ein oder andere bewusst, [was schön] war oder weniger schön, aber insgesamt, das habe ich mir vielleicht so angewöhnt (A001; T_2, Pos. 8).

12.2.2 Fallbeschreibung 2: „Also täglich ist mindestens ein schöner Moment, dabei"

Zeitraum der Datenerhebung:

Zeitraum des Tagebuchschreibens	28.08.2021 – 25.09.2021		
Interviewzeitpunkte	T1: 27.08.2021	T2: 05.10.2021	T3: 29.11.2021

Frau T. ist zum Zeitpunkt der Datenerhebung 72 Jahre alt und begleitet ihren Ehemann (Herr T.). Sie hat die Volksschule besucht und eine Ausbildung zur Technischen Zeichnerin absolviert, bei der sie ihren Ehemann kennengelernt hat. Seit dieser Zeit sind sie zusammen, haben geheiratet, zwei erwachsene Söhne und zwei Enkelkinder. Sie leben gemeinsam in einem Einfamilienhaus mit großem Garten.

12.2 Fallzusammenfassungen: Schöne Momente in der Pflege ...

Herr T. ist zum Zeitpunkt der Datenerhebung 75 Jahre alt und leidet an einer Vaskulären Demenz. Er ist in Pflegegrad III eingestuft, aber relativ selbstständig, sodass er für ein bis zwei Stunden alleine zuhause bleiben und sich selbst beschäftigen kann. Frau T. begleitet und unterstützt ihn besonders im Alltag, wobei der Umgang miteinander für Frau T. besonders belastend ist. Es entstehen häufig Differenzen im Tagesverlauf, die vor allem zu Beginn der Erkrankung für Frau T. schwierig greifbar und belastend waren:

> Am Anfang [...] waren da viele Streitereien. Ich habe dann immer gedacht, wenn er was falsch macht oder was. Ich musste es immer richtigstellen oder dann gab es Diskussionen. Ich habe es selber [...] auch erstmal [...] begreifen müssen was da überhaupt auch mit ihm passiert (A002; T0, Pos. 21).

Die Beziehung des Ehepaars wird von Frau T. dennoch als sehr liebevoll beschrieben. Durch die Demenz ihres Mannes erkennt sie Veränderungen innerhalb der Partnerschaft, empfindet aber die Beziehung grundsätzlich als inniger: „Es hat sich verändert, ja. Jetzt wie gesagt die letzte Zeit sagen wir mal ist es alles doch ein bisschen liebevoller geworden. Trotzdem. Trotz der Demenz" (A002; T$_0$, Pos. 20). Sie ist sehr dankbar für die schönen Momente mit ihrem Mann, die es ihr ermöglichen die Pflegesituation anzunehmen und zu bewältigen: „Die liebevollen Momente, die es immer noch zwischen uns gibt. Das macht es mir leichter, Geduld mit ihm zu haben und die ganze Situation zu ertragen" (A002; Tag 11, Pos. 3).

Das Ehepaar T. hat einen sehr engen familiären Zusammenhalt und trifft sich regelmäßig mit seinen Kindern und Enkelkindern, was beiden sehr guttut:

> Schöne Momente sind auch so die Samstage immer. Schon seit Jahren. Samstags mittags zum Mittag ist immer die ganze Familie um den Tisch. Meine Söhne, die Enkelkinder und wir. Das [ist] Tradition, dass die immer samstags mittags zum Spaghetti essen [kommen] (A002; T0, Pos. 90).

Darüber hinaus hören sie gerne Musik: „Haben nach dem Frühstück CDs mit alten Schlagern gehört und beide laut mitgesungen" (A002; Tag 04, Pos. 1) – „Manchmal tanzen wir sogar" (A002; T$_0$, Pos. 96). Besonders Frau T. ist sehr musikalisch. Sie besucht einmal in der Woche die Singstunde, bei der sie sich eine kleine Auszeit nimmt und etwas Abstand von den Sorgen und Belastungen zuhause nehmen kann. Auch Herr T. erinnert sich gerne an seine Zeit im Musikverein zurück, wobei es ihn traurig macht, dort aufgrund seiner Demenzerkrankung nicht mehr teilnehmen zu können:

[Name MmD] hat beim Frühstück wieder von seiner Zeit bei seiner Blaskapelle erzählt. Das macht er sehr oft, aber heute hat er geweint. Er war mit Leib und Seele über dreißig Jahre beim Musikkorps der Freiwilligen Feuerwehr und er trauert seinem Musikinstrument (Tenorhorn) sehr nach (A002; Tag 15, Pos. 1).

Da Frau T. die meiste Zeit mit ihrem Mann zusammen ist, ist der einzige Zeitraum in dem sie beruhigt abschalten kann, der Vormittag an dem sie ihren Mann in eine Betreuungsgruppe bringt. Das Angebot ist speziell für Menschen mit Demenz ausgerichtet und ermöglicht pflegenden Angehörigen Entlastung: „[Name MmD] war [...] in der ‚Vergissmeinnicht' Gruppe [...] Für mich sind das die einzigen Stunden in der Woche, an denen ich ein bisschen durchschnaufen kann" (A002; Tag 13, Pos. 1).

Dabei ist zu erwähnen, dass Frau T. selbst gesundheitlich stark belastet ist, was die Notwendigkeit regelmäßiger Ruhephasen noch einmal mehr unterstreicht. Sie leidet seit einiger Zeit an chronischen Rückenschmerzen, die ihr den Schlaf und die notwendige Erholung rauben:

Da meine Rückenschmerzen in der Nacht immer viel schlimmer sind als am Tag, schlafe ich sehr schlecht [...] Auch die Feststellung, dass die Operation [...] keine Besserung gebracht hat, macht mich fertig (A002; Tag 17, Pos. 2).

Frau T. ist durch ihre eigene gesundheitliche Situation und die Pflege und Begleitung ihres Mannes deutlich belastet. Durch die fortwährende Betreuung ihres Mannes findet sie wenig bis keine Zeit zur Erholung. Dennoch wird deutlich, dass Frau T. viel Kraft aus der gemeinsamen Zeit mit ihrem Mann schöpft und dessen Dankbarkeit sehr schätzt. Sie geben ihr die Sinnhaftigkeit zur Bewältigung der Situation:

Als mein Mann heute Morgen zu mir sagte: ‚Du hast so viel Arbeit mit mir und ich möchte mich bei dir bedanken.' Solche Momente geben mir Kraft und Energie und ich habe dann ein gutes Gefühl, dass wir alles zusammen schaffen können (A002; Tag 01, Pos. 3).

Das Tagebuch-Schreiben:
Frau T. ist eine sehr gläubige Person, woraus sie viel Kraft und Energie schöpft. Besonders ihre positive Einstellung zu ihrer Lebenssituation nimmt sie aus ihrer Zuversicht und ihrer Liebe zu ihrem Mann. Frau T. ist deshalb von Beginn an

sehr offen, das Tagebuch zu führen, wird darüber hinaus aber auch von ihrer Cousine als enge Ansprechpartnerin in einer Teilnahme bestärkt. Sie hat bisher kein Tagebuch geschrieben, ist aber offen und neugierig, die Methode auszuprobieren. Frau T. schreibt fast täglich in das Tagebuch und berichtet von vielen gemeinsamen Erlebnissen mit ihrem Mann. Sie öffnet sich und beschreibt ihre inneren Gedanken und Gefühle wie Freude, Liebe und Zuversicht, aber auch ihre Sorgen und Belastungen in Bezug auf die Demenzerkrankung ihres Mannes.

Das Tagebuch-Schreiben hat Frau T. dabei geholfen, mehr Aufmerksamkeit auf die schönen Momente zu lenken: „Ja das ist dann viel bewusster und dann denke ich immer [...] es ist nicht alles nur negativ, ‚Du hast auch viele positive Sachen oder ein Licht am Horizont'" (A002; T_2; Pos. 14). Sie gibt an, Augenblicke im Nachhinein intensiver wahrzunehmen und auch nach der Zeit des Tagebuch-Schreibens Momente zu erkennen, die sie in das Tagebuch schreiben würde:

Ja, durch das Tagebuch-Schreiben bin ich eigentlich mehr darauf aufmerksam geworden, auf das zu achten, muss ich ehrlich sagen. [I]m Nachhinein [gab es] immer wieder Situationen wo ich gedacht habe [...]: ‚Ach, das wäre jetzt wieder ein Punkt fürs Tagebuch, ein positiver Punkt' (A002; T_2, Pos. 8).

Aus dem Zitat geht weiter hervor, dass Frau T. sich vorstellen könnte, das Tagebuch weiter zu führen, es jedoch in der Zeit nach dem Tagebuch-Schreiben bislang nicht geschafft hat: „Vielleicht wäre es aber gut weiterzumachen – ganz ungezwungen. Das werde ich denke ich auf jeden Fall machen" (A002; T_2, Pos. 2).

12.2.3 Fallbeschreibung 3: „Berührende Momente kann ich eigentlich immer finden"

Zeitraum der Datenerhebung:

Zeitraum des Tagebuchschreibens	02.09.2021 – 30.09.2021		
Interviewzeitpunkte	T1: 02.09.2021	T2: 01.10.2021	T3: 25.11.2021

Frau W. ist zum Zeitpunkt der Datenerhebung 61 Jahre alt, verheiratet und hat zwei Kinder. Nach dem Fachabitur hat sie ein Jurastudium begonnen, dieses jedoch abgebrochen. Zum Zeitpunkt der Datenerhebung ist sie erwerbslos, engagiert sich aber ehrenamtlich in der Flüchtlingshilfe. Sie begleitet ihre Mutter (Frau

S.), die zum Zeitpunkt der Datenerhebung 83 Jahre alt ist, eine Demenzdiagnose hat und in Pflegegrad III eingestuft ist. Nach einiger Zeit in der häuslichen Pflege und Begleitung ist Frau S. aufgrund des hohen Betreuungsbedarfs im August 2021 in ein Pflegeheim gezogen. Allgegenwärtig ist das schlechte Gewissen, das Frau W. aufgrund der Betreuungssituation ihrer Mutter hat: „Die ganze Situation und das schlechte Gewissen" (A003; Tag 13, Pos. 7). Durch den Umzug ins Pflegeheim macht sie sich sehr viele Gedanken und Sorgen um ihre Mutter. Sie besucht ihre Mutter alle zwei Tage und versucht in dieser Zeit viel mit ihr zu unternehmen:

> Freude [die] Mutti hat, wenn man mir ihr ‚scharwenzeln' geht. Das heißt, man unternimmt etwas Schönes und kehrt dann irgendwo ein. Dann gehört ein Gläschen Sekt oder Weinschorle dazu und Mutti blüht auf (A003; Tag 05, Pos. 6).

Das Verhältnis zwischen Frau W. und ihrer Mutter hat sich durch die Demenzerkrankung deutlich verbessert. Sie nimmt ihre Mutter mittlerweile als zufrieden und dankbar wahr:

> Wenn man dann irgendwas macht und sie ist dann jetzt wirklich zufrieden und auch mal dankbar. Das kennt man von unserer Mutti eigentlich nicht. Unsere Mutti […] war immer unzufrieden mit irgendwas, immer. Und das ist jetzt [anders]. Sie genießt das dann, wenn man so Sachen mit ihr macht. Wenn man Eis essen geht oder Kaffee trinken geht oder spazieren geht, sowas. Das genießt sie (A003; T$_0$, Pos. 34).

An Tagen, an denen sich Frau W. nicht um ihre Mutter kümmern kann, reagiert diese mit aufforderndem Verhalten und sucht permanent den Kontakt zu ihrer Tochter, was Frau W. stark belastet:

> Heute hat mich meine Mutter mehrmals angerufen. Sie fragt dann seit neuestem immer, ob sie mich besuchen kann. […] Ich muss sie dann immer ablenken, was mir ein total schlechtes Gewissen macht (A003; Tag 03, Pos. 1).

Aus den Ausführungen wird deutlich, wie viel Kraft Frau W. die Begleitung ihrer Mutter kostet, besonders unter ihrem schlechten Gewissen leidet sie dabei sehr. Ihr fällt es schwer die Situation mit ihrer Mutter anzunehmen, weshalb sie regelmäßig zur Psychotherapie geht:

> [Das] Gespräch mit [m]einer Psychologin. Sie hat mir gesagt, dass sich bei mir etwas ändern kann, wenn ich akzeptiert habe, dass ich gewisse Dinge nicht ändern kann. Dass es aber legitim ist, dass man damit trotzdem nicht alleine klarkommt, sondern

sich Hilfe holen darf. Ich denke, das hat mir heute sehr geholfen (A003; Tag 05, Pos. 8-10).

Aus diesem Grund setzt sie sich zum Ziel, die Situation mit ihrer Mutter zu akzeptieren und etwas mehr auf sich selbst zu achten, worin sie auch von ihrer Familie bestärkt wird: „Ich habe den ganzen Tag mit meinem Mann verbracht. Es war gut, einmal loszulassen und das konnte ich auch gestern" (A003; Tag 17, Pos. 1).

Das Tagebuch-Schreiben:
Frau W. war sehr interessiert an der Methode des Tagebuch-Schreibens. Sie erhoffte sich von der Methode eine Möglichkeit, ihre Gedanken und Gefühle aufzuschreiben und diese besser zu akzeptieren.

Durch das Tagebuch-Schreiben wurde Frau W. aufmerksamer auf schöne Momente mit ihrer Mutter und berichtet davon, die Tagesreflexionen als angenehm empfunden zu haben:

> Ja, also ich fand das eigentlich immer ganz angenehm das mal aufzuschreiben, mir Gedanken zu machen, manchmal sind mir dann auch erstmal wieder so Situationen in den Kopf gekommen, die eigentlich schon fast wieder ausgeblendet waren. Ja, also ich fand das eigentlich eine gute Sache (A003; T_1, Pos. 2).

Das Tagebuch-Schreiben bewirkte bei Frau W. zudem eine Verbesserung des Wohlbefindens: „[M]an hat so eine gewisse Ruhe dann wiedergekriegt. So beim Schreiben. Das war eigentlich immer hinterher so, wo ich gedacht hab ja okay" (A003; T_1, Pos. 4). Frau W. möchte deshalb auch nach dem Projekt das Tagebuch weiterführen: „Ich muss mal gucken, dass ich das zumindest stichwortartig das weitermache" (A003; T_1, Pos. 2). Dabei liegt ihr besonders am Herzen, die Situation mit ihrer Mutter zu reflektieren: „Dass ich einfach so eine Entwicklung einfach mal sehe, wie das weitergeht mit der Mutti und mit uns. Ja" (A003; T_1, Pos. 2) und auf die schönen Momente zu achten, „die [man] automatisch mehr sieht, ja oder besser sieht, ja" (A003; T_1, Pos. 12).

12.2.4 Fallbeschreibung 4: „Ich konnte wahrnehmen, dass es ein Geschenk ist diese Zeit"

Zeitraum der Datenerhebung:

Zeitraum des Tagebuchschreibens	09.09.2021 – 06.10.2021		
Interviewzeitpunkte	T1: 09.09.2021	T2: 07.10.2021	T3: 29.11.2021

Herr M. ist 76 Jahre alt und begleitet seine Ehefrau (Frau M.). Er lebt gemeinsam mit seiner Frau in einem Haus mit großem Garten. Vor seiner Pensionierung hat Herr M. auf dem zweiten Bildungsweg Lehramt studiert und als Studiendirektor gearbeitet. Zusammen mit seiner Frau hat er vier Kinder und acht Enkelkinder.

Bei Frau M. wurde im Jahr 2019 eine Alzheimer-Demenz diagnostiziert, zum Zeitpunkt der Datenerhebung ist sie bereits in Pflegegrad V eingestuft. Sie benötigt rund um die Uhr Pflege und Begleitung, weshalb sich Herr M. Hilfe durch eine 24-h-Pflege gesucht hat, die mit dem Ehepaar gemeinsam im Haus lebt und ihn im (Pflege-)Alltag unterstützt. Er versucht, seine Frau in ihrer Erkrankung zu fördern und sie weiterhin am gesellschaftlichen Leben teilhaben zu lassen. Dabei ist es ihm wichtig, die richtige Balance zwischen der gemeinsamen Zeit und der Zeit für sich zu finden, was ihm durch die Unterstützung der 24-h-Pflege ermöglicht wird: „Auch unsere Tagesstruktur mit der Pflegerin, gibt mir Sicherheit und Kraft. Da gibt es Entlastung / Freiraum für mich, aber auch Nähe" (A004; Tag 05, Pos. 5). Darüber hinaus erfährt Herr M. von seinen Kindern sowie Freunden und Bekannten Unterstützung. Insbesondere der Austausch mit Freunden gibt ihm dabei Kraft und Energie, was sich auch auf seine Frau projiziert: „All diese Treffen, Gespräche und vieles mehr, geben mir Lebensfreude. Und das überträgt sich auch auf [Name MmD]" (A004; Tag 23, Pos. 5).

Herr M. hat ein sehr ausgeprägtes soziales Netzwerk. Er trifft sich täglich mit Freunden und Bekannten, mit denen er beispielsweise Kaffeetrinken oder wandern geht. Darüber hinaus ist die körperliche Aktivität wesentlich im Alltag von Herrn M. Er geht regelmäßig joggen oder macht Yoga: „Gut geschlafen, laufen gewesen, Yoga gemacht und bei gutem Wetter im Café gewesen, nette Frau getroffen, also guter Tagesstart!" (A004; Tag 06, Pos. 1). Seine achtsame Lebensführung resultiert dabei aus seiner Krebserkrankung, deren Nachwirkungen ihn noch immer beschäftigen: „[D]ie Folgen meiner Prostataerkrankung. (Operiert, bestrahlt, Krebs zwar weg, aber Folgen sind zu spüren!)" (A004; Tag 13, Pos. 2).

Die Beziehung des Ehepaars beschreibt Herr M. als sehr liebevoll, wobei körperliche Nähe und Zuneigung besonders wichtige Aspekte für ihn sind. Durch

12.2 Fallzusammenfassungen: Schöne Momente in der Pflege ...

die mit der Demenzerkrankung einhergehenden progressiven Veränderungen seiner Frau, gewinnt dieser Punkt immer mehr an Bedeutung für Herrn M. und gibt ihm Kraft und Sinn in der Pflege und Begleitung:

> Wenn ich [Name MmD] streichele (Wange, Hände), kommt immer eine positive Rückmeldung (lächeln, auch streicheln) [...] Solche Reaktionen kommen schon öfter! Ich umarme [Name MmD] oft und sie reagiert da fast immer sehr positiv, indem sie sich ankuschelt. Das berührt mich schon! (A004; Tag 19, Pos. 3).

Darüber hinaus spielt Sexualität eine wesentliche Rolle für Herrn M., die er in der Pflegesituation mit seiner Frau vermisst. Die Ambivalenz der hohen Zuneigung und Liebe zu seiner Frau und der Wunsch nach einer reziproken, sexuellen Liebesbeziehung beschäftigen ihn dabei sehr:

> Abends Verabredung mit meinem ‚Cappuccino Flirt'. Es ist schön, eine nette Frau zu kennen, die gerne mit mir etwas unternimmt. Das ist neu für mich! Ist es mehr als nur ein ‚Cappuccino Flirt'? Will ich das denn? Auch bei / mit meiner Krankheit? Wir reden bei Treffen auch viel über [Name MmD] (A004; Tag 14, Pos. 1).

Das Tagebuch-Schreiben:
Herr M. hat das Tagebuch sehr umfassend und detailliert geschrieben. Er hat die Methode gerne angenommen und führt damit sein privates Tagebuch weiter. Die Nutzung eines Tagebuchs und dessen Wirkung ist ihm also bereits bekannt. Herr M. hat einen reflektierenden Schreibstil, er notiert gewissenhaft seine Tagesaktivitäten und setzt diese in Verbindung mit seinen Gedanken und Gefühlen. Besonders sein großes Bedürfnis nach Nähe und Zuneigung wird täglich in den Tagebucheinträgen erwähnt. Herr M. geht allerdings auch kritisch mit der Tagebuchvorlage um und stellt der Autorin während seiner Eintragungen Fragen zur Methode und der Nutzung der Tagebuchvorlage:

> Generell: Ja, es hilft über den Tag, das Zusammensein nachzudenken. Und ich spüre, wie schön das ‚noch zusammensein können' doch ist. Das wird durch das Aufschreiben verstärkt. Frage: Gelingt das nur, wenn ein Partner schwerkrank ist? (A004; Tag 28, Pos. 6).

Außerdem machen die Eintragungen von Herrn M. deutlich, dass sein Pflege- und Betreuungssetting austariert und maßgeblich auf die Bedürfnisse seiner Frau und ihn selbst ausgelegt ist. Herr M. findet aus diesem Grund viel Zeit für sich und hat die Möglichkeit der Selbstpflege, welche sich wesentlich auf sein Wohlbefinden und die Wahrnehmung schöner Momente auswirkt:

> [Name MmD] wird von uns (Pflegerin und mir) gut versorgt. Immer kümmert sich eine Person um sie, oft zwei. Das macht mich ‚frei'! Somit geben mir viele andere Dinge Kraft [und] Energie (Sport, mein tägliches Kaffeetrinken, Freunde treffen, mit [Name MmD] weggehen, auch mit netten Frauen treffen und vieles mehr). Auch ist ihr Gesundheitszustand im Moment stabil. All das war am heutigen Tag dabei, viele ‚Kraftspender'! (A004; Tag 09, Pos. 5).

Mit dem Tagebuch-Schreiben wurde Herr M. dies stärker bewusst, sodass er seine Tagesstruktur darauf ausrichten konnte: „Es ist das Ergebnis des Tagebuchs, dass ich jeden Tag mit der [Name MmD] spazieren gehe. Das ist mir wichtig und das möchte ich jetzt auch weiterführen" (A004; T_1, Pos. 51). Besonders alltägliche Momente, die er gemeinsam mit seiner Frau erlebt, hat Herr M. durch das Tagebuch-Schreiben wahrgenommen und als diese erkannt: „Ich nehme die ganz anders wahr oder ich habe sie ganz anders wahrgenommen. Ja, fast auch entdeckt, dass es schöne Momente sind" (A004; T_1, Pos. 26). Er gibt darüber hinaus an, durch das Tagebuch-Schreiben die gemeinsame Zeit mit seiner Frau schätzen gelernt zu haben und dankbar zu sein:

> Ich glaube, ich habe es schon mal in das Tagebuch hier geschrieben: Seitdem ich hier schreibe, schätze ich die Zeit, die ich mit [Name MmD] verbringe, wesentlich mehr. Ich habe sie noch! Und ich weiß, die Zeit ist begrenzt. Ich habe mehr Geduld, schätze das alles viel mehr (A004; Tag 11, Pos. 6).

Das Tagebuch-Schreiben hat Herr M. zum Ende hin etwas unter Druck gesetzt, da er für sich den Anspruch entwickelt hat, jeden Tag einen schönen Moment zu finden:

> Ja, weil ich fand da so viel neue Situationen nicht und ich hatte mich immer bemüht nicht immer das Gleiche zu schreiben aber es ist oft das Gleiche und schon morgens, wenn ich dann hier runtergekommen bin, denke ich ‚Oh, hoffentlich ist irgendwas was positiv ist' (A004; T_1, Pos. 6).

Grundsätzlich gibt er aber an, aus der Zeit des Tagebuch-Schreibens viel mitgenommen und angestoßen zu haben: „Und ich habe durch das Aufschreiben hier, die gemeinsame Zeit mit [Name MmD] schätzen gelernt. Es ist ein ‚anderer Blick', eine andere Wahrnehmung!" (A004; Tag 22, Pos. 6).

12.2.5 Fallbeschreibung 5: „Ich habe fast jeden Tag einen schönen Moment gehabt"

Zeitraum der Datenerhebung:

Zeitraum des Tagebuchschreibens	16.09.2021 – 14.10.2021		
Interviewzeitpunkte	T1: 16.09.2021	T2: 15.10.2021	T3: 09.12.2021

Frau A. begleitet gemeinsam, gleichberechtigt mit ihrer Schwester (siehe Abschnitt 12.2.7), ihre Mutter (Frau S.). Zum Zeitpunkt der Datenerhebung ist Frau A. 59 Jahre (1961) alt und feiert in der Zeit des Tagebuch-Schreibens ihren 60. Geburtstag. Sie hat zwei erwachsene Kinder, arbeitet als Finanzbeamtin in Teilzeit und lebt alleine in einem Eigenheim. Bis Dezember 2018 hat sie dort mit ihrem Mann gelebt, der unerwartet im Alter von 60 Jahren verstorben ist. Diesen Schicksalsschlag hat Frau A. zum Zeitpunkt der Datenerhebung nicht verkraftet und befindet sich mitten in der Trauerverarbeitung. Frau A. hat sich hierzu Hilfe bei einer Psychologin gesucht. Durch den Verlust ihres Mannes hat Frau A., die sich selbst als eigentlich gesellig und sehr sozial engagiert beschreibt, immer mehr aus der Gesellschaft zurückgezogen. Sie beschreibt durch ihre Trauer eine kontinuierliche Traurigkeit, die einen großen Teil ihres Alltags in Anspruch nimmt: „Also diese Grundstimmung, dass ich halt nicht so zufrieden bin mit meinem Leben hat ja mit meiner Trauer auch zu tun" (A005; T_1, Pos. 24). Frau A. leidet zudem selbst an gesundheitlichen Einbußen, insbesondere ihre Wirbelsäule bereitet ihr große Probleme, sodass sie regelmäßig zur Physiotherapie und zum Yoga geht.

Frau S., die Mutter von Frau A., ist zum Zeitpunkt der Datenerhebung 84 Jahre alt (1937) und leidet an einer Vaskulären Demenz. Sie wurde in Pflegegrad IV eingestuft und lebt mit einer 24-h-Pflegekraft in ihrem eigenen Haus. Mehrmals in der Woche geht Frau S. zudem in die Tagespflege:

> Meine Mutter fand [es] toll bei der [Tagespflege] (da sorgt man sich gut um mich, ich hab den ganzen Tag dort zu tun – ich geh da nicht mehr hin, das ist mir zu viel – Wann kommen die morgen und holen mich? Die sind ja sehr nett) (A005; Tag 21, Pos.11).

Frau S. war eine strenge Mutter, sodass das Verhältnis von Frau A. zu ihrer Mutter eher distanziert war. Durch die Demenzerkrankung wurde Frau S. milder und dankbarer, was sich positiv auf das Verhältnis zu ihren Töchtern auswirkt: „[Das] ist besser geworden. Also ich habe gemerkt, dass sie mir sehr vertraut, dass sie mir auch sehr viel zutraut" (A005; T_0, Pos. 10).

Frau A. erlebt gemeinsam mit ihrer Mutter im Alltag viele schöne Momente. Häufig finden diese Augenblicke bei Gesprächen mit Nachbarn und Bekannten statt. Die Bank vor ihrem Haus ermöglicht Frau S. dabei die Teilhabe am Dorfgeschehen: „Wir haben in der Straße vorm Haus meiner Mutter Kaffee getrunken. Und Mama hat es genossen. Dabei kamen alte Freunde vorbei. Das war schön" (A005; Tag 16, Pos. 5).

Im Verlauf der Datenerhebung sorgt sich Frau A. zunehmend um eine adäquate Versorgung ihrer Mutter, verbunden mit der Sorge, Frau S. in der Zukunft in einem Pflegeheim betreuen lassen zu müssen: „Die Erkenntnis, dass auch die 24h Kraft die Kraft nicht hat. Die vage Befürchtung: Mama muss ins Heim" (A005, Tag 24, Pos. 4).

Das Tagebuch-Schreiben:
Frau A. hat die Methode des Tagebuch-Schreibens gerne angenommen, obwohl sie „auch früher nie ein Tagebuch geführt [hat]" (A005; T_1, Pos. 30). Sie hat das Tagebuch abends geschrieben und dabei teilweise ausführlich oder stichpunktartig die Erlebnisse und Gedanken des jeweiligen Tages notiert, was sie als angenehm empfunden hat: „Ansonsten war es sehr interessant, dass man sich mal über den Tag Gedanken macht" (A005; T_1, Pos. 4). Auch wenn Frau A. das Tagebuch-Schreiben teilweise als zusätzliche Belastung empfunden hat: „Also es war manchmal stressig das abends noch zu machen" (A005; T_1, Pos. 4), wurde sie im Wesentlichen zur Reflexion schöner Momente angehalten, was sie als positiv wertet:

> Also zumindest hat es mich gezwungen, über viele Dinge nochmal nachzudenken, die mir so den Tag über passiert sind. Das hätte ich sonst abends nicht mehr gemacht. Also halt auch über die positiven Dinge nachzudenken. Weil ansonsten hätte ich mich wahrscheinlich mit dem befasst, was gelöst werden muss. So […] konnte ich mal über Sachen nachdenken, die eigentlich gut waren, ja (A005; T_1, Pos. 10).

Das Tagebuch-Schreiben hat Frau A. dabei die Möglichkeit gegeben positive Augenblicke sensibler wahrzunehmen: „Es hat mir die schönen Momente mehr aufgezeigt. Also ich habe die schon erkannt aber ich habe fast jeden Tag einen schönen Moment gehabt" (A005; T_1, Pos. 14) und sie dazu angestoßen, sich Gedanken zu machen und in die Selbstreflexion zu gehen. Sie kann sich allerdings nicht vorstellen, das Tagebuch in diesem Sinne weiterzuführen:

> Ja, ja. Doch, es hat auf jeden Fall was angestoßen. Also so dieses sich Gedanken über den Tag zu machen. Ich glaube das werde ich auch beibehalten aber halt nicht so, dass ich dann mich hinsetze und das schreibe (A005; T_1, Pos. 32).

Darüber hinaus hat Frau A. durch das Tagebuch-Schreiben erkannt, dass sie an sich selbst und ihrer Trauer um ihren Mann arbeiten muss. Durch die positiven Tagesreflexionen konnte sie jene Momente besser erkennen und wahrnehmen:

> Ich überlege, ob ich nicht zufriedener sein müsste […] Mir geht es ja gut, ich trauere noch sehr, aber ich habe liebe Kinder und Freunde, die für mich da sind. Mir geht es ja gut […] Aber dann denke ich, ich bin unzufrieden – so wollte ich nicht leben alleine und nur rumrennen. Ich muss was ändern!!! (A005; Tag 28, Pos. 12).

12.2.6 Fallbeschreibung 6: „Am Ende des Tages haben die schönen Stunden gezählt"

Zeitraum der Datenerhebung:

Zeitraum des Tagebuchschreibens	27.09.2021 – 24.10.2021		
Interviewzeitpunkte	T1: 17.09.2021	T2: 25.10.2021	T3: 17.01.2022

Frau W. ist zum Zeitpunkt der Datenerhebung 76 Jahre alt und begleitet Ihren Ehemann. Aus einer vorherigen Partnerschaft hat Frau W. zwei Kinder in die Beziehung mitgebracht, die Herr W. sehr gerne mochte:

> Ich war in der Situation meine Ehe ist gescheitert, ich war mit zwei kleinen Kindern alleine und meine Kinder, die mochten meinen Mann auf Anhieb sehr gerne und mein Mann mochte die Kinder sehr gerne und von daher gesehen ist dann unsere Verbindung auch entstanden und gut gelaufen (A006; T_0, Pos. 4).

Frau W. hat vor ihrer Rente als Kinder-Krankenpflegerin in einem Kindergarten gearbeitet und kümmert sich zum Zeitpunkt der Datenerhebung bereits seit einigen Jahren um ihren Mann. Herr W. ist 80 Jahre alt und an einer Frontotemporal-Demenz erkrankt. Er ist in Pflegegrad V eingestuft und rund um die Uhr auf die Pflege und Fürsorge seiner Frau angewiesen. Um Herrn W. ein Leben in der eigenen Häuslichkeit weiterhin zu ermöglichen, hat Frau W. Unterstützung durch eine 24-h-Pflegekraft, die gemeinsam mit dem Ehepaar im Haus wohnt:

> Heute ist die neue Pflegekraft eingetroffen […] Sie war schon mal bei uns und ist eine nette Person […] Ich habe Hochachtung vor diesen Frauen, das Zuhause verlassen und oft in eine fremde Umgebung zu kommen. Die Patienten sind meist sehr pflegebedürftig oder und dement. Mein Mann ist zum Glück anpassungsfähig und nimmt die neue Pflegerin an (A006; Tag 17, Pos. 1-2).

Für die Unterstützung durch die 24-h-Pflegekraft ist Frau W. sehr dankbar. Weiterhin erhält sie vor allem seelisch-moralischen Beistand von ihren Kindern und Enkelkindern, zu denen sie ein sehr enges Verhältnis hat und die ihr viel Kraft in der Bewältigung der Pflege und Begleitung geben: „Das Gefühl mit unserer Situation nicht allein zu sein und die Kinder als Rückhalt zu haben" (A006; Tag 16, Pos. 5).

Frau W. hat ihren gesamten Alltag auf die Pflege und Begleitung ihres Mannes ausgerichtet, was bedeutet, dass sie zeitlich immer stark getaktet ist. Momente der Selbstpflege hat Frau W. nur in Form einer kurzen Pause, die für sie sehr wichtig ist, um den restlichen Tag bewältigen zu können:

> Das einzige was ich mir gönne, das ist diese knappe Stunde Mittagspause, wo ich dann aber auch wirklich alles liegen lasse, was für mich wichtig ist, um mich ein bisschen für den Rest des Tages zu erholen (A006; T_1, Pos.12).

Zudem beschreibt Frau W. Treffen mit guten Freunden, beim gemeinsamen Kegeln oder Kaffee trinken als schöne Momente, die ihr Kraft geben: „Die Zuneigung der Freunde [...] Wir hatten schöne Gespräche, ist meine ‚Therapiegruppe'" (A006; Tag 12, Pos. 3).

Die gemeinsame Zeit mit ihrem Mann versucht Frau W. in vollen Zügen zu genießen. Sie interessieren sich beide für klassische Musik, machen gemeinsam Kreuzworträtsel und lachen viel miteinander: „Das Lachen meines Mannes hat mich glücklich gemacht" (A006; Tag 9, Pos. 3). Für Frau W. ist es sehr wichtig auch abseits von der körperlichen Pflege Zeit als Paar miteinander zu verbringen und ihrem Mann Zuwendung zu schenken. Sie erkennt diese Momente als die wesentlichen und sinnstiftenden Augenblicke an. Besonders das Vertrauen und die Zuneigung ihres Mannes geben ihr Kraft zur Bewältigung der Pflegesituation:

> Oft berührt mich wie vertrauensvoll mein Mann mir gegenüber ist, er fügt sich in alle Handhabungen mit ganzem Vertrauen. Ist wohl ein Überbleibsel, was aus unserer Beziehung in der Ehe resultiert. Jeder hat dem Partner vertraut (A006; Tag 27, Pos. 3 – 3).

Das Tagebuch-Schreiben:
Frau W. hatte zu Beginn des Tagebuch-Schreibens große Probleme. Dabei erschien insbesondere der Start des Tagebuchs als schwierig, sodass Frau W. erst zehn Tage nach dem ersten Interview (T_0) mit dem Tagebuch-Schreiben begonnen hat. Grundsätzlich konnte sie sich aber im Verlauf der vier Wochen dem Tagebuch annehmen und hat es in der gesamten Zeit regelmäßig und gründlich

geführt: „Aber gut, wie gesagt, wenn man da mal dran ist, dann ist es auch gut" (A006; T_1, Pos. 18). Frau W. hat das Tagebuch-Schreiben dabei ambivalent empfunden und von zwei Seiten des Tagebuch-Schreibens berichtet: „Ich fand schon wie gesagt positiv aber es ist einfach auch manchmal für mich ein zeitliches Problem" (A006; T_1, Pos. 36). Durch das Tagebuch-Schreiben hat Frau W. festgestellt, sich selbst nicht gerecht zu werden. Sie hat darüber hinaus jedoch auch gelernt, Kleinigkeiten als schöne Momente zu empfinden:

> Stelle aber fest, trotz all dieser Dinge, dass ich meine Wünsche und Bedürfnisse ziemlich zurückgefahren habe. Habe aber auch die Fähigkeit entwickelt, mich an kleinen Dingen zu freuen (A006; Tag 21, Pos. 5).

In ihrem streng getakteten Pflegealltag konnte Frau W. durch das Tagebuch-Schreiben somit lernen, die positiven Seiten zu erkennen und wahrzunehmen:

> Durch die alltägliche Pflege und die anderen Aufgaben und Verpflichtungen werden die schönen, oft kurzen glücklichen Momente überfrachtet. Das Tagebuch fördert das Bewusstsein, diese Augenblicke bewusster zu machen und zu speichern (A006; Tag 27, Pos. 9).

Sie hat dabei durch das Schreiben und dem damit einhergehenden Reflektieren des Tages Wertschätzung entwickelt: „Beim Schreiben heute wurde ich dankbar für jeden Tag" (A006; Tag 08, Pos. 6). Sie kann sich aus diesem Grund auch vorstellen, bei Bedarf das Tagebuch weiterzuführen, nicht jedoch regelmäßig zu schreiben: „[D]as kann ich mir schon vorstellen, dass man sich einfach mal hinsetzt und sich das von der Seele schreibt, so" (A006; T_1, Pos. 38).

12.2.7 Fallbeschreibung 7: „Auch in der Demenz gibt es schöne Momente"

Zeitraum der Datenerhebung:

Zeitraum des Tagebuchschreibens	Versuch 1: 05.10.2021 – 02.11.2021 Versuch 2: 31.01.2021 – 28.01.2022		
Interviewzeitpunkte	T1: 05.10.2021	T2: 08.02.2022	T3: 22.03.2022

Frau G. ist die jüngere Schwester von Frau A. (Abschnitt 12.2.5), die gemeinsam ihre Mutter (Frau S.) pflegen und begleiten. Die Schwestern funktionieren in der gemeinsamen Begleitung ihrer Mutter gut miteinander, im Alltag ist die Beziehung zueinander jedoch eher distanziert. In der folgenden Falldarstellung wird ausschließlich Frau G. und das Verhältnis zu ihrer Mutter beleuchtet, nähere Informationen über Frau S. sind bereits eingehend in Abschnitt 12.2.5 beschrieben.

Frau G. ist zum Zeitpunkt der Datenerhebung 54 Jahre alt und arbeitet auf 450 Euro-Basis als Augenoptikerin. Sie lebt gemeinsam mit ihrem Ehemann und ihrem Sohn in einem Haus unweit ihrer Schwiegereltern, die sie ebenfalls teilweise im Alltag unterstützt. Die Familie besteht aus insgesamt fünf Familienmitgliedern (drei Kindern) sowie einem Hund, der besonders für Frau G. sehr wichtig ist. Ihre beiden älteren Kinder sind zum Zeitpunkt der Datenerhebung bereits zum Studium ausgezogen, kommen aber regelmäßig zu Besuch. Der Zusammenhalt in der Familie wird sehr großgeschrieben, weshalb Frau G. schöne Momente besonders in Zusammenhang mit ihrer Familie sieht: „Schöne Momente sind Familienmomente" (A007; T_0, Pos. 26).

Das Verhältnis von Frau G. zu ihrer Mutter ist nicht gut: „Ich habe keine schönen Erinnerungen an meine Beziehung mit meiner Mutter oder an meine Kindheit und Jugend" (A007; T_0, Pos. 4), sodass Frau G. ihre Mutter mit negativen Charakterzügen beschreibt: „[M]eine Mama war ganz streng und böse" (A007; T_0, Pos. 6). Durch die Demenzerkrankung ihrer Mutter und die damit einhergehenden Verhaltensveränderungen hat sich das Verhältnis jedoch verbessert, was es Frau G. ermöglicht die gemeinsame Zeit mit ihrer Mutter mehr zu genießen: „Ja, ich verbringe mehr Zeit mit meiner Mutter, ich verbringe intensivere Zeit mit meiner Mama und ich werte nicht mehr" (A007; T_0, Pos. 10). Aus diesem Grund fällt es ihr leichter, die Veränderungen ihrer Mutter anzunehmen und die Demenzerkrankung rational zu betrachten: „Die Demenz meiner Mama erlebe ich nicht sehr emotional, das liegt einfach am Verhältnis zu meiner Mama" (A007; Tag 28, Pos. 2). Frau G. berichtet darüber hinaus, die gemeinsame Zeit mit ihrer Mutter als positiver zu empfinden, was ihr Kraft zur Bewältigung der Pflegesituation gibt.

Das Erkrankungsbild Demenz beschäftigt Frau G. zusätzlich, weil sie sich darum sorgt, selbst an einer Demenz zu erkranken: „An manchen Tagen verfluche ich die Demenz und hoffe, dass ich es nicht vererbt bekommen habe!" (A007; Tag 25, Pos. 2).

Mit der Übernahme der Pflege und Begleitung ihrer Mutter ist Frau G. über sich hinausgewachsen und hat sich weiterentwickelt: „Ich kann immer noch wachsen! Neue Erfahrungen macht man sein Leben lang!" (A007; Tag 20, Pos. 8–9).

12.2 Fallzusammenfassungen: Schöne Momente in der Pflege ...

Das Tagebuch-Schreiben:
Das Führen eines Tagebuchs hat Frau G. zu Beginn große Schwierigkeiten bereitet, welche von ihr mit psychischen Problemen aus der Vergangenheit in Verbindung gebracht wurden. In dieser Zeit hatte Frau G. große Probleme mit ihrem Sohn, welcher letztendlich durch Kinderpsychologen begleitet wurde. Diese Situation und die Sorge um ihren Sohn haben auch bei Frau G. psychische Probleme hervorgerufen, sodass auch sie therapeutische Hilfe in Anspruch genommen hat:

> Ich habe vor circa zwanzig Jahren psychische Probleme gehabt [...] Irgendwann war es dann auch mal soweit, dass ich [...] zum Psychologen bin und der mich damals gebeten hat ein Tagebuch zu führen (A007; T_1, Pos. 4).

Zum damaligen Zeitpunkt sollte Frau G. Tagebuch über die Verhaltensweisen ihres Sohnes führen:

> Und das konnte ich nicht. Dieses Tagebuch war das schlimmste für mich in meinem Leben, weil es diese Wahrheit war. Ich hätte aufschreiben sollen wie schlecht es mir mit meinem Kind geht (A007; T_1, Pos.6).

Diese herausfordernde Zeit hat Frau G. bis zum Zeitpunkt des Tagebuch-Schreibens verdrängt, wurde dann aber durch die Anwendung der Methode des Tagebuch-Schreibens erneut hervorgebracht und angestoßen: „Und dieses Tagebuch jetzt, habe ich gedacht [...], klar, ich schreib ein Tagebuch, geht ja nicht um mich. Bis ich angefangen habe und es geht um mich" (A007; T_1, Pos. 12). Aus diesem Grund konnte Frau G. das Tagebuch im ersten Erhebungszeitraum nicht schreiben, sondern stand abermals vor der Herausforderung, die schwierige Situation aus der Vergangenheit zu verarbeiten, wozu sie sich erneut psychologische Unterstützung gesucht hat. Im Anschluss daran hat Frau G. erneut begonnen das Tagebuch zu schreiben und in dieser Zeit eine positive Wahrnehmung in Hinblick auf ihre Mutter entwickelt: „Ich habe die Demenz meiner Mutter zum ersten Mal so positiv angesehen" (A007; T_1, Pos. 36). Sie hat sich intensiv mit dem Tagebuch auseinandergesetzt und erkannt, dass sie trotz des schwierigen Verhältnisses zu ihrer Mutter schöne Momente gemeinsam mit ihr erleben kann. Auch in alltäglichen Situationen wirkt sich das Tagebuch auf ihr Erleben aus:

> Ich hatte einen wunderschönen Tag mit meiner Mutter, den ich durch das Tagebuch bewusster / berührender wahrgenommen habe. [...] Auch im normalen Leben bin ich durch das Tagebuch achtsamer (A007; T_2, Pos. 2).

Sie möchte das Tagebuch aus diesem Grund weiterführen, um Augenblicke festzuhalten: „Ich finde man sollte ein Tagebuch schreiben mit Dingen, die einen berühren, um später die schönen Erinnerungen zu finden" (A007; Tag 28, Pos. 2). Für dieses Vorhaben möchte Frau G. ein Wochenbuch nutzen, welches sie in Zukunft regelmäßig führen möchte, um an sich weiterzuarbeiten. Das Tagebuch hat bei Frau G. dabei nicht nur in Bezug auf ihre Mutter, sondern insbesondere in Hinblick auf die Verarbeitung verdrängter innerseelischer Konflikte aus der Vergangenheit, die durch das Tagebuch hervorgebracht wurden, einen Anstoß zur Verarbeitung gegeben: „Es hat mich sehr in meinem Leben unterstützt und auch sehr viel weitergebracht. DANKESCHÖN!" (A007; Tag 28, Pos. 6–7).

12.2.8 Fallbeschreibung 8: „Man nimmt es bewusster wahr. Dinge bekommen einen anderen Stellenwert"

Zeitraum der Datenerhebung:

Zeitraum des Tagebuchschreibens	06.10.2021 – 03.11.2021		
Interviewzeitpunkte	T1: 06.10.2021	T2: 25.11.2021	T3: 19.01.2022

Frau J. ist zum Zeitpunkt der Datenerhebung 67 Jahre alt und begleitet ihre Mutter (Frau F.), mit der sie gemeinsam in ihrem Haus wohnt. Frau J. ist geschieden, hat zwei Söhne und Enkelkinder, um die sie sich ebenfalls regelmäßig kümmert. Vor ihrem Renteneintritt hat Frau J. als Leitung der sozialen Betreuung in einem Pflegeheim gearbeitet und ist darüber hinaus ausgebildete Altenpflegerin. Durch ihre Erfahrungen und Kompetenzen aus ihrer beruflichen Laufbahn kann Frau J. einiges auf die Pflege und Begleitung ihrer Mutter anwenden.

Zum Zeitpunkt der Datenerhebung ist ihre Mutter 92 Jahre alt und leidet an einer Alzheimer-Demenz. Zudem kann sie sehr schlecht sehen und hören, was besonders die Kommunikation aber auch Aktivierung erschwert. Sie ist in Pflegegrad III eingestuft und geht mehrmals in der Woche in die Tagespflege. Entlastung erfährt Frau J. darüber hinaus auch durch ihre Schwester und ihren Schwager, die ein Stockwerk über ihr wohnen. Sie unterstützen Frau J. regelmäßig in der Begleitung ihrer Mutter: „Ab 14:00 war meine Mutter bei Schwester/Schwager – das bedeutet für mich: Entspannung" (A008; Tag 23, Pos. 3).

Frau F. verbringt gerne Zeit mit ihrer Familie, besonders den regelmäßigen Besuch ihrer Enkel und Urenkel genießt sie dabei sehr: „Die Reaktion meiner Mutter auf Enkel + vor allem Urenkel. Sie zeigt mehr Mimik + Gestik, lässt sich auf ‚Gespräche' ein" (A008; Tag 01, Pos. 4). In solchen Momenten ist Frau

12.2 Fallzusammenfassungen: Schöne Momente in der Pflege ...

F. aktiver und nimmt bewusster am Geschehen teil: „Die Kinder, ja, ja auf jeden Fall. Und [...] da wirkt sie richtig gelöst und lebendig, wenn die, wenn die Urenkel dann da sind" (A008; T_0, Pos. 46). Diese Situationen geben dabei auch Frau J. Rückhalt und Kraft:

> Also das merkt man schon, das gibt einem wieder so, so ein bisschen Sprit sage ich mal für die nächste ähm ja, für diese normalerweise ist es ja alles so unbelebt sage ich mal, ja und das gibt einem dann doch, dass man irgendwie denkt ja [...] Gewisse Dinge zu gewissen Zeiten kommen vielleicht doch an, ja (A008; T_0, Pos. 38).

Frau J. versucht diese schönen Momente gemeinsam mit ihrer Mutter weiterhin auch durch Musik hervorzurufen. Besonders auf Gesang hat Frau F. schon immer sehr gut angesprochen: „Beim Singen abends mit meiner Mutter habe ich den Eindruck, sie reagiert intensiver darauf, macht aktiver mit, lächelt" (A008; Tag 09, Pos. 7). Teilweise kann sie sich in solchen Augenblicken auch an die Lieder aus der Vergangenheit erinnern: „Durch das regelmäßige Singen erkennt meine Mutter doch weitere Abendlieder (Texte wenig, aber Melodie)" (A008; Tag 26, Pos. 5). Für Frau J. sind jene Augenblicke, in denen sie ihrer Mutter etwas Gutes tun kann, schöne Momente, die sich auch auf sie und ihre Wahrnehmung der Pflegesituation positiv auswirken. Sie wirken dabei nicht nur psychisch, sondern geben ihr auch physisch Kraft, diese Situation zu bewältigen:

> Also das finde ich, das merkt man sehr deutlich. Ich will jetzt nicht sagen körperlich, doch fast körperlich, finde ich spürt man das, dass man dann wieder so, so einfach denkt okay, ja es geht doch irgendwie immer weiter oder so (A008; T_0, Pos. 40).

Das Tagebuch-Schreiben:
Zu Beginn des Tagebuch-Schreibens hatte Frau J. mit dem Führen eines Tagebuchs etwas Schwierigkeiten, was sich aber relativ schnell gelegt hat. Sie hat das Tagebuch in ihren Alltag eingebaut und als neues Ritual genutzt. Dabei hat sie es immer am nächsten Morgen geschrieben und sich dabei etwas Zeit für sich genommen. Sie hat diese Zeit als wertvoll wahrgenommen und über Dinge nachgedacht, die häufig im Alltag nicht relevant erscheinen:

> [E]s war [...] wie soll ich sagen erhellend. Also man [...] denkt dann über Sachen nach, oder einem fallen Sachen ein, man sieht irgendwelche Zusammenhänge, die man sonst vielleicht gar nicht, über die man nicht nachgedacht hätte oder bisher nicht nachgedacht hat (A008; T_1, Pos. 6).

Besonders das Schreiben hat sie dazu angeregt einen anderen Blick einzunehmen: „[G]erade auch das Formulieren, [...] ja da muss man ja noch irgendwie nochmal anders nachdenken, ja" (A008; T_1, Pos. 8).

Im Verlauf des Tagebuch-Schreibens konnte Frau J. dementsprechend erkennen, dass sie sensibler in der Wahrnehmung schöner Momente wurde: „[M]an wird irgendwie [...] empfänglicher sage ich jetzt einfach mal" (A008; T_1, Pos. 31). Darüber hinaus hat die Pflege und Begleitung ihrer Mutter bei Frau J. durch das schriftliche Reflektieren an Bedeutung gewonnen: „[I]ch finde, das gibt dann schon andere, ne andere Wertigkeit einfach, [...] dem ganzen Tun sage ich mal, ja. Muss ich sagen" (A008; T_1, Pos. 33), sodass sie nach der Zeit des Tagebuch-Schreibens angibt, ausgeglichener zu sein. Sie hat festgestellt, dass es ihr guttut, sich die schönen Momente zu vergegenwärtigen und diese ihr Wohlbefinden verbessern: „Also ich denke, das ist wichtig, dass man sich so diese positiven Dinge wirklich immer wieder rausholt. Ja? Und es gibt einem dann auch Kraft" (A008; T_2, Pos. 25).

Frau J. hat durch die Zeit des Tagebuch-Schreibens insbesondere die Selbstreflexionen in ihren Alltag weiter eingebaut, verschriftlicht diese jedoch nicht mehr:

> Was ich eigentlich immer mache in letzter Zeit, ist wirklich so dieses Resümee, ja. Am Ende so vom Tag oder auch am nächsten Tag, dass ich dann denke, mal so überlege was war denn, was ist denn, ja (A008; T_1, Pos.43).

12.2.9 Fallbeschreibung 9: „Das Bewusstsein, dass wir ein gutes Leben haben – trotz Demenz?"

Zeitraum der Datenerhebung:

Zeitraum des Tagebuchschreibens	08.12.2021 – 05.01.2022		
Interviewzeitpunkte	T1: 08.12.2021	T2: 05.01.2022	T3: 22.03.2022

Frau K. ist zum Zeitpunkt der Datenerhebung 55 Jahre alt und begleitet ihren Ehemann (Herr K.), mit dem sie gemeinsam in einem Haus lebt. Das Ehepaar ist jeweils zum zweiten Mal verheiratet, wobei Frau K. drei Kinder (zwei Söhne und eine Tochter) mit in die Ehe gebracht hat. Herr K. ist zum Zeitpunkt der Datenerhebung 70 Jahre alt, leidet an einer Alzheimer-Demenz und ist in Pflegegrad II eingestuft. Herr K. fällt es dabei sehr schwer, sich im Alltag selbst zu beschäftigen und äußert dies mit aufforderndem Verhalten gegenüber seiner Frau, was

12.2 Fallzusammenfassungen: Schöne Momente in der Pflege ...

diese teilweise belastet: „Immer wieder erwartet [Name MmD] meine volle Aufmerksamkeit, die gebe ich ihm heute nicht gerne" (A009; Tag 20, Pos. 6). Neben der Übernahme der Pflege und Begleitung arbeitet Frau K. in Teilzeit im Schichtdienst, was die Vereinbarkeit von Pflege und Beruf zusätzlich erschwert: „Der Dienstplan für Februar ist raus: [...] ich sehe da null Verständnis für meine Situation [...] jetzt soll ich noch nachts Betreuung suchen! Oder tauschen!" (A009; Tag 15, Pos. 10).

Damit Herr K., der vielseitig interessiert ist, verschiedene Beschäftigungs- und Betreuungsangebote bekommt, hat Frau K. eine Vielzahl an Möglichkeiten für ihn geschaffen. Herr K. geht beispielsweise regelmäßig in die Holzwerkstatt oder ins Gedächtnistraining und erhält Einzelbetreuung, die individuell auf ihn und seine Bedürfnisse ausgerichtet wird: „Montags kommt [Name Betreuer], er holt [Name MmD] ab zum Tennis spielen und Badminton – den beiden macht es Spaß und ich habe freie Zeit" (A009; Tag 06, Pos. 2). Frau K. hat in diesen Momenten Zeit für sich selbst und kann etwas Entlastung finden. Die hohe Bedeutung dieser Unterstützung schätzt sie insbesondere in Situationen der Überlastung:

> Heute ist mir bewusstgeworden, dass [Name MmD] sich immer weniger selbst beschäftigen kann – keiner der heute kommt und nur für ihn da ist, TT spielt, spazieren geht und so weiter. Und ich versuche, ihn in den Haushalt mit einzubeziehen, was aber anstrengender ist, als es alleine zu machen (A009; Tag 11, Pos. 2).

Das Ehepaar hat ein sehr enges Verhältnis zueinander und geht sehr liebevoll miteinander um. Vor allem in Situationen, die von Traurigkeit und Verzweiflung geprägt sind, geben jene Augenblicke Frau K. Kraft und Halt: „Also wenn es die nicht geben würde dann könnte man ja gleich irgendwie einpacken. Also ganz viel schöpft man daraus" (A009; T_0, Pos. 34). Frau K. und ihr Mann haben viele gemeinsame Interessen und Hobbys, die sie gerne miteinander ausüben. Besonders sportliche und kulturelle Angebote nehmen sie in ihrer Freizeit gerne in Anspruch:

> Genau und ansonsten haben wir vieles was wir gemeinsam mögen. So wie spazieren gehen, Sport machen, gut essen gehen, mit Freunden was unternehmen, ja genau, Konzerte sowieso immer, ja (A009; T_0, Pos. 30).

Dabei geht Herr K. besonders gerne tanzen, was jedoch durch eine Knieverletzung von Frau K. zurzeit nicht möglich ist: „[A]lso früher sicherlich noch mehr tanzen. Das ist auch etwas was mein Mann sich total wieder zurückwünscht, dass wir wieder tanzen gehen" (A009; T_0, Pos. 30).

„[A]lso insgesamt haben wir ja schon eine sehr innige Beziehung" (A009; T_0, Pos. 28), die durch die Begleitung von Herrn K. nochmal intensiver wurde. Frau K. belasten die Veränderungen ihres Mannes durch die Demenz-Erkrankung sehr, erkennt aber auch an, dass trotz oder viel mehr durch die Erkrankung sich die Beziehung zwar verändert hat, diese aber nicht weniger schön ist: „[D]ass mir auch bewusst geworden ist, dass unser Leben, auch wenn es, auf eine[r] andere[n] Ebene jetzt auch stattfindet, halt eben doch noch ganz viel positives hat" (A009; T_2, Pos. 7).

Das Tagebuch-Schreiben:
Frau K. ist ein sehr sensibler und bedachter Mensch, der sich viel mit Achtsamkeit auseinandersetzt. Sie hat bereits in der Vergangenheit Tagebuch über positive Momente geführt, sodass ihr die Methode bereits bekannt ist:

> Ich habe ja früher auch schon Tagebuch geschrieben und dieses Tagebuch habe ich ja genannt: Tagebuch der positiven Dinge. Und habe immer mindestens drei Sachen, habe ich mir gedacht: ‚Du findest bestimmt drei Sachen, die gut waren.' Und das ist meistens nicht nur bei drei Sachen geblieben (A009; T_2, Pos. 11).

Aus ihrer Erfahrung wusste sie, dass ihr das Führen eines Tagebuchs guttut und Freude bereitet:

> Mh, also ich fands ganz schön, das Tagebuch schreiben. Ich kenne das ja schon, weil ich es halt eben auch schon über Jahre mal für mich selbst gemacht habe und ähm ich habe wenige Abende gehabt, wo ich keine Lust darauf hatte (A009; T_1, Pos. 4).

Sie berichtet, dass sie sich nach den schriftlichen Tagesreflexionen besser gefühlt hat und das Tagebuch gerne weiterführen möchte. Vor allen in Krisensituationen, wie beispielsweise in einer Pflegesituation oder einem Trauerprozess, kann sie sich das Tagebuch als wirkungsvoll und hilfreich vorstellen. Insbesondere das Aufschreiben der Tagesreflexionen wirkt dabei aus ihrer Sicht intensiver als das bloße gedankliche Reflektieren:

> Also, wenn man es aufschreibt, dann ist es noch bewusster, als wenn ich es das halt eben nur im Bett denke, was am Tag schön war. Weil man halt eben dann doch eine ganze Weile damit beschäftigt ist. Das niederzuschreiben (A009; T_2, Pos. 5).

Zusammenfassend hat Frau K. das Tagebuch-Schreiben als sehr positiv wahrgenommen. Vor allem der Fokus auf die positiven Aspekte hat ihr dabei gut gefallen: „Ich mag dieses Tagebuch und finde es schön, gute Momente festzuhalten. ☺ " (A009; Tag 19, Pos. 15).

12.2.10 Fallbeschreibung 10: „Wie viele schöne Momente wir haben. Wir sind sehr miteinander verbunden"

Zeitraum der Datenerhebung:

Zeitraum des Tagebuchschreibens	03.01.2022 – 31.01.2022		
Interviewzeitpunkte	T1: 03.01.2022	T2: 01.02.2022	T3: 15.03.2022

Zum Zeitpunkt der Datenerhebung ist Frau R. 56 Jahre alt (Jahrgang 1965) und begleitet ihren Ehemann, mit dem sie gemeinsam in einem Haus lebt. Das Ehepaar hat zwei Kinder, zu denen sie ein gutes Verhältnis haben, sich jedoch nicht häufig sehen. Herr R. ist zum Zeitpunkt der Datenerhebung 62 Jahre alt und hat die Diagnose Frontotemporale-Demenz gestellt bekommen. Er ist in Pflegegrad II eingestuft und empfindet die Diagnose und die damit einhergehenden Veränderungen als emotional belastend. Besonders durch die Begleitung seiner Frau fühlt er sich als Belastung: „[Name MmD] weint, fühlt sich als Last" (A010; Tag 27, Pos. 9).

Frau R. ist darüber hinaus in Vollzeit als stellvertretende Schulleitung berufstätig, was eine zusätzliche Herausforderung in Bezug auf die Pflege und Begleitung ihres Mannes bedeutet:

[D]ie Situationen, die hier schwierig sind, die haben immer ganz viel mit den Übergängen von der einen Welt in die andere zu tun. Also wenn ich zum Beispiel übermüdet oder gestresst von der Arbeit komme und dann hier ankomme [...] dann komme ich hier her und das Tempo ist ein ganz anderes. Das ist wie so eine Vollbremsung (A010; T_0, Pos. 24).

Durch die Demenz-Erkrankung von Herrn R. hat sich die Beziehung zueinander deutlich verändert. Die früher sehr gleichberechtigte Ehe hat sich im Verlauf der Begleitung ihres Mannes in vielen Aspekten verändert, sodass Frau R. mittlerweile eine andere Rolle einnimmt: „Und jetzt gehe ich natürlich mehr in die Fürsorge und Begleitung und Unterstützung. Also dass ich viele Aufgaben für ihn mitübernehme und mitdenke" (A010; T_0, Pos. 20). Dabei versucht Frau R. sich die Demenz-Diagnose zwar zu vergegenwärtigen, ihren Mann aber nicht auf diese zu reduzieren:

Also ich glaube es liegt auch ein bisschen daran, dass ich sozusagen diese Diagnose, die ist schon präsent, die verdränge ich auch nicht aber ich lasse mich dadurch nicht in meiner Haltung mit dieser Alzheimer-Brille oder Demenz-Brille auf ihn immer gucken. Also darum bemühe ich mich. Sondern einfach ihn zu sehen wie er so ist und was er jetzt kann […] Ich genieße einfach die schönen Momente, die wir hier haben (A010; T_0, Pos. 38).

Mit dieser Haltung schafft es Frau R. viele schöne Momente gemeinsam mit ihrem Mann zu erleben. Vor allem Augenblicke, in denen sie Zeit für ihren Mann hat, nimmt Frau R. dabei positiv wahr: „[W]enn wir Dinge mit Zeit und Ruhe tun, entsteht eine gelöste Atmosphäre und eine gute Verbindung zwischen uns, egal was wir tun: kochen, putzen, essen, Autofahrt" (A010; Tag 28, Pos. 10). Zudem macht das Ehepaar sehr gerne gemeinsam Yoga, was besonders für Frau R. eine Kraftquelle ist:

[M]ein Mann und ich, wir haben ja immer Yoga gemeinsam gemacht und das machen wir auch weiterhin, […] es ist für ihn sozusagen ein ganz bekanntes und sehr liebgewonnenes Ritual und da ist es eben so, dass ich dieses Yoga auch für mich als Kraftquelle nutze […] Aber natürlich empfinde ich das auch als einen schönen Moment jetzt für uns beide und für ihn auch. [W]eil wir das einfach schon so lange machen und auch irgendwie dann auch so verbunden sind (A010; T_1, Pos. 20).

Damit Frau R. etwas Zeit zur Erholung hat, nimmt Herr R. auch an verschiedenen Angeboten für Menschen mit Demenz teil: „[Name MmD] ist bei der Kreativ-Werkstatt, ich hab mal 1 1/2 Stunden für mich" (A010; Tag 23, Pos. 9) oder sie gehen gemeinsam zu einem Austausch mit anderen Betroffenen und Angehörigen, der ihnen Kraft gibt und Mut macht. Frau R. versucht dabei die Situation mit ihrem Mann anzunehmen:

Es gibt Dinge, die kann ich nicht ändern. Das zu akzeptieren, ist an manchen Tagen schwer. Ich muss loslassen. An hellen Tagen, mit anderen zusammen […] ist es leichter (A010; Tag 06, Pos. 21).

Insbesondere die große Verbundenheit und Liebe zu ihrem Mann geben ihr in Momenten der Verzweiflung Kraft und Halt, die Pflege und Begleitung zu bewältigen: „Verbundenheit / Nähe -> liebevolle Beziehung zu meinem Mann" (A010; Tag 04, Pos. 20).

Das Tagebuch-Schreiben:
Frau R. hat das Tagebuch stichpunktartig geführt: „[I]ch habe das Schreiben eigentlich eher kurz und in Stichworten gehalten aber es stößt ja natürlich

12.2 Fallzusammenfassungen: Schöne Momente in der Pflege ...

trotzdem ein Denkprozess an" (A010; T_1, Pos. 16). Sie konnte dabei durch das Tagebuch-Schreiben wesentliche Aspekte nachempfinden und übergeordnet betrachten: „Ich habe das schon auch irgendwie als, als gute Möglichkeit gefunden nochmal so auf die Metaebene zu gehen und bestimmte Situationen nochmal so zu reflektieren" (A010; T_1, Pos. 16). Dabei hat sie vor allem die positive Ausrichtung der Tagebuchvorlage als gut empfunden:

> Aber diese positiven Momente und die Kraftquellen, das fand ich eine gute Fragerichtung. Auch einmal zu gucken was es so gab an dem Tag, was mich vielleicht, irgendwie so ein ‚Energieräuber' ist, joa (A010; T_1, Pos. 4).

Der Blick auf Ressourcenorientierung war für Frau R. dahingehend bereits bekannt, da sie sich in ihrer Freizeit viel mit Achtsamkeit beschäftigt. Das Tagebuch konnte ihr jedoch dabei helfen, ihre bereits geschaffenen Rituale zu festigen und nachhaltiger in den Alltag einzubauen:

> Das heißt, dass ich mich schon immer bemüht habe, solche Pausen oder Momente in den Tag einzubauen [...] und von daher würde ich jetzt sagen, dass das Tagebuch im Grunde da nur diese Disziplin noch ein bisschen verstärkt hat (A010; T_1, Pos. 22).

Open Access Dieses Kapitel wird unter der Creative Commons Namensnennung 4.0 International Lizenz (http://creativecommons.org/licenses/by/4.0/deed.de) veröffentlicht, welche die Nutzung, Vervielfältigung, Bearbeitung, Verbreitung und Wiedergabe in jeglichem Medium und Format erlaubt, sofern Sie den/die ursprünglichen Autor(en) und die Quelle ordnungsgemäß nennen, einen Link zur Creative Commons Lizenz beifügen und angeben, ob Änderungen vorgenommen wurden.

Die in diesem Kapitel enthaltenen Bilder und sonstiges Drittmaterial unterliegen ebenfalls der genannten Creative Commons Lizenz, sofern sich aus der Abbildungslegende nichts anderes ergibt. Sofern das betreffende Material nicht unter der genannten Creative Commons Lizenz steht und die betreffende Handlung nicht nach gesetzlichen Vorschriften erlaubt ist, ist für die oben aufgeführten Weiterverwendungen des Materials die Einwilligung des jeweiligen Rechteinhabers einzuholen.

Fallübergreifende Ergebnisdarstellung 13

Nachdem in Abschnitt 12.2 durch individuelle Fallbeschreibungen die jeweiligen Pflegesituationen und -beziehungen eingehend beschrieben wurden, erfolgt nun eine fallübergreifende Ergebnisdarstellung. Dabei werden mit Blick auf die in Kapitel 6 dargestellten Forschungsfragen die induktiv und deduktiv ausgewerteten Analyseergebnisse der Tagebucheinträge sowie der Interviews aufgezeigt und interpretiert. Dabei liegt der Fokus auf der Beschreibung und Wahrnehmung schöner Momente, deren Wirkung auf pflegende Angehörige und Menschen mit Demenz sowie der Bewertung und Reflexion der Tagebuchmethode. Um das Hauptaugenmerk auf die schönen Momente pflegender Angehöriger zu richten, ist es unabdingbar, im Voraus den Blick auf die erlebten Belastungen pflegender Angehöriger zu richten. Diese sollen den pflegenden Angehörigen vor dem Hintergrund der positiven Aspekte der Pflege und Begleitung von Menschen mit Demenz keinesfalls abgesprochen werden, sondern ernst genommen und dementsprechend in dieser Arbeit ebenfalls berücksichtigt werden.

13.1 Energieräuber

Die Analysen der Tagebucheinträge und Interviews weisen eine Vielzahl wahrgenommener und erlebter Energieräuber auf. Abbildung 13.1 stellt die einzelnen Kategorien der Kraft- und Energieräuber dar und zeigt die Ausprägung der individuellen Wahrnehmung jener Aspekte, die den teilnehmenden pflegenden Angehörigen Kraft und Energie rauben.

Im weiteren Verlauf werden die einzelnen Kategorien detailliert beschrieben und mit aussagekräftigen Zitaten der pflegenden Angehörigen aus den Tagebucheinträgen und Interviews belegt.

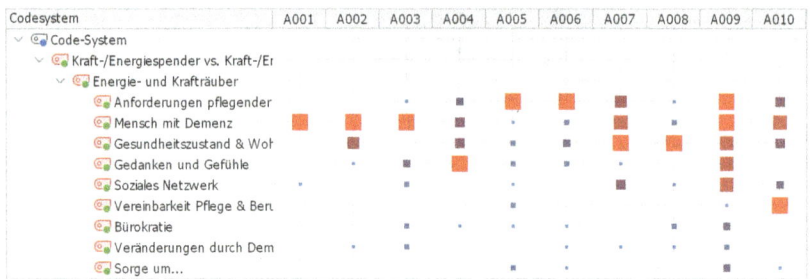

Abbildung 13.1 Code-Matrix-Browser: Energie- und Krafträuber

Anforderungen pflegender Angehöriger
Die Pflege und Begleitung von Menschen mit Demenz geht mit unterschiedlichen Anforderungen pflegender Angehöriger einher. Dabei werden insbesondere pflegerische Tätigkeiten, die die pflegenden Angehörigen viel Kraft und Energie kosten, als herausfordernd beschrieben: „Die Pflege meines Mannes raubt mir jeden Tag Energie und Kraft" (A006; Tag 02, Pos. 2). Die fortwährende erforderliche Präsenz der pflegenden Angehörigen und Konzentration auf die Pflege und Begleitung wird in diesem Zusammenhang als besonders belastend erlebt: „Die pflegerische Arbeit kostet mich viel Kraft, immer präsent sein" (A006; Tag 04, Pos. 2). Die pflegenden Angehörigen berichten zudem von der großen Unsicherheit, die sie in Bezug auf die *Cure-Arbeit* empfinden, da sie die Pflege nicht professionell erlernt und kaum bis gar keine Erfahrung haben: „Zum Teil meine Unerfahrenheit beim Waschen, Anziehen im Bett. Da habe ich einiges falsch gemacht, was ärgerlich war!" (A004; Tag 03, Pos. 2). Die progressiven Veränderungen und die damit einhergehenden Schwierigkeiten in der Pflege werden von den pflegenden Angehörigen ebenfalls als Anforderung beschrieben. Insbesondere der fortschreitende Verlauf der (demenziellen) Erkrankung und die damit einhergehenden Veränderungen des Menschen mit Demenz bereiten den pflegenden Angehörigen Sorgen und Zweifel: „Das Essen, füttern wird immer schwieriger. Ich denke oft daran, was machen wir, wenn [Name MmD] nicht mehr den Mund aufmacht?" (A004; Tag 14, Pos. 2). Die Versorgung und Begleitung ihrer an Demenz erkrankten Angehörigen geht darüber hinaus mit weiteren Anforderungen einher. Die pflegenden Angehörigen sind häufig zeitlich eng getaktet und haben wenig Zeit für sich selbst:

> War zwischen Pflege, Besprechung und Versorgen mit Kaffee, Getränken ziemlich gefordert. Leider konnte mich meine Pflegekraft da nicht so arg unterstützen. Um

13.1 Energieräuber

meine Mittagspause bin ich auch gekommen und war abends dementsprechend müde (A006; Tag 6, Pos. 1).

Dies verdeutlicht die hohe Belastung der Pflegenden und zeigt zudem auf, dass die pflegenden Angehörigen in der Pflege und Begleitung ihrer Familienmitglieder weitgehend alleine sind. Teilweise erhalten sie Unterstützung durch Betreuungspersonen, die mit den zu Pflegenden zusammenleben. Diese Form der Unterstützung ist jedoch auch mit Schwierigkeiten verbunden, wie etwa sprachlichen Barrieren und dem hohen zeitlichen Aufwand der Einarbeitung:

> Der Morgen war anstrengend, [Name Betreuerin] ist sehr lieb, aber sie versteht wenig deutsch. Ich weiß immer nicht genau, ob sie meine Anweisungen verstanden hat und muss ihr viele Dinge einfach zeigen. Denke es wird von Tag zu Tag besser (A006; Tag 19, Pos. 1).

Durch die Zuhilfenahme einer Betreuungsperson kann es auch zu Differenzen kommen, die letztendlich zu weiteren Anforderungen an die pflegenden Angehörigen führen:

> Die Auseinandersetzung mit der Pflegerin! Sie will nicht mit [Name MmD] so lange laufen und schiebt beziehungsweise gibt viele Gründe an. In Wirklichkeit kann sie das körperlich nicht. Somit übernehme ich das! (A004; Tag 12, Pos. 2).

Die Vielzahl an Aufgaben der pflegenden Angehörigen führen auch dazu, dass sie sich vernachlässigen und keine Zeit für sich selbst haben. Sie berichten davon, nicht zur Ruhe zu kommen und dass „jeder an [ihnen] zerrt" (A005; Tag 26, Pos. 5). In jenen belastenden Zeiten können die pflegenden Angehörigen keine Energie zur Bewältigung der Pflegesituation tanken, was sie frustriert und an die Grenzen ihrer Belastbarkeit bringt: „Der Tag an dem ich kaum zur Ruhe kam. Habe oft das Gefühl meine Belastbarkeit lässt nach" (A006; Tag 26, Pos. 2).

Menschen mit Demenz
Aufgrund der auffordernden Verhaltensweisen, die mit der Demenzerkrankung einhergehen können, beschreiben die pflegenden Angehörigen auch das jeweilige Verhalten und die Veränderungen ihrer Angehörigen zum Teil als belastend. Besonders die Erkenntnis der Hilflosigkeit und Traurigkeit ihrer Familienmitglieder ist dabei für die teilnehmenden pflegenden Angehörigen schwer zu ertragen und zeigt sich in Gefühlen der Trauer und Verzweiflung: „Ja, weil es für mich schwer ist, seine Traurigkeit und Hilflosigkeit zu ertragen" (A002; Tag 15, Pos. 4). Ein weiterer wesentlicher und belastender Faktor in der Begleitung von Menschen mit Demenz

ist deren Bedürfnis nach sinnvoller Beschäftigung: „Es ist eigentlich wie an jedem Tag: [Name MmD] will ständig beschäftigt sein. Es ist schwer für mich, dauernd eine Beschäftigung für ihn zu finden" (A002; Tag 25, Pos. 2). Die Suche nach einer Beschäftigung und die dabei erwartete Aufmerksamkeit belastet die pflegenden Angehörigen, so dass sie diese ihren Angehörigen nicht immer gerne schenken: „Immer wieder erwartet [Name MmD] meine volle Aufmerksamkeit, die gebe ich ihm heute nicht gerne" (A009; Tag 20, Pos. 6). Die pflegenden Angehörigen stehen darüber hinaus vor der Anforderung, die wechselnden Gefühlslagen und Bedürfnisse ihrer Angehörigen zu erkennen und darauf einzugehen: „Im Tagesverlauf ging es meiner Frau schlecht. Erhebliche Stimmungsschwankungen. [...] Sie war hilflos, verzweifelt [...] Habe mich zu ihr gesetzt und versucht zu beruhigen" (A001; Tag 7, Pos. 1). Häufig erscheint es ihnen, als könnten sie dabei ihren an Demenz erkrankten Partnern und Eltern „nichts recht machen" (A002; Tag 09, Pos. 2), was sie mitunter „immer beschäftigt und traurig" (A002; Tag 23, Pos. 1) aber auch „wütend [und] ungeduldig macht" (A010; Tag 8, Pos. 10). Besonders herausfordernde Situationen, in denen die an Demenz erkrankten Angehörigen unruhig sind und eine schwierige Phase durchleben, rauben ihnen Kraft: „Solche Situationen nehmen mir meine Energie!" (A004; Tag 10, Pos. 2) und zeigen deutlich auf, wie wichtig es ist „die Veränderungen [der MmD] zu akzeptieren" (A006; Tag 15, Pos. 2).

Gesundheitszustand und Wohlbefinden der pflegenden Angehörigen
Ein guter Gesundheitszustand der pflegenden Angehörigen sowie deren Wohlbefinden sind elementar, um die Pflege und Begleitung ihrer Angehörigen bewältigen zu können. Nur wenn es den pflegenden Angehörigen selbst gut geht, können sie sich auch gut um ihre an Demenz erkrankten Familienmitglieder kümmern. Oftmals haben diese Aspekte nichts mit der Pflege und Begleitung beziehungsweise dem Menschen mit Demenz an sich zu tun: „Es sind, sagen wir mal so, [...] wenn mir es jetzt nicht so gut geht, hat manchmal gar nichts mit ihm zu tun. Das sind einfach die anderen Sachen, was ich so noch am Bagger hab" (A002; T_1, Pos. 50). Wie bereits im Theorieteil dieser Arbeit beschrieben, sind pflegende Angehörige nicht selten der „versteckte zweite Patient" (siehe Abschnitt 2.2.1), sie leiden teilweise an eigenen Vorerkrankungen, die zunächst nicht mit der Pflege und Begleitung ihrer Angehörigen zu tun haben, die Situation jedoch durchaus erschweren und zusätzliche Sorgen bereiten können: „Oft raubt mir nicht die Demenz von [Name MmD] meine Energie, sondern meine eigene Krankheit!" (A004; Tag 5, Pos. 2). Chronische Erkrankungen wie eine Krebserkrankung und deren Folgen – „[ö]fter, so auch heute, die Folgen meiner Prostataerkrankung. (Operiert, Bestrahlt, Krebs zwar weg, aber Folgen sind zu spüren!)" (A004; Tag 13, Pos. 2) – oder Muskel-Skelettal-Erkrankungen wie Rückenschmerzen sind hierbei stellvertretend genannt. Auch

13.1 Energieräuber

akute Erkrankungen der pflegenden Angehörigen, wie eine Erkältung mit „Husten, Schnupfen, Heiserkeit" (A008; Tag 18, Pos. 3) erschweren die Pflege- und Betreuungssituation maßgeblich und zusätzlich. Die mit der Pflege und Begleitung einhergehenden körperlichen Anforderungen der pflegenden Angehörigen äußern sich darüber hinaus auch in psychosomatischen Symptomen. Die pflegenden Angehörigen „fühlen [sich] erschöpft" (A004; Tag 18, Pos. 9) und leiden kontinuierlich an Müdigkeit: „Ich hatte den ganzen Tag das Gefühl müde zu sein. Also geringes Energielevel. Aber den ganzen Tag durchweg" (A007; Tag 22, Pos. 2), der durch einen fortwährenden schlechten Schlaf und unruhige Nächte verstärkt wird: „Der Schlafmangel nimmt mir die Energie" (A006, Tag 9, Pos. 2). Weiterhin äußern die pflegenden Angehörigen in ihren Tagebucheinträgen (als Energieräuber) häufig an Kopfschmerzen zu leiden, die ebenfalls auf die hohen Belastungen zurückzuführen sind: „[M]ein schlechter Schlaf und meine Kopfschmerzen" (A004; Tag 1, Pos. 2) und die Lebensqualität der pflegenden Angehörigen beeinflussen: „Nach einer Nacht mit Schmerzen und Grübeleien, hätte ich mich am Morgen a[m] liebsten irgendwo verkrochen" (A002; Tag 23, Pos. 2).

Gedanken und Gefühle

Die Pflege und Begleitung ihres an Demenz erkrankten Angehörigen geht für die pflegenden Angehörigen oftmals mit einer Vielzahl an Gedanken und Gefühlen einher, die sie beschäftigen, traurig machen und letztendlich die notwendige Energie rauben, mit der Pflegesituation positiv umzugehen. Vorherrschend ist dabei das schlechte Gewissen, das die pflegenden Angehörigen verspüren, wenn sie zu wenig Zeit für ihre Angehörigen im Alltag haben: „Hatte heute wenig Zeit für [Name MmD]. Das tut mir dann oft leid! Oft kommt auch mein Gewissen, kann ich das überhaupt machen?" (A004; Tag 5, Pos. 1). Außerdem äußern die pflegenden Angehörigen sorgenvolle Gedanken um die Zukunft und stellen sich die Frage, wie lange sie selbst in der Lage sind, ihre Partner bzw. Eltern zu begleiten: „Meine Gedanken, wenn ich in die Zukunft schaue, hoffe nur ich bleibe gesund und kann noch lange für meinen Mann da sein" (A006; Tag 28, Pos. 2). Die Gesundheit spielt nicht nur für die pflegenden Angehörigen selbst eine maßgebliche Rolle, sondern beschäftigt sie auch in Bezug auf ihre Kinder, die sich aufgrund der Erkrankung ihrer Eltern Sorgen machen, ebenfalls an einer Demenz zu erkranken. Zu wissen, dass die eigenen Kinder mit derartigen Ängsten leben müssen, belastet die pflegenden Angehörigen dabei zusätzlich:

[D]er Gedanke, dass unsere Kinder verunsichert / ängstlich sind ‚bekommen wir das auch?'. Gerade dieser Aspekt zieht mich oft ‚nach unten', macht mich traurig und raubt Energie (nicht nur heute) (A004; Tag 24, Pos. 4).

Die Angehörigen schmerzt es zudem, die privaten Gegenstände ihrer an Demenz erkrankten Familienmitglieder nach und nach auszusortieren und die Wohnungen auszuräumen. Sie müssen sich dabei von vielen Erinnerungen trennen: „[Es macht] mir zu schaffen, dass wir die Wohnung [...] ausräumen müssen. Das Wissen, dass wir uns von vielem trennen müssen, raubt mir meine Energie" (A003; Tag 17, Pos. 2).

„Die traurigen Gedanken" (A006, Tag 22, Pos. 2) der pflegenden Angehörigen kreisen aber vor allem auch um die Veränderungen, die mit der Übernahme der Pflege einhergehen. Dabei fühlen sich die pflegenden Angehörigen häufig einsam, da sie Verabredungen mit Freunden und Bekannten nicht mehr gemeinsam als Ehepaar, sondern alleine wahrnehmen müssen: „Ich muss alleine zu unserem Cliquentreff gehen. Die drei Frauen waren alle Studienkolleginnen von [Name MmD]. Und jetzt ist [Name MmD] nicht mehr dabei!" (A004; Tag 26, Pos. 2). Sie vermissen ihre Partner in jenen Situationen nochmal auf eine andere Art und Weise, die nicht selten auch damit einhergeht, dass sich die an Demenz erkrankten Angehörigen wenig bis gar nicht mehr verbal äußern können. Der Verlust gemeinsamer Gespräche und Diskussionen mit ihren Partnern oder Eltern ist für pflegende Angehörige häufig mit dem Gefühl von Trauer um die gemeinsame Zeit verbunden:

> Dann wieder vermisse ich meinen Mann so. Unsere gemeinsamen Spaziergänge und Wanderungen sind mir so in guter Erinnerung. Da fanden die besten Gespräche und Gedankenaustausch statt. Die Sprachlosigkeit meines Mannes macht mich oft traurig (A006, Tag 22, Pos. 1).

Es wird ersichtlich, dass die Übernahme der Pflege und Begleitung eines an Demenz erkrankten Angehörigen mit einer Vielzahl an Gedanken und Gefühlen verbunden ist, „die sich [häufig] schwer kontrollieren lassen" (A009; Tag 26, Pos. 5), sodass sich die hohe Belastung der pflegenden Angehörigen in Traurigkeit und dem Gefühl des Zurückgeworfen seins zeigt, das sich „[in] viele[n] Tränen [äußert], die nicht aufhören zu fließen" (A009; Tag 03, Pos. 8).

Soziales Netzwerk
Das soziale Netzwerk pflegender Angehöriger und Pflegebedürftiger ist insbesondere für die Bewältigung der Pflegesituation wesentlich und unabdingbar. Es lassen sich sehr viele positive Aspekte gewinnen wie die der Unterstützung und das Füreinander-dasein, wie bereits in Abschnitt 2.3 dargestellt. Das soziale Netzwerk kann allerdings auch zu zusätzlichen Belastungen und Stressoren innerhalb einer Pflegesituation führen, wie beispielsweise die Sorge um weitere Familienmitglieder oder Freunde, die ebenfalls schwer erkrankt sind: „Später ein langes

13.1 Energieräuber

Telefonat mit einem Freund, dessen Frau schwer erkrankt ist. [...] Habe ihm lange und gut zugehört" (A002; Tag 03, Pos. 1–2). Darüber hinaus ergibt sich durch den Kontakt mit anderen die Möglichkeit, die eigene Lebenssituation mit der von Freunden oder Bekannten zu vergleichen, was durchaus bedrückend auf die pflegenden Angehörigen wirken kann:

> Mittags war ich von der Mama einer Freundin zum Kaffee eingeladen, das war ein netter Nachmittag und diese Mama ist echt noch fit. Das frustriert im Vergleich mit meiner Mama (A007, Tag 1, Pos. 2).

Durch die Demenz und die damit einhergehenden Veränderungen bei der betroffenen Person kommt es häufig zu einem Rückzug des sozialen Netzwerks. Pflegende Angehörige berichten in diesem Zusammenhang davon, dass sich andere Familienmitglieder wie Kinder oder Enkelkinder zurückziehen und keinen Zugang zu der an Demenz erkrankten Person finden, was für die pflegenden Angehörigen ebenso belastend ist: „Fehlende Empathie und Nähe – keiner meiner Kinder findet einen Zugang zur Oma, obwohl sie da war als Oma" (A009, Tag 17, Pos. 6). Zusätzliche Energieräuber sind in diesem Zusammenhang auch die unterschiedlichen Ansichten, Bedürfnisse und Erwartungen, wenn beispielsweise Geschwister die Pflege und Begleitung ihrer Eltern gleichermaßen übernehmen. Die Angehörigen fühlen sich durch die damit einhergehenden Streitigkeiten und Diskussionen zusätzlich belastet: „Der Druck meiner Schwester. Ihre Erwartung, dass ich unsere Mutter besuche, wenn sie nicht kann" (A003; Tag 10, Pos. 3).

Die Pflege und Begleitung der Menschen mit Demenz ist dahingehend nicht der einzige Aspekt, welcher als Energieräuber wirken kann. Durch die Übernahme der Pflegesituation verändert sich insbesondere das soziale Netzwerk der pflegenden Angehörigen maßgeblich. Besonders belastend sind dabei der zusätzliche Stress und die Organisation, alles miteinander zu vereinbaren und trotz allem Kontakt zu Familie und Freunden zu halten: „Wir bekommen [...] Besuch. [I]ch muss mal wieder alles putzen, aufräumen, Ordnung schaffen. Stress, den ich mir auch sparen könnte" (A007, Tag 03, Pos. 2).

Vereinbarkeit Pflege und Beruf
Eine große Herausforderung für berufstätige pflegende Angehörige ist die Vereinbarkeit von Pflege und Beruf im Alltag. Die beruflichen Tätigkeiten der pflegenden Angehörigen tragen zu einem erhöhten Stresslevel bei. Sie haben wenig bis keine Pausen, müssen früh aufstehen und können durch die zusätzliche Anspannung nicht entspannen: „Kam gestresst von der Arbeit, kam nicht zur Ruhe, habe in dieser Anspannung gegessen" (A010, Tag 22, Pos. 8). Besonders der Übergang

vom hektischen Arbeitsalltag nach Hause kann sich dabei negativ auf die pflegenden Angehörigen auswirken: „Übergang Arbeit → Zuhause: bin müde, gestresst" (A010, Tag 08, Pos. 9). Die Herausforderung der Vereinbarkeit von Pflege und Beruf wird darüber hinaus teilweise auch durch das fehlende Verständnis der Arbeitgeber verstärkt:

> Der Dienstplan für Februar ist raus: 3 Spätdienste. 1 Nachtdienst, fünfmal nur Frühdienst im ganzen Monat – ich sehe da null Verständnis für meine Situation … jetzt soll ich noch nachts Betreuung suchen! Oder tauschen! (A009, Tag 15, Pos. 10).

Besonders bei der Einteilung von Schichten und der damit einhergehenden Suche nach einer Betreuung für die an Demenz erkrankten Angehörigen ergeben für die Pflegenden zusätzliche Herausforderungen und Belastungen, wenn sie auf Unverständnis und fehlende Flexibilität bei Arbeitgebern und Kollegen treffen. Durch die Betreuungssituation müssen pflegende Angehörige weiterhin auch Termine, wie etwa Arzttermine, zusammen mit ihren Angehörigen, wahrnehmen. Diese zusätzlichen Termine machen es pflegenden Angehörigen häufig unmöglich, in Vollzeit zu arbeiten oder ihre Arbeit adäquat zu erfüllen: „Wieder kein voller Arbeitstag, weil Arztbesuch mit Mama ansteht – Stress, weil der Schreibtisch so nicht leer wird" (A005, Tag 06, Pos. 3).

Bürokratie

Neben der Pflege und Begleitung ihres an Demenz erkrankten Familienmitglieds sind pflegende Angehörige mit vielen weiteren Aufgaben, die mit der Übernahme der Pflege und Versorgung verbunden sind, konfrontiert. Insbesondere die Bürokratie mit der Kranken- und Pflegeversicherung spielt hier eine große Rolle: „Lästige Krankenkasse[n-] Arbeit gemacht, Abrechnungen" (A004; Tag 26, Pos. 1). Weiterhin übernehmen die pflegenden Angehörigen zudem die Koordination von Arztterminen und den Kontakt zu den behandelnden Ärzten, was ebenfalls als belastend und kräftezehrend empfunden wird: „[I]ch musste abends noch all die Mails an Ärzte erledigen, dazu hatte ich gestern keine Kraft. Aber morgen müssen die Ärzte informiert sein. (Entlassbrief, Termine ausmachen)" (A005; Tag 04, Pos. 5). Die Angehörigen empfinden insbesondere den weiteren Organisationsaufwand, der mit der Pflege und Begleitung einher und darüber hinaus geht, als sehr belastend – die Pflege erscheint dabei lediglich ein Beiwerk zu sein: „War ein stressiger Tag, musste zwischen der ganzen Pflegearbeit telefonieren und einiges organisieren" (A006; Tag 23, Pos. 1).

Veränderungen durch Demenz

Besonders belastend für die pflegenden Angehörigen ist zudem die Veränderung ihrer Angehörigen durch die Demenzerkrankung. Damit einhergehende Veränderungen im Verhalten, die Zunahme der Vergesslichkeit und die Pflege- und Hilfsbedürftigkeit verändern das Leben und die Beziehung zwischen den pflegenden Angehörigen und den Menschen mit Demenz grundlegend, was die pflegenden Angehörigen sehr beschäftigt und traurig macht:

> Ich saß am Nachmittag im Garten und mir gingen viele Gedanken durch den Kopf. Mir wurde richtig bewusst, wie sich unser Leben verändert hat. Es wird keine gemeinsamen Fahrradtouren und Wanderungen mehr geben. Unseren Wohnwagen auf ‚der Tromm' im Odenwald mussten wir nach über vierzig Jahren schon vor drei Jahren aufgeben. Einen gemeinsamen Urlaub wird es auch nicht mehr geben. Darüber nachzudenken macht mich sehr traurig (A002; Tag 16, Pos. 2).

Die Erkrankung Demenz und die damit verbundenen Veränderungen verlaufen dabei progressiv und verstärken sich nach und nach: „[Name MmD] ‚Tüddeligkeit' nimmt zu" (A009; Tag 27, Pos. 4), „Momentan raubt mir immer das Gleiche meine Energie, die Erkenntnis, dass sich am Zustand unserer Mutter nichts mehr zum Positiven wenden wird. Ich weiß das, kann es aber nicht akzeptieren" (A003; Tag 05, Pos. 5). Teilweise stehen die pflegenden Angehörigen zu diesem Zeitpunkt bereits vor der Aufgabe, Betreuungs- und Pflegeleistungen für ihre Angehörigen zu beantragen, was emotional sehr herausfordernd sein kann: „Das Betreuungsverfahren beschäftigt mich sehr – ich bin überrascht, dass mir das so viel ausmacht! Es ist ein Gefühl, als nähme ich meiner Mutter etwas wichtiges weg!" (A008; Tag 25, Pos. 1). Besonders schwer fällt es den pflegenden Angehörigen dabei, diese Veränderungen und die Übernahme der Verantwortung für ihre Angehörigen anzunehmen und zu lernen, damit umzugehen: „Die Unruhe meines Mannes. Vielleicht muss ich lernen, die Veränderungen einfach zu akzeptieren" (A006; Tag 15, Pos. 2). Vor allem der Umgang mit dem Wissen um die Veränderungen und die Erkrankung an sich stellt die pflegenden Angehörigen in der Durchführung dabei vor eine Vielzahl an Herausforderungen: „Ich weiß es in der Theorie und in der Praxis klappt es nicht" (A009; Tag 12, Pos. 8–10). Die Anforderung besteht insbesondere darin, immer für die an Demenz erkrankten Angehörigen mitzudenken und sie zu begleiten: „Ich muss immer einen Schritt voraus sein, bin ich aber nicht. – Vom Ton angeben und nachgeben" (A009; Tag 12, Pos. 8–10).

Sorge um…

Ganz prominent in der Pflege und Begleitung eines an Demenz erkrankten Angehörigen ist für pflegende Angehörige die Sorge um ihr Familienmitglied: „[D]ie

Sorge um meine Mutter" (A005; Tag 04, Pos. 2). Diese begleitet die pflegenden Angehörigen durch den gesamten Alltag und lässt sie nicht zur Ruhe kommen. In Akutsituationen, in denen beispielsweise die an Demenz erkrankten Angehörigen erkranken, sich die Fähigkeiten und Fertigkeiten progressiv verändert haben oder der Angehörige nicht zu finden ist, fühlen sich die Pflegenden machtlos vor Sorge um ihre Angehörigen, was sie emotional sehr belastet: „Anruf von der Alzheimergesellschaft, Sorge um [Name MmD]; er geht nicht ans Telefon; hab keine Zeit [...] hab geweint" (A010; Tag 16, Pos. 13). Besonders der Blick in die Zukunft mit dem Wissen um den progressiven Verlauf der Demenzerkrankung und dem eigenen Alterungsprozess bereiten den pflegenden Angehörigen Sorgen um die langfristige Begleitung und Versorgung ihrer Angehörigen: „Meine Gedanken, wenn ich in die Zukunft schaue, hoffe nur ich bleibe gesund und kann noch lange für meinen Mann da sein" (A006; Tag 28, Pos. 2).

Aus den dargestellten Ausführungen gehen eine Vielzahl an Belastungen und Energieräuber pflegender Angehöriger hervor, die eine positive Wahrnehmung der Pflegesituation erschweren. Diese Belastungen werden individuell erlebt und können dabei aufeinander Einfluss nehmen. Der Blick aus der Belastungsperspektive ist in den Pflegesituationen allgegenwärtig und verhindert häufig das Erleben schöner Momente in der pflegerischen Begleitung eines Menschen mit Demenz.

Nicht nur die Orientierung, sondern auch die Förderung bestehender, zugleich jedoch auch neu entwickelter Ressourcen, ist demnach unabdingbar für eine gelingende Bewältigung der Pflege und Begleitung.

13.2 Berührende Momente aus Sicht der pflegenden Angehörigen

Die Hauptkategorie „Berührende Momente" (Abbildung 13.2) spricht insbesondere die Wahrnehmung und das Erleben bedeutsamer Momente in einer jeweiligen Sorgebeziehung an. Dabei ist es essentiell, den Blick nicht einseitig auf die Wahrnehmung der traurigen beziehungsweise schwierigen Momente, auf der in der Regel das Hauptaugenmerk liegt, zu setzen, sondern insbesondere die schönen Momente zu fokussieren, um einen ganzheitlichen und ressourcenorientierten Blick auf die Pflege und Begleitung von Menschen mit Demenz zu entwickeln und betroffene pflegende Angehörige auf die Wahrnehmung dieser positiven Aspekte sensibilisieren zu können. Weiterhin ist auch die Reaktion der pflegebedürftigen Menschen mit Demenz auf ebendiese Momente von Interesse. Die Kategorie „Kein schöner Moment gefunden" zeigt darüber hinaus

13.2 Berührende Momente aus Sicht der pflegenden Angehörigen

auf, wie häufig und aus welchen Gründen die pflegenden Angehörigen in der Zeit des Tagebuch-Schreibens keinen schönen Moment wahrnehmen konnten. Im Folgenden werden die Hauptkategorien und deren jeweilige Sub-Kategorien, sowie Sub-Sub-Kategorien genannt und mit Zitaten aus den Interviews und Tagebucheinträgen belegt.

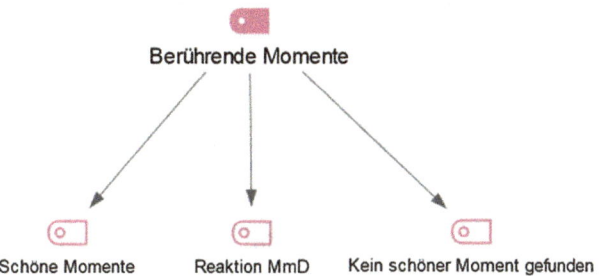

Abbildung 13.2 Code-Baum „Berührende Momente"

13.2.1 Schöne Momente in der Pflege und Begleitung

Die Wahrnehmung schöner Momente, auf der das Hauptaugenmerk dieser Analyse liegt, lässt sich in unterschiedliche Sub-Kategorien einteilen, die von den pflegenden Angehörigen im Verlauf des Tagebuch-Schreibens und im Rahmen der Interviews beschrieben werden (Abbildung 13.3).

Aus den Beschreibungen der pflegenden Angehörigen wurden insgesamt vier Sub-Kategorien induktiv entwickelt. Insbesondere die Themen „Soziales Netzwerk" und „Selbstpflege", werden dabei von den pflegenden Angehörigen genannt und demnach als Sub-Kategorie eingeführt. Die Aspekte der „Interaktion mit dem Menschen mit Demenz" und die „Zwischenmenschlichkeit" spiegeln hinsichtlich der persönlichen Wahrnehmung individuelle Bereiche einer Sorgebeziehung wider und sind einzigartig im Erleben der pflegenden Angehörigen, weshalb diese Kategorien deutliche Varianzen zwischen den Angaben der Teilnehmenden aufzeigen. Abbildung 13.4 visualisiert dahingehend die Häufigkeitsverteilung der Eintragungen pflegender Angehöriger in der Kategorie „Schöne Momente". Es geht hervor, dass insbesondere die Aspekte „Soziales Netzwerk", „Selbstpflege" und „Interaktion zwischen pflegenden Angehörigen

13 Fallübergreifende Ergebnisdarstellung

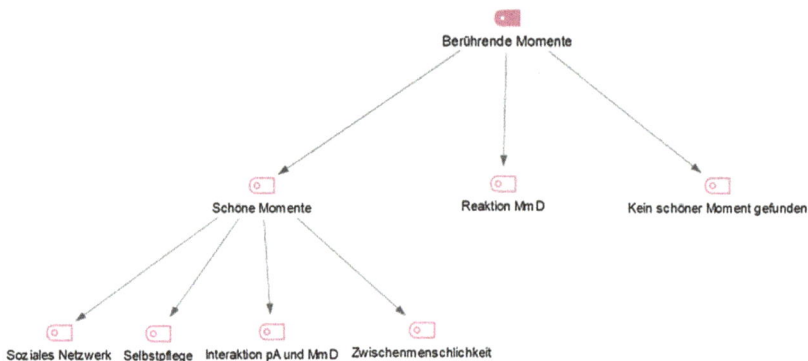

Abbildung 13.3 Kategorien-System „Schöne Momente"

und Menschen mit Demenz" im Wesentlichen von den pflegenden Angehörigen wahrgenommen und erlebt werden. Die Kategorie „Zwischenmenschlichkeit" hingegen spielt besonders bei zwei Teilnehmenden eine Rolle.

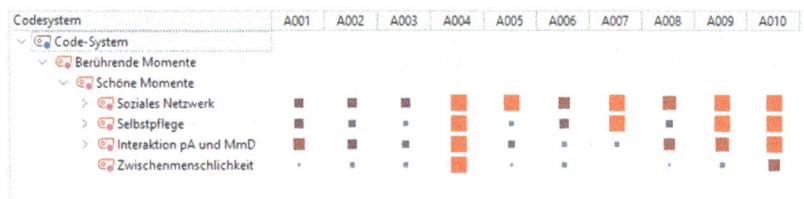

Abbildung 13.4 Verteilung der Eintragungen pro pflegende Angehörige

Soziales Netzwerk

Das soziale Netzwerk wird erwartungsgemäß nicht nur als Energieräuber, sondern auch mit schönen Momenten in Verbindung gebracht und stellt mit insgesamt 433 codierten Segmenten die am häufigsten genannte Kategorie dar. Aus Gründen der Verschiedenheit wurden deshalb weitere Sub-Kategorien gebildet (Abbildung 13.5), die im Folgenden ausführlich betrachtet werden.

Bei allen zehn teilnehmenden pflegenden Angehörigen spielt das soziale Netzwerk für die Bewältigung der Pflegesituation eine wichtige Rolle. Zum sozialen Netzwerk gehört dabei nicht nur die Familie, Freunde und Bekannte, die gleiche

13.2 Berührende Momente aus Sicht der pflegenden Angehörigen

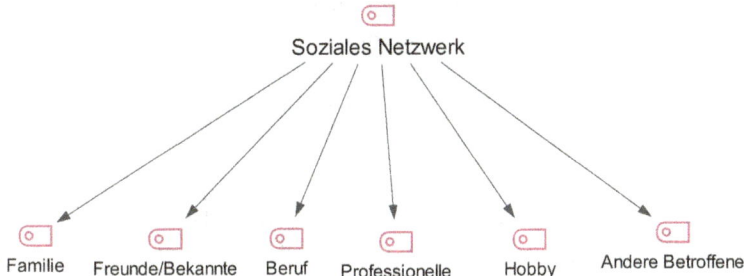

Abbildung 13.5 Sub-Kategorie „Soziales Netzwerk"

Interessen und Hobbys verfolgen, sondern auch Arbeitskollegen in Hinblick auf berufstätige pflegende Angehörige. Nicht zuletzt zählen auch professionelle Akteure sowie andere Betroffene, die jene Lebenssituation am besten verstehen und nachvollziehen können, als wichtige Ansprechpartner für Pflegende. Worin genau das soziale Netzwerk eine positive Wirkung hat, zeigen die folgenden Belege aus den Tagebucheinträgen und Interviews.

Die Familie ist für alle der zehn teilnehmenden pflegenden Angehörigen sehr wichtig und wird regelmäßig in den Tagebucheinträgen und Interviews mit der Wahrnehmung schöner Momente in Verbindung gebracht: „Schöne Momente sind Familienmomente" (A007; T_0, Pos. 26). Für die Bewältigung der Pflege und Begleitung wird vor allem der Rückhalt und die Unterstützung durch die Familie gebraucht: „Meine Schwester versorgte abends meine Mutter!" (A008; Tag 18, Pos. 4). Jedoch erscheint nicht nur die konkrete und praktische Unterstützung in der Sorgearbeit für die pflegenden Angehörigen wichtig, sondern vielmehr die Möglichkeit gemeinsamer Gespräche auf Augenhöhe: „Erst ‚Samstagsfrühstück' (wie fast immer am Wochenende) mit Schwester + Schwager. Gut tut der lebendige Austausch ‚auf Augenhöhe'!" (A008; Tag 13, Pos. 1). Dabei können sich die pflegenden Angehörigen vom Alltag ablenken und ihre Sorgen und Gedanken loswerden, was ihnen guttut und Kraft spendet:

> Habe heute Morgen [Name MmD] für eine Stunde alleine gelassen und habe [Name Cousine] besucht. Sie hat immer ein offenes Ohr für mich und mit ihr kann ich mich gut unterhalten. Es tut mir gut (A002; Tag 18, Pos. 1).

Die Familie ist nicht nur eine große Hilfestellung und Unterstützung in der Übernahme der Pflege und Begleitung, sondern schafft darüber hinaus durch gemeinsame

Unternehmungen und Aktivitäten schöne Momente für die pflegenden Angehörigen, bei denen sie Abstand von der alltäglichen Pflegesituation gewinnen können:

> Heute habe ich den Tag genossen. Ich war zusammen mit meinem Mann auf einem Lateinamerikanischen Fest. Ich wusste meine Schwester kümmert sich heute um Mutti (A003; Tag 24, Pos. 1).

Dabei genießen die pflegenden Angehörigen die Zeit mit ihrer Familie und können währenddessen Kraft schöpfen und abschalten: „Die Stunde bei meiner Tochter, haben in Erinnerungen gegraben, schöne Erinnerungen" (A006; Tag 26, Pos. 3).

Schöne Momente mit der Familie finden darüber hinaus auch gemeinsam mit den an Demenz erkrankten Angehörigen statt. Insbesondere die Besuche von Kindern und Enkelkindern werden dabei von den an Demenz erkrankten Angehörigen als positiv wahrgenommen: „Der Besuch der Familie und die Reaktion meines Mannes, seine Familie um sich zu haben. Das gemeinsame Zusammensein haben wir immer gemocht" (A006; Tag 16, Pos. 3). Häufig beschreiben die pflegenden Angehörigen in den Tagebucheinträgen diese schönen Momente in Zusammenhang mit einem gemeinsamen und vor allem geselligen Abendessen mit der ganzen Familie:

> Ein schöner Moment ist auch, […] wenn die Kinder kommen und […] da wird hier gekocht, da haben wir dann schön den Tisch gedeckt und dann wird gemeinsam gegessen. Also gemeinsames Essen mit der Familie, [das finde] ich auch einen schönen Moment (A004; T_0, Pos. 28).

Es ist allerdings nicht nur die gemeinsame Zeit mit der Familie, sondern ebenso Verabredungen und Treffen mit Freunden und Bekannten, die von den pflegenden Angehörigen als schöne Momente beschrieben werden: „Schöne Momente sind immer, wenn Freunde da sind, klar. Familie natürlich auch" (A009, T_0, Pos. 26). In diesen Momenten finden gemeinsame Aktivitäten im Freundeskreis wie beispielsweise wandern gehen oder ein geselliges Frühstück statt:

> Ja, gemeinsame Erlebnisse. Auch mit Freunden. Wir haben […] gute Freunde, da machen wir auch viel. Gehen wandern, essen oder wir kommen zum Brunch zusammen und da wird auch viel diskutiert. Das machen wir ganz gern (lacht). Das sind schöne Momente (A004; T_0, Pos. 30).

Die pflegenden Angehörigen teilen dabei mehrheitlich Interessen und Hobbies mit ihren Freunden, denen sie in ihrer Freizeit gemeinsam nachgehen: „Ich habe mich am Nachmittag mit den Frauen aus meinem Malkurs getroffen und habe es sehr genossen, mal wieder unter Leuten zu sein" (A002; Tag 04, Pos. 1). Besonders die

13.2 Berührende Momente aus Sicht der pflegenden Angehörigen

dabei aufkommenden gemeinsamen Gespräche werden von den pflegenden Angehörigen dabei als wichtig und wohltuend beschrieben: „Am Nachmittag mit [Name Freund] radeln. Wie immer nette Gespräche und abgelenkt vom Alltag" (A001; Tag 25, Pos. 1). Durch ihre Freizeitbeschäftigungen gewinnen die pflegenden Angehörigen darüber hinaus auch Abstand zum Pflege- und Betreuungsalltag und können ihren Freunden und Bekannten in dieser Zeit von ihren Sorgen und Gedanken zu ihrer Lebenssituation berichten. Besonders die Wertschätzung ihrer Freunde haben in diesem Zusammenhang einen beinahe schon therapeutischen Nutzen: „Die Zuneigung der Freunde beim Kegeln, obwohl ich wirklich nach der langen Pause schlecht gekegelt habe. Wir hatten schöne Gespräche, ist meine ‚Therapiegruppe'" (A006; Tag 12, Pos. 3). Insbesondere die Tatsache, dass „andere für [sie] da sind" (A005; Tag 15, Pos. 7) und ihre Hilfe anbieten bzw. zuhören, gibt ihnen in solchen Momenten Kraft zur Bewältigung der Pflegesituation.

Als wertvoll betrachtet werden von den pflegenden Angehörigen zugleich Situationen, in denen Freunde die an Demenz erkrankten Angehörigen besuchen und gemeinsam miteinander Zeit verbringen:

> Wir hatten eine Nachgeburtstagsfeier mit Freunden [...] [Name MmD] war mitten dabei! Das sind schöne Momente [...] Wenn sie mit am Tisch sitzt und wir uns unterhalten, habe ich das Gefühl, sie ist irgendwie ‚mit dabei' (A004; Tag 11, Pos. 1-3).

Mit dabei zu sein und am Leben teilhaben zu können ist dabei, auch in Hinblick auf einen offenen Umgang mit den an Demenz erkrankten Angehörigen, für die pflegenden Angehörigen wichtig und trägt wesentlich zum Wohlbefinden und der sozialen Teilhabe der Betroffenen sowie der pflegenden Angehörigen selbst bei: „[D]eren selbstverständlicher Umgang mit [Name MmD] (Wortfindungsstörungen, erfasst Sachverhalt nicht richtig, irritierendes Verhalten [...]) locker zugewandt" (A010; Tag 20, Pos. 10–11). Diese gemeinsamen Treffen geben nicht nur den pflegenden Angehörigen, sondern auch den Menschen mit Demenz ein gutes Gefühl und wirken sich positiv aus:

> Am Mittag waren wir [...] spontan i[m] Vogelpark. Es ist herrlich bei diesem schönen Wetter unter den Bäumen zu sitzen, ein schönes Eis zu essen und zufällig Bekannte zu treffen. Das gibt mir Kraft und Energie. Auch [Name MmD] genießt diese Zeit immer sehr (A002; Tag 28, Pos. 1).

In den Tagebucheinträgen wird dabei deutlich wie dankbar die pflegenden Angehörigen um ihre Freundschaften sind und welchen hohen Wert sie ihnen beimessen: „[M]ir wurde wieder bewusst, wie wertvoll Freunde sind" (A006; Tag 15, Pos. 4).

Insgesamt vier der zehn pflegenden Angehörigen schließen ihr (berufliches) Kollegium in das soziale Netzwerk ein. Diese vier Teilnehmenden sind zusätzlich zur Pflege und Begleitung ihres an Demenz erkrankten Angehörigen noch berufstätig. Die Vereinbarkeit von Pflege und Beruf kann, wie bereits in Abschnitt 2.2.1 dargestellt, zu einer zusätzlichen Belastung führen und sich herausfordernd auf die Bewältigung der Pflegesituation auswirken. Alle vier berufstätigen pflegenden Angehörigen berichten in den Tagebucheinträgen und Interviews aber auch von schönen Momenten, die sie durch ihre Berufstätigkeit bzw. das Kollegium erleben. Dabei ist besonders die Tatsache an sich, einen Beruf auszuüben, der Spaß macht und Freude bereitet, wesentlich für die pflegenden Angehörigen: „Schöner, erfolgreicher Arbeitstag. Ich arbeite gern als [Berufsbezeichnung]! Ich wollte diesen Beruf erlernen und ich liebe ihn bis heute!" (A007; Tag 11, Pos. 1). Vor allem der Austausch mit Kollegen wird dabei als positiv bewertet: „Ich habe natürlich auch andere gute Momente ohne meinen Mann. Das wäre dann bei der Arbeit, in Kontakt mit Kolleginnen und Kollegen" (A010; T_0, Pos. 30). In Bezug auf das Kollegium schätzen diese pflegenden Angehörigen dabei nicht nur den Dialog, sondern auch die Bereitschaft und Flexibilität, zum Beispiel kurzfristig Dienste zu tauschen oder für die pflegenden Angehörigen im Notfall einzuspringen:

> [W]ir haben Gott sei Dank so eine Tauschgruppe. Und das hat sich dann relativ schnell ergeben [...], dass sich doch jemand ganz schnell gefunden hat, der mit mir dann getauscht hat. Und das sind, für mich, total gute Momente auch, wo ich mich echt darüber freue (A009; T_2, Pos. 7).

„Das Verständnis der Kollegen" (A005; Tag 27, Pos. 7) tut den pflegenden Angehörigen gut und unterstützt sie darin, sich trotz Berufstätigkeit um ihre an Demenz erkrankten Angehörigen zu sorgen.

Mit der Übernahme der Pflege und Begleitung erweitert sich das soziale Netzwerk bei einem Großteil der pflegenden Angehörigen um zwei weitere Personenkreise: Akteure aus der professionellen Betreuung und Beratung sowie andere betroffene pflegende Angehörige.

Mehrheitlich nehmen die teilnehmenden pflegenden Angehörigen Unterstützung und Beratungsangebote professioneller Akteure in Anspruch. Dabei haben die professionellen Akteure unterschiedliche Rollen inne, sind aber alle beruflich mit der Thematik Demenz befasst. Insbesondere die Gespräche mit diesen Akteuren helfen den pflegenden Angehörigen, die Pflegesituation anzunehmen und zu akzeptieren. Sie unterstützen zudem einen angemessenen Umgang mit den Menschen mit Demenz:

13.2 Berührende Momente aus Sicht der pflegenden Angehörigen

Er [PDL] konnte uns in vielen Punkten einfach ein bisschen beruhigen oder davon ‚überzeugen', dass wir versuchen sollten, manches mit Humor zu nehmen, weniger zu diskutieren, als viel mehr zu akzeptieren […] Wenn man dann mal wieder mit einer unbeteiligten Person spricht, die aber die Problematik versteht, kann einen das sehr beruhigen und dazu bringen, vieles gelassener zu sehen (A003; Tag 06, Pos. 1).

Einige pflegende Angehörige haben zudem Unterstützung durch 24-h-Pflegekräfte, die wochenweise bei den pflegenden Angehörigen wohnen und dort in der Pflege und Begleitung sowie im Haushalt helfen: „[Name 24-h-Pflegerin] hat mir aus ihrem Garten Blumen mitgebracht und ein kleines Beet angelegt. Ich finde das so rührend" (A006; Tag 19, Pos. 5). Sie tun den pflegenden Angehörigen mit kleinen Aufmerksamkeiten gut und spenden Kraft. Auch das Gefühl, dass es den 24-h-Pflegekräften bei den pflegenden Angehörigen gefallen hat, nehmen die pflegenden Angehörigen als wichtig und positiv wahr: „Der Abschied von [Name 24-h-Pflegerin], auch das Gefühl, dass es ihr bei uns gefallen hat und sie wiederkommen möchte" (A006; Tag 18, Pos. 4).

Um etwas Zeit für sich selbst zu finden, nehmen einige der pflegenden Angehörigen zudem Unterstützung durch Betreuungspersonen in Anspruch. Diese begleiten die an Demenz erkrankten Personen stundenweise im Alltag, sodass die pflegenden Angehörigen sich in dieser Zeit anderen Dingen widmen können. Die Betreuungspersonen stehen darüber hinaus auch den pflegenden Angehörigen als Ratgeber und Ansprechpartner zur Seite, was die pflegenden Angehörigen insbesondere in Notsituationen unterstützt: „[Name Betreuerin] hat sich nach einer WhatsApp gleich gemeldet und es hat mir so gut getan" (A009; Tag 09, Pos. 7). Die an Demenz erkrankten Angehörigen werden zum Teil auch durch Ehrenamtliche betreut. Diese Form der Betreuung richtet sich nicht nur mit der Intention der Unterstützung an die pflegenden Angehörigen, sondern zielt auch darauf, dass Menschen mit Demenz mit anderen Betroffenen in einer Gruppe in Kontakt kommen. Die Treffen werden im regelmäßigem Austausch zwischen den pflegenden Angehörigen und Ehrenamtlichen reflektiert. Eine positive Rückmeldung der Ehrenamtlichen über den Menschen mit Demenz bereitet den pflegenden Angehörigen hierbei nicht nur Freude, sondern verschafft ihnen auch Erleichterung: „Positive Sachen zu hören über unsere Männer beim Austausch von den Ehrenamtlichen" (A009; Tag 08, Pos. 10). Zusammenfassend lässt sich feststellen, dass die pflegenden Angehörigen durch die Inanspruchnahme professioneller Angebote maßgeblich unterstützt werden und auf diese Weise die Möglichkeit zur Selbstsorge und zur Wahrnehmung schöner Momente erhalten.

Der Kontakt zu anderen betroffenen Angehörigen wird von den pflegenden Angehörigen ebenfalls mit schönen Momenten verbunden. Dabei werden insbesondere der Austausch und das Verständnis untereinander als kraftspendend erlebt und dienen den Angehörigen teilweise als Vorbild:

> Als Vorbild […] Die Nachbarin und auch die Bekannte, wenn ich irgendwie mal eine Frage habe oder wenn ich sage heute war es wieder [...] die bauen mich immer wieder auf. Das ist gut (A002, T_0, Pos. 57).

Der „Austausch mit Angehörigen" (A009; Tag 08, Pos. 5) ermöglicht dabei Gespräche mit Personen in der gleichen Lebenssituation, die ein Verständnis für die Sorgen und Belastungen anderer Betroffener haben. Solche Unterhaltungen tragen in bedeutsamer Weise zur Bewältigung der Pflegesituation und derer positiven Wahrnehmung bei: „Und gerade die Bekannte […] Die hat sich mit mir unterhalten und ich habe gesagt, du, wenn ich mit dir gesprochen habe, dann ist wieder die Welt in Ordnung" (A002; T_0, Pos. 61).

Selbstpflege

Ein weiterer zentraler Aspekt in der Wahrnehmung schöner Momente pflegender Angehöriger ist die „Selbstpflege". In dieser Kategorie finden sich insgesamt 389 kodierte Segmente, weshalb auch hier, um genauer zu verstehen, welche Quellen der Selbstpflege es gibt, weitere Sub-Kategorien gebildet wurden (Abbildung 13.6).

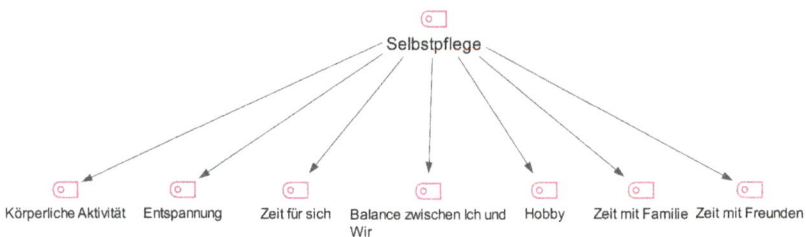

Abbildung 13.6 Sub-Kategorie „Selbstpflege"

Die Sorge um sich selbst ist ein wesentlicher und essentieller Faktor, um das Wohlbefinden und die Lebensqualität pflegender Angehöriger (langfristig) aufrechtzuerhalten. Momente der Selbstpflege lassen sich dabei als Augenblicke beschreiben, in denen pflegende Angehörige Zeit für sich selbst haben und etwas Abstand von den alltäglichen Belastungen nehmen können. Jene Momente werden

13.2 Berührende Momente aus Sicht der pflegenden Angehörigen

von den pflegenden Angehörigen als schöne Momente wahrgenommen und sowohl in den Tagebucheinträgen als auch Interviews beschrieben. Insbesondere Augenblicke der Entspannung, die die pflegenden Angehörigen versuchen in ihren Alltag einzubauen und zu ritualisieren, ermöglichen ihnen dabei die Zeit für sich selbst zu nutzen und wertzuschätzen: „Ähm, einfach so dieses genießen, der Weg zur Arbeit, Rad fahren morgens, es nieselt. Für mich alleine" (A010, T0, Pos. 30). Vor allem tägliche kleine Auszeiten geben den pflegenden Angehörigen dabei Kraft für den Tag mit all seinen Anforderungen:

> [D]as einzige was ich mir gönne, das ist diese knappe Stunde Mittagspause, wo ich dann aber auch wirklich alles liegen lasse, was für mich wichtig ist, um mich ein bisschen für den Rest des Tages zu erholen (A006; T_1, Pos. 12).

Körperliche Aktivitäten in Form von Joggen oder Rad fahren aber auch „YOGA [und] meditieren" (A010, Tag 5, Pos. 2–16), tragen dabei zu einem größeren Wohlbefinden und mehr Lebensqualität bei: „Manchmal meditiere ich abends, bei einer bestimmten Musik (damit ich besser schlafen kann)" (A004; Tag 27, Pos. 6). Zwei der teilnehmenden pflegenden Angehörigen starten täglich mit Ritualen in den Tag: „Morgenroutine: kalt duschen, meditieren, Ingwerwasser" (A010; Tag 12, Pos. 3), mit denen sie versuchen, Momente der Selbstfürsorge und Achtsamkeit miteinander zu verbinden und sich für den (All-)Tag bereit zu machen: „Gut geschlafen […], Yoga gemacht und bei gutem Wetter im Café gewesen […], also guter Tagesstart!" (A004; Tag 06, Pos. 1). Die pflegenden Angehörigen versuchen darüber hinaus, sich selbst regelmäßig etwas Gutes zu tun, zum Beispiel mit gesundem Essen und insbesondere der bewussten Zeit für die einzelnen Mahlzeiten: „[I]n Ruhe gefrühstückt, versucht mich auszuruhen" (A010; Tag 19, Pos. 4). Vor allem gefestigte Rituale, alleine für sich, aber auch zusammen mit Freunden und der Familie, bieten kurze, wohltuende Auszeiten: „So diese Rituale, mein Sport, treffen mit Leuten also die Familie, die Kinder, ja und ja auch mal so wegfahren, wo ich jetzt 3 oder 4 Tage in Berlin war" (A004; T_0, Pos. 44). Entspannung finden können die pflegenden Angehörigen darüber hinaus in der Natur, beispielsweise bei einem Spaziergang: „Ein wunderbarer Herbsttag, habe mir einen schönen Spaziergang durch die Weinberge gemacht. Oft tut es gut allein zu laufen und den Gedanken freien Lauf zu lassen" (A006; Tag 22, Pos. 1) oder bei einer wohltuenden Massage:

> Dafür konnte ich am Nachmittag eine kleine Auszeit nehmen, indem ich zur Massage gegangen bin. Es ist für mich gut, dass er auch mal ein bis zwei Stunden alleine bleiben kann. Er freut sich immer, wenn ich dann wieder da bin (A002; Tag 05, Pos. 1).

Als besonders schön werden von den pflegenden Angehörigen auch Situationen beschrieben, in denen sie ihren Hobbies und Interessen nachgehen können, wie hier beispielsweise der wöchentlichen Singstunde:

> Also schöne Momente für mich jetzt sind, wenn ich in die Singstunde gehen kann. Ich singe gerne und wir singen tolle Sachen [...] und da freue ich mich jetzt, dass wir nächste Woche wieder singen können (A002; T_0, Pos. 72).

Wesentlich für das Gelingen solcher kleinen Auszeiten ist für die pflegenden Angehörigen das Wissen, dass es während diesen Momenten auch ihren an Demenz erkrankten Angehörigen gut geht: „Meiner Frau ging es gut und ich konnte etwas für mich tun" (A001; Tag 10, Pos. 3). Die Schaffung einer „Kombination zwischen [dem] Ich und der Zeit mit [dem MmD]" (A004; Tag 24, Pos. 7) ist dabei ganz besonders wichtig für das Erleben schöner Momente aber auch dem Kraft sammeln, um die Pflegesituation langfristig und positiv bewältigen zu können:

> Wohlwissend, dass es heute ein schöner Tag für mich wird: Wetter toll, tolle Wanderung in einer sehr schönen Landschaft mit netten Leuten, Interessante und lustige Gespräche. Und [Name MmD] ist gut versorgt, es geht ihr gut! Und all das gibt mir Energie, auch für folgende Tage (A004; Tag 15, Pos. 6).

Die Tagebucheinträge und Interviews machen ersichtlich, welchen Wert kleine Auszeiten und Momente der Selbstpflege für die pflegenden Angehörigen bergen. Durch solche Augenblicke kann das Wohlbefinden und die Lebensqualität der pflegenden Angehörigen erhalten und gefördert sowie das Erleben schöner Momente ermöglicht werden.

Interaktion zwischen pflegenden Angehörigen und Menschen mit Demenz
Die „Interaktion zwischen pflegenden Angehörigen und Menschen mit Demenz" trägt ebenfalls zur Wahrnehmung schöner Momente bei. Aus den Tagebucheinträgen und Interviews wurden insgesamt 271 Segmente codiert, welche in Sub-Kategorien ausdifferenziert wurden (Abbildung 13.7).

Aus Perspektive der pflegenden Angehörigen werden schöne Momente mitunter auch gemeinsam mit dem an Demenz erkrankten Angehörigen erlebt. Sie finden insbesondere in alltäglichen Situationen statt, in denen pflegende Angehörige und Menschen mit Demenz Zeit miteinander verbringen, gemeinsam etwas Unternehmen oder Freizeitaktivitäten ausüben. Jene Momente lösen Freude und Glück sowohl bei pflegenden Angehörigen als auch bei Menschen mit Demenz aus: „Meistens sind wir dann auch mit dem Fahrrad unterwegs und genießen die Landschaft und Eindrücke und lernen andere Leute kennen und [...] dann geht es

13.2 Berührende Momente aus Sicht der pflegenden Angehörigen 137

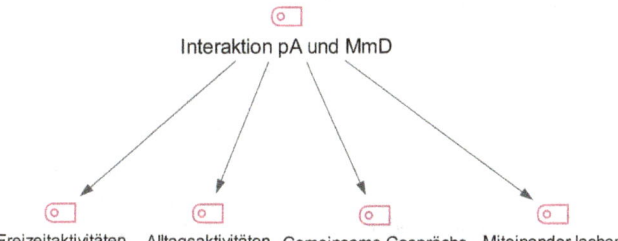

Abbildung 13.7 Sub-Kategorie „Interaktion pA und MmD"

uns beiden sehr gut" (A001, T$_0$, Pos. 32). Dabei wird nicht nur sportlichen Aktivitäten nachgegangen, sondern ebenso gerne Kaffee getrunken: „Wir haben in der Straße vorm Haus meiner Mutter Kaffee getrunken. Und Mama hat es genossen. Dabei kamen alte Freunde vorbei. Das war schön" (A005; Tag 16, Pos. 5) oder ein Ausflug in die Stadt gemacht:

> Freude, [die] Mutti hat, wenn man mir ihr ‚scharwenzeln' geht. Das heißt, man unternimmt etwas Schönes und kehrt dann irgendwo ein. Dann gehört ein Gläschen Sekt oder Weinschorle dazu und Mutti blüht auf (A003; Tag 05, Pos. 6).

Insbesondere miteinander Lachen zu können, wird in diesem Zusammenhang mehrheitlich von den pflegenden Angehörigen als kraftspendend wahrgenommen: „Dass wir immer noch zusammen lachen können" (A002; Tag 02, Pos. 5) und wirkt dabei vertraut und wertvoll auf die Beziehung zueinander: „Immer wieder erzählt mir [Name MmD] etwas, schaut mich ganz intensiv an. Wenn ich dann lache, lacht sie auch. Gerade dieses Lachen und freundliche Gesicht, ‚berührt' mich!" (A004; Tag 03, Pos. 3). Freude empfunden wird darüber hinaus beim gemeinsamen Singen und Tanzen:

> Haben nach dem Frühstück CD's mit alten Schlagern gehört und beide laut mitgesungen. Ich war überrascht an wie viele Ereignisse, die mit dem ein oder anderen Lied zusammenhängen, er sich erinnern konnte. Ich freue mich sehr, dass ihm das so großen Spaß machte (A002, Tag 04, Pos.1).

Aber auch beim gemeinsamen Lösen von Rätselaufgaben: „Habe heute Nachmittag seit langer Zeit Kreuzworträtsel mit meinem Mann gemacht. War überrascht, wie viel er noch wusste. Hab mich sehr gefreut" (A006; Tag 03, Pos. 3). Teilweise spielen die pflegenden Angehörigen und ihre an Demenz erkrankten Familienmitglieder auch Gesellschaftsspiele miteinander: „[Am] Nachmittag haben wir ‚Mensch ärgere dich nicht' gespielt. Er hat sich sehr gefreut, dass er gewonnen hat. Es war ein guter Tag" (A002; Tag 14, Pos. 1). Schöne Momente, gemeinsam mit dem an Demenz erkrankten Angehörigen finden jedoch nicht ausschließlich bei gemeinsamen Freizeitaktivitäten statt, sondern insbesondere im Alltag beispielsweise im Haushalt, beim Kochen oder Backen: „Kuchen gebacken und [Name MmD] mit einbezogen, hat gut geklappt" (A009; Tag 12, Pos. 4). Dabei ist es im Wesentlichen nicht entscheidend was man miteinander macht, sondern dass man die Zeit miteinander verbringt: „[W]enn wir Dinge mit Zeit und Ruhe tun, entsteht eine gelöste Atmosphäre und eine gute Verbindung zwischen uns, egal was wir tun: kochen, putzen, essen, Autofahrt" (A010; Tag 28, Pos. 10).

Zwischenmenschlichkeit

Der Sub-Code „Zwischenmenschlichkeit" kann zur Interaktion zwischen Menschen mit Demenz und pflegenden Angehörigen gezählt werden, er erweitert sich jedoch auf die zwischenmenschliche Beziehung. Wie in der Heatmap (Abbildung 13.8) dargestellt wird, erleben vor allem zwei pflegende Angehörige (A004 und A010) in der Pflege und Begleitung ihrer Ehepartner ein hohes Maß an Liebe, Zuneigung und Nähe zueinander. Lediglich eine Teilnehmende (A007) berichtet von keinen liebevollen Momenten mit ihrer Mutter, was auf deren schlechtes Verhältnis zueinander zurückzuführen sein könnte (nähere Ausführungen in der Fallbeschreibung A007).

Codesystem	A001	A002	A003	A004	A005	A006	A007	A008	A009	A010
Zwischenmenschlichkeit	1	7	5	43	1		9	3	6	28

Abbildung 13.8 Heatmap mit den Häufigkeiten der Nennungen der Kategorie „Zwischenmenschlichkeit"

Aspekte der reziproken Liebe, Zuneigung und Intimität werden insbesondere in partnerschaftlichen Beziehungen erlebt: „Verbundenheit / Nähe → liebevolle Beziehung zu meinem Mann" (A010; Tag 4, Pos. 20) und können sich im Verlauf der Sorge um den Partner verstärken und Sinnhaftigkeit in der Begleitung geben:

> Ein schöner Moment ist auch, wenn ich sie, also abends bringe ich sie immer ins Bett, schon immer […] und da umarme ich sie immer uns dann merke ich, dann […] streichelt sie mich auch und gibt mir manchmal einen Kuss […] Da merkt man, dass sie auch vom Gefühl her merkt, da ist jemand. Das ist ein sehr schönes Gefühl (A004, T0, Pos. 34).

13.2 Berührende Momente aus Sicht der pflegenden Angehörigen

In jenen Momenten haben die pflegenden Angehörigen das Gefühl, ihren an Demenz erkrankten Angehörigen etwas zurückgeben zu können, was sich nicht nur bereichernd, sondern auch kraftspendend auf die pflegenden Angehörigen auswirkt:

> Ich gebe [Name MmD] etwas zurück, was sie uns viele Jahre gegeben hat (mit vier Kindern). Liebe, Geborgenheit, Zärtlichkeit, gutes Essen […] Das ist, Sie kennen das jetzt schon, meine übergeordnete Kraftquelle (im Kopf) (A004; Tag 27, Pos. 5).

Vor allem „Blicke, Berührungen" (A010; Tag 22, Pos. 11) und der Austausch von Zärtlichkeiten werden dabei übergeordnet von den pflegenden Angehörigen als schöne Momente wahrgenommen: „Mein Mann hat ganz lange meine Hand gehalten, gibt mir Kraft diese Pflege zu machen" (A006; Tag 20, Pos. 5). Die pflegenden Angehörigen empfinden dabei vor allem die Tatsache der gegenseitigen Wahrnehmung als wertvoll:

> Ja, das [sind eigentlich Momente], wenn ich mit meinem Mann zusammensitze oder wenn ich merke […] er nimmt mich wahr, […] wenn er mir auch zeigt, dass er mich wahrnimmt oder […] manchmal greift er auch meine Hand und dann merke ich, dass ihm das auch guttut. So schöne Momente (A006; T_0, Pos. 20).

Insbesondere ein pflegender Angehöriger (A004) hebt sich hierbei besonders hervor. Er zieht sehr viel Kraft aus der Liebe zu seiner Frau, die sich vor allem in körperlicher Nähe zueinander äußert:

> Ich stelle fest, dass es viele kleine positive Situationen mit [Name MmD] gibt, ein Lächeln, ein Kuss […] Und auch ich habe oft nahen Kontakt mit [Name MmD] (bei den Essen, ins Bett bringen, beim Spazierengehen) (A004; Tag 01, Pos. 6).

Vor allem die Reaktion seiner Frau auf ebendiese wiederkehrenden Momente geben ihm dabei Kraft zur Bewältigung der Situation:

> Da die Tage stark strukturiert sind, ich nur phasenweise mit [Name MmD] zusammen bin, sind es fast immer die gleichen Situationen / Reaktionen, die mich ‚positiv berühren'. (Ein Lächeln, eine Reaktion, eine passende Antwort auf eine Frage, ein Kuss […]) Immer ist es wieder schön, wenn ich sehe / spüre, wie [Name MmD] auf Umarmungen reagiert (A004; Tag 05, Pos. 3).

Aus den Tagebucheinträgen und Interviews der pflegenden Angehörigen wird ersichtlich, dass es sich im Wesentlichen um reziproke Beziehungen handelt, in der auch die an Demenz erkrankte Person Zuneigung und Liebe, beispielsweise in Form von Dankbarkeit zum Ausdruck bringt:

Als mein Mann heute Morgen zu mir sagte: ‚Du hast so viel Arbeit mit mir und ich möchte mich bei dir bedanken.' Solche Momente geben mir Kraft und Energie und ich habe dann ein gutes Gefühl, dass wir alles zusammen schaffen können (A002; Tag 01, Pos. 3).

Darüber hinaus möchten die an Demenz erkrankten Angehörigen durch das Übernehmen von kleinen Aufgaben und ihre Mithilfe, beispielsweise im Haushalt, die pflegenden Angehörigen unterstützen, was diese mitunter positiv berührt: „Fürsorglichkeit von [Name MmD] (macht Besorgungen, kauft ein [...] will sich kümmern / mit Verantwortung übernehmen)" (A010; Tag 01, Pos. 15). Sich gegenseitig eine Freude zu machen, trägt dabei zu einer guten Stimmung bei:

> Positiv berührt hat mich, dass [Name MmD] sich bei mir bedankt hat für den Besuch im Vogelpark und natürlich für das Eis. Und ich freue mich, dass es mir wieder gelungen ist, ihm eine Freude zu bereiten. Das trägt auch bei mir zu einer guten Stimmung bei (A002; Tag 28, Pos. 3).

Darüber hinaus verdeutlicht es auch das große Vertrauen zueinander:

> Oft berührt mich wie vertrauensvoll mein Mann mir gegenüber ist, er fügt sich in alle Handhabungen mit ganzem Vertrauen. Ist wohl ein Überbleibsel, was aus unserer Beziehung in der Ehe resultiert. Jeder hat dem Partner vertraut (A006; Tag 27, Pos. 3).

Die pflegenden Angehörigen berichten in diesem Zuge auch von Liebeserklärungen ihrer Partner: „Eine Liebeserklärung [...] von [Name MmD]" (A009; Tag 04, Pos. 9).

Es sind diese liebevollen Momente zwischen den pflegenden Angehörigen und ihren an Demenz erkrankten Angehörigen, die Kraft spenden und Mut machen, die Pflege und Begleitung eines Familienmitglieds zu übernehmen: „Die liebevollen Momente, die es immer noch zwischen uns gibt. Das macht es mir leichter, Geduld mit ihm zu haben und die ganze Situation zu ertragen" (A002; Tag 11, Pos. 3).

13.2.2 Reaktionen der Menschen mit Demenz

Wie bereits in Abschnitt 13.2.1 ausführlich dargelegt, werden die schönen Momente nicht ausschließlich von den pflegenden Angehörigen, sondern ebenso von den Menschen mit Demenz erlebt. In diesem Kapitel wird dargestellt, auf

13.2 Berührende Momente aus Sicht der pflegenden Angehörigen

welche Momente die an Demenz erkrankten Angehörigen aus Sicht der pflegenden Angehörigen besondere Reaktionen zeigen und in welcher Weise diese Reaktionen wiederum auf die pflegenden Angehörigen wirken.

In den Tagebucheinträgen und Interviews zeigt sich, dass Menschen mit Demenz ihren begleitenden Angehörigen zu großen Teilen Dankbarkeit entgegenbringen: „Der Dank meines Mannes an mich für das schöne Frühstück. Und die liebevollen Momente, die wir immer wieder haben" (A002; Tag 02, Pos. 3). Dabei bereiten den Menschen mit Demenz aus Sicht der pflegenden Angehörigen vor allem solche Momente Freude, in denen sie etwas miteinander unternehmen, etwa einen Spaziergang oder ein gemeinsames Essen:

> Ja wenn sie sich so freut wie gestern. Wenn man dann irgendwas macht und sie ist dann jetzt wirklich zufrieden und auch mal dankbar […] Sie genießt das dann, wenn man so Sachen mit ihr macht. Wenn man Eis essen geht oder Kaffee trinken geht oder spazieren geht, sowas. Das genießt sie (A003; T0, Pos. 34).

Die pflegenden Angehörigen berichten in diesem Zusammenhang auch davon, dass vor allem zu Beginn der Übernahme der Pflege und Begleitung weniger die Dankbarkeit, sondern vielmehr eine gewisse Ablehnung die vorherrschende Reaktion der Menschen mit Demenz auf die angebotene Unterstützung und Pflege war:

> [Name MmD] hat sich gewehrt gegen alles und das sind dann ganz andere Situationen, da waren sehr viele Sachen, wenn ich ihr die Zähne geputzt habe oder ich wollte sie waschen äh da hat sie, das war manchmal ein Kampf und da sieht das ganz anders aus mit diesen positiven Situationen (A004, T$_1$, Pos. 46).

Besonders solche Situationen erschweren es den pflegenden Angehörigen, schöne Momente zu erkennen und wahrzunehmen. Im Verlauf der Pflege und Begleitung haben die pflegenden Angehörigen jedoch gelernt auf ihre Angehörigen einzugehen und sie zu verstehen: „[Name MmD] reagiert auch oft (‚Mund bitte aufmachen'). Auch lerne / lernte ich dabei ihre ganze Mimik und die daraus folgende Reaktion kennen" (A004; Tag 15, Pos. 3), sodass sie ein besseres Gefühl für die Übernahme der Pflege und Begleitung entwickeln konnten.

Die pflegenden Angehörigen berichten außerdem davon, etwa in Momenten des Miteinanders mit ihren an Demenz erkrankten Angehörigen zu lachen, was sich durchaus positiv auf beide Seiten auswirkt:

Immer wieder erzählt mir [Name MmD] etwas, schaut mich ganz intensiv an. Wenn ich dann lache, lacht sie auch. Gerade dieses Lachen und freundliche Gesicht, ‚berührt' mich! (A004; Tag 03, Pos. 3).

Nicht nur das gemeinsame Lachen, sondern vor allem auch gemeinsames Singen bringt aus Sicht der pflegenden Angehörigen verschiedene Reaktionen bei den an Demenz erkrankten Personen zum Vorschein: „Beim Singen abends mit meiner Mutter habe ich den Eindruck, sie reagiert intensiver darauf, macht aktiver mit, lächelt" (A008; Tag 09, Pos. 7). Den Äußerungen der pflegenden Angehörigen zufolge wird dabei deutlich, dass Menschen mit Demenz sowohl körperlich als auch geistig positiv auf Musik und Gesang reagieren:

So mit Musik. Ja? Mit dieser Altenheimmusik. Diese Walzer und Märsche und so Gedöns. Weil ich einfach sehe, es hat ja keinen Sinn, sich dagegen zu sperren, weil das einfach Dinge sind, die ankommen und die einfach so einen direkten, also so einen sichtbaren Effekt haben. Ja? (A008; T_2, Pos. 15).

Weiterhin kann in Hinblick darauf auch eine Verbesserung der sprachlichen Fähigkeiten festgestellt werden: „Mein Mann hat heute Nachmittag ganz, ganz leise die Pfälzer Lieder mitgesungen. Ist ganz selten, dass ich ihn sprechen oder singen höre" (A006; Tag 02, Pos. 3). Musik wirkt sich zudem positiv auf das Gedächtnis der an Demenz erkrankten Personen aus, was etwa dazu beiträgt, dass Erinnerungen durch bestimmte Lieder und Melodien hervorgerufen werden: „Wie [Name MmD] auf die Lieder reagiert hat und ihm so viele Sachen aus der Vergangenheit eingefallen sind" (A002; Tag 04, Pos. 3).

Die begleiteten Menschen mit Demenz strahlen darüber hinaus in Momenten, in denen Besuch von Freunden und der Familie kommt, Freude und Zufriedenheit aus: „[Name MmD] Vorfreude auf [Name Tochter] Besuch" (A010; Tag 14, Pos. 15). Insbesondere das Zusammensein mit den Enkelkindern und Urenkelkindern genießen die Menschen mit Demenz aus Sicht der pflegenden Angehörigen sehr: „Die Kinder, ja, ja auf jeden Fall. Und da ist sie eigentlich, ich sage mal am, da wirkt sie richtig gelöst und lebendig, wenn die, wenn die Urenkel dann da sind" (A008; T_0, Pos. 46). Weiterhin drücken sie auch Gefühle der Freude aus, wenn sie Besuch von alten Freunden oder Kollegen bekommen:

Heute Nachmittag waren Freunde zu Besuch, mein Mann hatte sie lange nicht gesehen. Er hat so gestrahlt, ist so selten. Hat mich sehr gefreut und glücklich gemacht. Er kennt seine Freunde noch (A006; Tag 10, Pos. 1).

13.2 Berührende Momente aus Sicht der pflegenden Angehörigen

Diese Besuche ermöglichen in Hinblick auf das soziale Umfeld der Pflegebeziehung nicht nur die Teilhabe am sozialen Leben, sondern auch Gespräche mit anderen Personen. Situationen, die besonders für Menschen mit Demenz essentiell sind:

> Dass sich [Name MmD] so wohl gefühlt hat und er so rege an der Unterhaltung teilgenommen hat. Es hat mich sehr gefreut, dass unsere Tischnachbarn auch ihm zugehört haben und ihn in die Unterhaltung mit einbezogen haben. Ich glaube, das war sehr wichtig für ihn (A002; Tag 12, Pos. 3).

Die angeführten Reaktionen der Menschen mit Demenz aus Sicht der pflegenden Angehörigen geben einen Hinweis darauf, wie wichtig es für pflegende Angehörige ist, gemeinsame Zeit mit ihren an Demenz erkrankten Familienmitgliedern zu verbringen. Es lässt sich feststellen, dass die teilnehmenden pflegenden Angehörigen ihre an Demenz erkrankten Angehörigen gut kennen und deren Reaktionen und Gefühle einzuordnen wissen. Sie zeigen außerdem, welche Fähigkeiten durch die Beschäftigung mit dem Menschen mit Demenz gefördert und gefordert werden können. Durch die Reaktionen der Menschen mit Demenz wird darüber hinaus auch die Zuneigung und Nähe innerhalb der Pflegebeziehung deutlich und erinnert an das wohl wichtigste innerhalb dieser Verbindung: Das gegenseitige Wahrnehmen und Erkennen: „Ich merke, sie reagiert noch, sie erkennt mich" (A004; Tag 12, Pos. 6).

13.2.3 Keine schönen Momente gefunden

Für die Zeit des Tagebuch-Schreibens geben die pflegenden Angehörigen nur selten an, keinen schönen Moment am heutigen Tag gefunden zu haben (Abbildung 13.9). Die Mehrheit der Teilnehmenden hat an zwei Tagen keinen schönen Moment gefunden, was für einen Zeitraum von insgesamt 28 Tagen als wenig zu betrachten ist.

Zwei der teilnehmenden pflegenden Angehörigen machten mit insgesamt neun bis zehn Nennungen die häufigsten Angaben. Auffallend ist hierbei, dass es sich bei diesen Teilnehmenden (A005 und A007) um die beiden Geschwister handelt, die zum einen ein schlechtes Verhältnis zu ihrer Mutter haben und zum anderen – abgesehen von der Pflegesituation – psychisch stark belastet sind (nähere Ausführungen hierzu sind den jeweiligen Fallbeschreibungen zu entnehmen).

Gründe dafür, schöne Momente nicht wahrnehmen zu können, liegen aus Sicht der pflegenden Angehörigen an der eigenen Verfassung, die die Wahrnehmung

Codesystem	A001	A002	A003	A004	A005	A006	A007	A008	A009	A010
Code-System										
Berührende Momente										
Kein schöner Moment gefunden	2	4	4	3	9	1	10	2	2	1

Abbildung 13.9 Heatmap zu den Angaben „Keine schönen Moment gefunden"

schöner Momente ermöglicht bzw. verhindert: „Auch Kleinigkeiten können positiv sein, wenn die Stimmung besser wäre, würde das auch besser wahrgenommen werden" (A007; Tag 11, Pos. 6–7). Dabei erschwert insbesondere die Tendenz einer depressiven Verstimmung einen positiven Blick einzunehmen: „Es liegt an meiner etwas depressiven Stimmung" (A002; Tag 16, Pos. 4). Darüber hinaus geben die Teilnehmenden knappe Zeitressourcen als Ursache für die fehlende Aufmerksamkeit zur Wahrnehmung schöner Momente an: „Hatte keine Zeit für mich persönlich. Vielleicht lässt man manchmal keine positiven Momente zu" (A006; Tag 25, Pos. 4–5). Weiterhin stellen auch Sorgen um die an Demenz erkrankte Person bzw. die Zukunft Energieräuber dar, die eine positive Betrachtung erschweren können: „Sorgen um meine Frau – Wie geht es weiter?" (A001; Tag 07, Pos. 4–6). Die Teilnehmenden berichten an jenen Tagen, an denen sie keine schönen Momente erleben konnten, ein schlechtes Gewissen gegenüber ihres Angehörigen mit Demenz zu haben oder äußern negative Gefühle wie etwa Trauer, Wut oder Ungeduld: „Die ganze Situation und das schlechte Gewissen und dass ich Mutti nicht besucht habe" (A003; Tag 13, Pos. 5–7).

Die Bedeutung des sozialen Netzwerks und der Kontakt zu anderen Personen werden zudem aus den Ausführungen der pflegenden Angehörigen deutlich und bedingen ebenfalls die Wahrnehmung schöner Momente: „Ja. Ich habe weder meine Mutter, meine Kinder oder sonstige liebe Freunde gesehen" (A005; Tag 10, Pos. 7). Insbesondere die fortwährende Betreuungszeit des an Demenz erkrankten Familienmitglieds bietet den pflegenden Angehörigen dabei keine Möglichkeit, eine gewisse Distanz einzunehmen, was die Wahrnehmung schöner Momente zusätzlich erschwert. Es wird zudem davon berichtet, dass diese schönen Momente erst nach einer bewussten Reflexion derselben wahrgenommen werden:

> Sehe ich eventuell diese ‚positiven Momente' nicht, wenn ich den ganzen Tag mit [Name MmD] zusammen bin? Überlagert die ganze Tagesarbeit diese Situationen? (Im Nachhinein fallen mir dann doch ‚schöne Momente' ein.) (A004; Tag 18, Pos. 6-7).

13.3 Methode Tagebuch

Die folgende Darstellung der Tagebuch-Methode nimmt insbesondere Bezug auf eine mögliche Sensibilisierung pflegender Angehöriger auf die Wahrnehmung schöner Momente durch das Tagebuch-Schreiben sowie eine Bewertung und Weiterführung der Methode im Anschluss an die Teilnahme der Tagebuch-Studie.

13.3.1 Sensibilisierung für schöne Momente

Nahezu alle der zehn teilnehmenden pflegenden Angehörigen berichten davon, nach der Zeit des Tagebuch-Schreibens für die Wahrnehmung schöner Momente sensibler zu sein: „Ich bin wahrscheinlich etwas sensibler geworden für die schönen Momente, die mir dann nochmal bewusstwerden, dass es also auch schöne Momente gibt" (A006; T_2, Pos. 3). Sie geben in den Tagebucheinträgen und Interviews an, dass sie durch das Tagebuch-Schreiben vor allem Kleinigkeiten stärker wahrgenommen und als schöne Momente erkannt haben:

> Ja, ich denke ich bin schon sensibilisiert dadurch, ja. Also sensibler, dass da auch Kleinigkeiten schöne Momente sein können, also nicht nur das was mir sowieso auffällt, sondern dass auch so manche kleine Sachen (A005; T_2, Pos. 8).

Durch die Tagesreflexionen können sie jene kleinen, schönen Momente, die unter anderem mit Nähe und Zuneigung zwischen pflegenden Angehörigen und Menschen mit Demenz verbunden werden, stärker genießen:

> Ich stelle fest, dass es viele kleine positive Situationen mit [Name MmD] gibt, ein Lächeln, ein Kuss […] Durch das Nachdenken, werden diese kleinen Situationen bewusster, eventuell kann ich sie noch besser genießen (A004; Tag 01, Pos. 6).

Sie nehmen darüber hinaus wahr, dass ihnen diese Augenblicke Kraft spenden: „Ja, mir hat das einfach nochmal wieder bewusstgemacht, dass es die kleinen, konkreten Momente sind, die mir guttun" (A010; T_2, Pos. 13), sie aber auch positiv auf ihre Angehörigen mit Demenz wirken:

> Also dass ich da wirklich mehr, auch bei Kleinigkeiten, wo ihm vielleicht irgendwas ganz große Freude gemacht hat oder so, was halt vorher, naja das war halt so. Das hat ihm Spaß gemacht oder so. Wo ich dann denke ‚Menschenskind, mit so einer Kleinigkeit hast Du ihm jetzt so eine große Freude gemacht oder was' (A002; T_1, Pos. 36).

Durch das Tagebuch-Schreiben achten die pflegenden Angehörigen stärker auf diese Augenblicke: „Ja, ich achte mehr auf Kleinigkeiten" (A005; T_2, Pos. 10) und berichten, dass sich diese auch im Nachgang positiv auswirken: „Ja, es ist durchaus schön, nochmal über den Tag nachzudenken. Viele kleine Sachen, Augenblicke fallen mir da ein, die schön waren, ich kann sie nachfühlen" (A004; Tag 16, Pos. 6).

Die Wirkung des regelmäßigen Schreibens wurde von den Teilnehmenden dabei teilweise als hilfreiche Strategie zur Selbstreflexion verstanden, die eine bewusste Wahrnehmung schöner Momente ermöglicht: „Es hat sich verbessert, weil mir durch das Schreiben aufgefallen ist, dass es gute Momente gab" (A003; Tag 08, Pos. 7) und sie darauf sensibilisiert, sich jene Momente bewusst zu machen: „[D]as muss ich sagen hat das Tagebuch schon irgendwo ein bisschen bewirkt, dass man das sich dann auch immer wieder vor Augen holt" (A003; T_2, Pos. 2–4). Darüber hinaus erlaubt das Schreiben den pflegenden Angehörigen eine intensive Auseinandersetzung mit schönen Momenten:

> Ich glaube, wenn man das nicht aufschreibt, oder wenn man sich da keine Gedanken darüber macht und die macht man sich nicht wenn man keinen Grund hat sie irgendwo hinzuschreiben oder aufzuschreiben, dann kriegt man das gar nicht so intensiv mit (A003; T_1, Pos. 25-27).

Besonders das abendliche Tagebuch-Schreiben konnte bei einigen pflegenden Angehörigen zudem die Schlafqualität verbessern:

> Aber was ich merke, ist, ich habe das ja immer abends gemacht und dass ich dadurch einen guten Rhythmus hatte, das einfach auch nochmal so mir ganz bewusst zu machen am Abend und das hat mir gut getan eigentlich auch, auch für die Schlafhygiene (A010; T_2, Pos. 9).

Im Verlauf des Tagebuch-Schreibens haben die pflegenden Angehörigen eine andere Perspektive auf die Wahrnehmung schöner Momente eingenommen: „Irgendwie verändert sich das, man bekommt eine andere Beziehung dazu" (A001; T_1, Pos. 3). Sie stellen fest, dass ein Reflexionsprozess angestoßen wurde und dadurch mehr schöne Momente wahrgenommen werden können:

> Es wird einem tatsächlich bewusster und man ähm ich konnte es mehr genießen habe ich so das Gefühl, ja ich habe es mehr ähm wahrgenommen, also so richtig ähm ja, das ist nicht alles so dahingeplätschert, ja man macht das halt so (A008; T_1, Pos. 22).

13.3 Methode Tagebuch

In der Zeit des Tagebuch-Schreibens berichten die pflegenden Angehörigen zudem davon, sich an positive Gedankengänge zu gewöhnen und deshalb empfänglicher für ebendiese Momente zu sein:

> Dann kommt da auch so ein, ich will jetzt nicht sagen Gewöhnungseffekt, aber man wird irgendwie [...] empfänglicher sage ich jetzt einfach mal für, dass man denkt ‚Siehst Du, es geht ja doch irgendwie was', ja (A008; T_1; Pos. 31).

Insgesamt zwei der teilnehmenden pflegenden Angehörigen geben darüber hinaus an, bereits vor der Zeit des Tagebuch-Schreibens empfindsam für schöne Momente gewesen zu sein: „Also die nehme ich auch so wahr, also da hat sich keine große Veränderung ergeben. Die nehme ich auch wahr ohne Tagebuch, ja" (A001; T_1, Pos. 12). Die Wahrnehmung schöner Momente wird von diesen beiden teilnehmenden pflegenden Angehörigen auf die bereits zuvor bewusste Nutzung von Achtsamkeitstechniken und Ressourcenorientierung zurückgeführt: „Nein, aber das liegt daran, dass mir das ja sozusagen bekannt war in anderer Form [...] Also ich habe so etwas schon vorher bewusst genutzt" (A010; T_2, Pos. 9). Das regelmäßige Führen des Tagebuchs hat sie jedoch darin unterstützt, Achtsamkeit stärker in ihrem Alltag zu ritualisieren und eine neue Methode kennenzulernen. Eine weitere pflegende Angehörige berichtet hingegen durch das Tagebuch-Schreiben erst lernen zu müssen, sich selbst, aber auch den Alltag bewusst wahrzunehmen: „Glaube, ich muss noch lernen, mich bewusst wahrzunehmen. Hake abends vieles ab" (A006; Tag 4, Pos. 6). Die Selbstreflexionen können dabei, insbesondere zu Beginn des Tagebuch-Schreibens, negativ belasten:

> Es ist richtig grausam, wenn man sich damit beschäftigt. Ich nehme Kleinigkeiten anders wahr, die ich früher einfach abgehakt habe. Momentan bin ich eher negativ belastet. Ich muss mich damit auseinandersetzen (A007; T_1, Pos. 2).

Im Verlauf des Tagebuch-Schreibens hat sich dahingehend ein anderer Blickwinkel geöffnet, der es der pflegenden Angehörigen nun ermöglicht, schöne Momente zu erkennen und diese wahrzunehmen: „Ich habe angefangen, diese Momente überhaupt zu sehen. Darum geht es. Ich habe die vorher nicht gesehen" (A007; T_2, Pos. 23). Sie wurde dabei nicht nur im Hinblick auf schöne Momente, die sie gemeinsam mit ihrer Mutter erlebt, aufmerksamer, sondern darüber hinaus auch für ganz alltägliche Augenblicke:

> Ich hatte einen wunderschönen Tag mit meiner Mutter, den ich durch das Tagebuch bewusster / berührender wahrgenommen habe [...] Auch im normalen Leben bin ich durch das Tagebuch achtsamer (A007; T_2, Pos. 2).

Insgesamt sind die pflegenden Angehörigen im Nachgang des Tagebuch-Schreibens sensibilisiert, mehr auf schöne Momente zu achten und bewusster zu beobachten: „Ja, weil man einfach bewusster beobachtet auch" (A006; T_1, Pos. 22). Insbesondere im Alltag geben die pflegenden Angehörigen an, nach dem Zeitraum des Tagebuch-Schreibens schöne Momente zu erleben, die sie direkt mit dem Gedanken des Tagebuchs verbinden und diesen in das Tagebuch schreiben würden:

> Ja doch, weil, weil man achtet dann mehr darauf, muss ich schon sagen. Vorher hat man das so hingenommen, ne vor dem Tagebuch-Schreiben, da war das halt so aber dann habe ich mehr dadrauf geachtet. Es kam eigentlich immer der Gedanke, net dass das jetzt, dass ich gedacht habe ‚Ach das hätte ich jetzt ins Tagebuch schreiben können, ne' (A002; T_2, Pos. 12).

Es zeigt sich, dass pflegende Angehörige durch das Tagebuch-Schreiben eine andere Perspektive für ihre Lebenssituation entwickeln konnten: „Ja, der Blick auf die schönen, der, der Blick auf die positiven Dinge. Ich glaube das mache ich seitdem mehr" (A005; T_2, Pos. 14) und die Zeit mit ihren an Demenz erkrankten Angehörigen nicht ausschließlich aus der Belastungsperspektive wahrnehmen: „Durch das Nachdenken über den Tag, habe ich ein ganz anderes Gefühl für meine Zeit mit [Name MmD] bekommen. Ich schätze sie jetzt, es ist keine Belastung mehr" (A004; Tag 17, Pos. 6).

13.3.2 Bewertung der Tagebuch-Methode

Codesystem	A001	A002	A003	A004	A005	A006	A007	A008	A009	A010
Tagebuchmethode										
positiv	6	6	18	13	5	15	7	10	8	5
förderlich		5	4	3	7	15	6	5	4	3
schwierig		3	2	10	3	6	27	2	1	1

Abbildung 13.10 Heatmap zur Bewertung der Tagebuch-Methode

Insgesamt bewerten die teilnehmenden pflegenden Angehörigen die Methode des Tagebuch-Schreibens mehrheitlich positiv: „[E]s war äh also in jedem Fall positiv. Ich habe es gerne angenommen" (A001; T_1, Pos. 6) und berichten davon, durch das Tagebuch einen anderen Blickwinkel auf die Pflege und Begleitung erhalten zu haben:

13.3 Methode Tagebuch

Durch die alltägliche Pflege und die anderen Aufgaben und Verpflichtungen werden die schönen, oft kurzen glücklichen Momente überfrachtet. Das Tagebuch fördert das Bewusstsein, diese Augenblicke bewusster zu machen und zu speichern (A006; Tag 27, Pos. 9).

Die bewussten Tagesreflexionen wurden dabei von den pflegenden Angehörigen als wohltuend beschrieben: „Meistens ging es mir nach dem Tagebuch-Schreiben besser. Meistens" (A002; T_1, Pos. 26), wobei insbesondere die Wirkung des Schreibens von den Teilnehmenden geschätzt wurde: „Es hat so eine, man hat so eine gewisse Ruhe dann wiedergekriegt. So beim Schreiben" (A003; T_1, Pos. 4). Vor allem die Tatsache, durch das Schreiben neue Gedankengänge und Perspektiven zu erhalten, wurde von den pflegenden Angehörigen dabei als positiv hervorgehoben: „Das war am Anfang schon will ich sagen positiv, darüber nach[zu]denken was am Tag passiert [ist,] hat für mich eine ganze Menge eröffnet oder einen neuen Blick gegeben" (A004; T_1, Pos. 4). Die pflegenden Angehörigen berichten darüber hinaus, dass ihnen das Tagebuch-Schreiben besonders an *guten* Tagen leichter fällt: „Ich fühle mich gut. Es fällt mir leichter über schöne Tage zu schreiben, wie über Tage, die nicht so gut sind" (A002; Tag 28, Pos. 6).

Wie aus der Heatmap (Abbildung 13.10) ersichtlich wird, bewertet lediglich eine der teilnehmenden Personen (A007) das Tagebuch-Schreiben weitgehend als negativ, bzw. war durch das Tagebuch-Schreiben negativ belastet: „Es fiel mir schwer. Es war für mich ganz schwer. Ich habe mich jeden Abend. Ich bin einfach nichts ins Bett. Ich habe mich einfach gezwungen, mich hinzusetzen" (A007; T_1, Pos. 3). Insbesondere die Tagesreflexionen über die Situation ihrer Mutter und die damit einhergehende, eigene Lebenssituation bereiteten der Teilnehmerin dabei Schwierigkeiten:

> Aber das mit Befassen ist schwer, nicht das Schreiben, ja. Und wenn ich immer wieder davon ausgehe, dass es über die Demenz, über das Leben mit meiner Mama ist, die ich ja nicht jeden Tag sehe, dann muss ich da ja meins hinschreiben (A007; T_1, Pos. 9).

Da es sich hierbei um sehr individuelle Schwierigkeiten der pflegenden Angehörigen handelt, die in diesem Kapitel nicht behandelt werden können, wird für weitere Ausführungen auf die Fallbeschreibung A007 (Abschnitt 12.2.7) verwiesen.

Insgesamt geben die pflegenden Angehörigen an, dass das Tagebuch-Schreiben besonders zu Beginn Probleme bereitet hat, die aber im Verlauf der Nutzung des Tagebuchs abgenommen haben:

> Also am Anfang habe ich mich ein bisschen schwer getan ähm aber ja, ich glaube schon nach drei Tagen oder so hat man dann so ein bisschen ne Ahnung was man schreiben will, was, ja nö, eigentlich wars, bin ich gut zurechtgekommen (A008; T_1, Pos. 4).

Darüber hinaus wurde der Zeitaufwand, der mit dem regelmäßigen Führen der Tagebuchvorlage einhergeht von einigen pflegenden Angehörigen als problematisch bzw. belastend erlebt: „Ich fand schon wie gesagt positiv aber es ist einfach auch manchmal für mich ein zeitliches Problem" (A006; T_1, Pos. 36). Vor allem der Versuch, das Tagebuch am Abend zu schreiben, führte dabei teilweise zu Schwierigkeiten:

> Also es war manchmal stressig das abends noch zu machen aber ich wollte es dann abends auch machen, weil wenn ich mal eine Nacht drüber geschlafen habe geht es mir ja meistens wieder gut (A005; T1, Pos. 4).

In Hinblick darauf wurde von einer Teilnehmenden der Vorschlag einer selteneren Nutzung der Tagebuch-Vorlage gemacht: „[T]äglich die gleiche Prozedur, ist mir persönlich zu viel – 2–3 × pro Woche würde mir reichen, um meinen Ressourcen orientierten Blick beizubehalten / zu trainieren" (A010; Tag 14, Pos. 25). Nicht nur der zeitliche Aspekt und das Schreiben an sich, sondern auch die Tatsache, sich Probleme oder Unwohlsein durch das Führen des Tagebuchs einzugestehen, erwies sich darüber hinaus für die teilnehmenden pflegenden Angehörigen als schwierig:

> Dann war ich eher immer ein bisschen gehemmt dann zu schreiben ‚Heute war es überhaupt nichts' oder ‚Mir ging es schlecht' oder ‚Ich fühle mich überhaupt nicht gut' oder ‚Mit ihm hat es überhaupt nicht geklappt' oder so. Ähm es stehen schon so ein paar Sachen drin aber äh man will immer die Starke sein (A002; T_1, Pos. 10).

Teilweise wurde in diesem Zusammenhang von den Teilnehmenden festgestellt, dass das Tagebuch-Schreiben auch Konflikte hervorbringen kann:

> Es hilft schon über den Tag nachzudenken und Teile davon aufzuschreiben. Aber Probleme können auch dadurch verstärkt werden, wenn keine Lösung in Sicht ist. Ist es nur etwas für positiv denkende Menschen? (A004; Tag 25, Pos. 8).

Auch wenn pflegende Angehörige von Schwierigkeiten und Belastungen durch das Tagebuch-Schreiben berichten, wurde es von den Teilnehmenden mehrheitlich positiv bewertet:

13.3 Methode Tagebuch

> Ähm ja, sagen wir mal so ähm auf der einen Seite sage ich mal als Belastung, weil es ja eine zusätzliche Belastung war aber auf der anderen Seite auch wieder so äh wie soll ich sagen, ja so bisschen ähm als ‚Mülleimer', wo man alles mal reinschreiben konnte, was so am Tag passierte oder auch die Gedanken (A006; T_1, Pos. 6).

Besonders positiv äußerte sich ein pflegender Angehöriger über die Methode und gab an, durch das Tagebuch schöne Momente wahrnehmen zu können:

> Immer wenn ich den Tag reflektiere, geht es mir etwas besser. Heute sozusagen ‚gut geschafft'. Und wie ich schon mal erwähnt habe, kann ich durch diese Eintragung viele schöne Situationen reflektieren, ja auch erkennen (Beim Essen, Spazierengehen, Kaffee trinken, bei Musik [...]) (A004; Tag 04, Pos. 6).

Das Tagebuch-Schreiben erzeugte in ihm den Anspruch, seine Frau körperlich zu fordern und zu fördern: „Ich fühle mich heute, nach der Eintragung durchaus gut! Ich habe mit [Name MmD] was ‚aktives' getan! Das ist erst so, seitdem ich das Tagebuch schreibe!" (A004; Tag 08, Pos. 6). Weiterhin stellt er fest, durch das Tagebuch-Schreiben die Zeit mit seiner Frau nicht mehr als Belastung zu empfinden:

> Ja, es hilft schon über den Tag nachzudenken und Details aufzuschreiben. Mir fallen dabei noch viele, auch unbedeutende, Kleinigkeiten ein (auch mit [Name MmD]). Und ich habe durch das Aufschreiben hier, die gemeinsame Zeit mit [Name MmD] schätzen gelernt. Es ist ein ‚anderer Blick', eine andere Wahrnehmung! (A004; Tag 22, Pos. 6).

Die Methode des Tagebuch-Schreibens hat bei den teilnehmenden pflegenden Angehörigen einen Verarbeitungsprozess angestoßen, durch den sie die eingenommene Pflegesituation reflektieren und annehmen können:

> Durch das Tagebuch hast du mir die Möglichkeit gegeben mehr zu verarbeiten. Das Tagebuch ist tief in mir, ich denke darüber nach und spreche darüber. Es hat schon was angestoßen (A007; T_2, Pos. 2).

Es wird deutlich, dass das Tagebuch-Schreiben die Angehörigen nicht nur darin unterstützt hat, eine andere Wahrnehmung und Perspektive einzunehmen, sondern darüber hinaus auch Freude bereitete: „Also ich fands ganz schön, das Tagebuch [zu] schreiben" (A009; T_1, Pos. 4).

13.3.3 Weiterführung der Tagebuch-Methode

Mit Blick auf die positiven Bewertungen und Effekte der Teilnehmenden auf die Methode des Tagebuch-Schreibens, wurde die Frage nach einer möglichen Weiterführung der Methode gestellt. Wie in Tabelle 13.1 ersichtlich wird, kann sich zum Erhebungszeitpunkt T_1 der Großteil der pflegenden Angehörigen vorstellen, das Tagebuch-Schreiben fortzuführen: „Ich habe es nur an einem Tag nicht geschafft. Tatsächlich mache ich es ganz gerne und überlege es regelmäßig für mich zu machen" (A009; T_1, Pos. 2). Dafür hat eine Teilnehmende bereits während der Zeit des Tagebuch-Schreibens die Vorlage kopiert, um sich an dieser auch im Anschluss orientieren zu können:

[I]ch habe mir gestern schon […] die Blätter tatsächlich schonmal auf den Kopierer gelegt, weil ich mir nicht in der Art, also hm das genauso fortführen möchte, aber vielleicht in ähnlicher Form und so, dass ich da halt eben nochmal gucke ähm wenn ich mir so eine Art Tagebuch ähm schreibe, tatsächlich da auch einige Fragen ähm dann beantworte (A009; T_1, Pos. 28).

Die Angehörigen können sich also eine Fortführung der Methode vorstellen, geben jedoch auch an, das Tagebuch individuell an ihre Bedürfnisse anpassen zu wollen. Insbesondere das regelmäßige Tagebuch-Schreiben könnte dabei in Form von Stichpunkten möglich sein:

Ich muss mal gucken, dass ich das zumindest stichwortartig das weitermache. Das ich einfach so eine Entwicklung einfach mal sehe, wie das weitergeht mit der Mutti und mit uns (A003; T1, Pos. 2).

Es wurde auch überlegt, das Tagebuch nur wöchentlich zu schreiben: „[I]ch werde an mir weiterarbeiten und vielleicht schreib ich ja ein Wochenbuch?!" (A007; Tag 28, Pos. 10) oder individuell nach den jeweiligen Bedürfnissen des Einzelnen:

Also ich werde weiterführen, werde vielleicht nicht jeden Tag schreiben aber so wie mir gerade danach ist. [D]en Vorschlag hat ja die [Name Cousine] gemacht […] ‚Das tut dir gut, mach doch das' (A002; T_1, Pos. 54).

Vor allem Tage mit besonderen Ereignissen, Gedanken und Gefühlen könnten dabei reflektiert und verschriftlicht werden:

Wahrscheinlich wäre es sogar ganz gut, wenn man sich das noch so ein bisschen mal wieder aufschreibt und damit vor Augen, ja es wird einem dann wieder bewusster,

13.3 Methode Tagebuch

wenn man darüber nachdenkt. Wobei ich sagen muss, ob ich das jeden Tag machen könnte. Ich glaube das sind eigentlich so spezielle Tage dann (A003; T_2, Pos. 20).

Eine weitere und häufig genannte Option der Weiterführung war die gedankliche Auseinandersetzung in Form einer „Tagesreflexion":

> Ja, ja. Doch, es hat auf jeden Fall was angestoßen. Also so dieses sich Gedanken über den Tag zu machen. Ich glaube das werde ich auch beibehalten aber halt nicht so, dass ich dann mich hinsetze und das schreibe (A005; T_1, Pos. 32).

In Tabelle 13.1 wird nicht nur ersichtlich, wie viele pflegende Angehörige sich zum Erhebungszeitpunkt T_1 eine Fortführung des Tagebuch-Schreibens vorstellen konnten, sondern auch inwiefern die Methode bis zum Erhebungszeitpunkt T_2 tatsächlich weitergeführt wurde.

Tabelle 13.1 Weiterführung der Tagebuch-Methode

Teilnehmende	Konnten sich das Weiterführen vorstellen (T_1)	Haben das Tagebuch-Schreiben weitergeführt (T_2)
A001	Ja	Schriftlich
A002	Ja	Nein
A003	Ja	Gedanklich
A004	Ja	Schriftlich
A005	Nein	Gedanklich
A006	Ja	Nein
A007	Ja	Nein
A008	Nein	Gedanklich
A009	Ja	Schriftlich
A010	Ja	Nein

Die Ausführungen machen deutlich, dass die Teilnehmenden durchaus Überlegungen zur Weiterführung des Tagebuch-Schreibens angeben, es jedoch bis zu Erhebungszeitpunkt T_2 nicht alle geschafft haben, das Tagebuch weiter zu schreiben: „Ich habe nicht weitergemacht. Ich habe kein Tagebuch mehr geschrieben" (A007; T_2, Pos. 14). Besonders das schriftliche Reflektieren fiel den Teilnehmenden ohne Tagebuchvorlage und Begleitung schwer, sodass sie die Tagesreflexionen mehrheitlich gedanklich fortgeführt haben:

Eigentlich sehr bewusst, muss ich sagen. Also ich muss wirklich so [...] visualisieren. Also dass ich es mir wirklich so ganz bewusst nochmal überlege, was war denn, wie war es denn. Und ich finde, es hilft einem schon. Also mir geht es gut dabei. Ich mache das auch wirklich fast regelmäßig, muss ich sagen (A008; T2, Pos. 5).

Diesbezüglich geben die teilnehmenden pflegenden Angehörigen an, sich insbesondere in belastenden Situationen vorstellen zu können, das Tagebuch-Schreiben wieder zu beginnen und davon zu profitieren:

> Also ich habe das jetzt nicht gemacht, aber ich kann mir gut vorstellen, dass ich, wenn ich jetzt eben so merke wie jetzt in so einem Moment, dass ich das Gefühl habe, ich schlittere in so einen Autopiloten des Stresses rein, dass ich dann sage so, Stopp, ich mache das mal wieder eine Zeit lang. Also ich würde das wahrscheinlich eher phasenweise machen (A010; T2, Pos. 15).

Die Gründe, warum das Tagebuch-Schreiben nicht fortgeführt wurde, sind unterschiedlich und können beispielsweise auf individuelle Akutsituationen oder Trauerfälle zurückgeführt werden: „Sein Bruder ist inzwischen verstorben [...] Und ähm da habe ich gedacht, das hättest Du jetzt ins Tagebuch schreiben müssen" (A002; T2, Pos. 23–26). Mehrheitlich gehen die pflegenden Angehörigen zudem davon aus, dass für ein gelingendes und regelmäßiges Tagebuch-Schreiben eine (professionelle) Begleitung hilfreich wäre:

> Also das mit dem Tagebuchschreiben war gut, weil ich es machen musste. Da war ein Druck dahinter, was auch positiv war. Aber jetzt so kein Druck mehr dahinter, ich, habe ich einfach diese Energie nicht, weil ich einfach abends so müde bin dann (A006; T2, Pos. 15).

13.3 Methode Tagebuch

Open Access Dieses Kapitel wird unter der Creative Commons Namensnennung 4.0 International Lizenz (http://creativecommons.org/licenses/by/4.0/deed.de) veröffentlicht, welche die Nutzung, Vervielfältigung, Bearbeitung, Verbreitung und Wiedergabe in jeglichem Medium und Format erlaubt, sofern Sie den/die ursprünglichen Autor(en) und die Quelle ordnungsgemäß nennen, einen Link zur Creative Commons Lizenz beifügen und angeben, ob Änderungen vorgenommen wurden.

Die in diesem Kapitel enthaltenen Bilder und sonstiges Drittmaterial unterliegen ebenfalls der genannten Creative Commons Lizenz, sofern sich aus der Abbildungslegende nichts anderes ergibt. Sofern das betreffende Material nicht unter der genannten Creative Commons Lizenz steht und die betreffende Handlung nicht nach gesetzlichen Vorschriften erlaubt ist, ist für die oben aufgeführten Weiterverwendungen des Materials die Einwilligung des jeweiligen Rechteinhabers einzuholen.

Zusammenfassung und Diskussion der Ergebnisse

14

In diesem Kapitel werden ausgewählte Ergebnisse dieser Studie theoretisch verdichtet und in Hinblick auf eine mögliche Implementierung des Tagebuchs diskutiert. Dabei soll die Frage beantwortet werden, inwiefern das Tagebuch als unterstützendes Instrument in der Begleitung und Unterstützung von pflegenden Angehörigen von Menschen mit Demenz angewendet werden kann und welche Bedingungen für eine erfolgreiche Anwendung und Implementierung des Tagebuchs erforderlich sind. In einem ersten Schritt werden hierfür die wesentlichen Ergebnisse in Bezug auf Energieräuber und schöne Momente dargestellt und in Hinblick auf bereits bestehende Literatur theoretisch eingebettet. Im Anschluss daran wird die Methode des Tagebuch-Schreibens diskutiert und unter Einbezug der Erkenntnisse einer durchgeführten Fokusgruppe Implikationen für eine erfolgreiche Implementierung des Tagebuchs in der Praxis gegeben.

14.1 Energieräuber

Wie in Abschnitt 13.1. dargestellt, erleben pflegende Angehörige von Menschen mit Demenz aufgrund der Übernahme der Pflege und Begleitung ihres Angehörigen eine Vielzahl an Herausforderungen und Belastungen. Die von den pflegenden Angehörigen wahrgenommenen und beschriebenen Energieräuber können dabei durch einschlägige Forschungsliteratur gestützt und miteinander verschränkt werden. So charakterisiert die gegenwärtige Belastungsforschung insbesondere pflegende Angehörige von Menschen mit Demenz als stark belastete Personengruppe (Gräßel & Behrndt, 2016; Zank & Schacke, 2007). Die Tatsache, dass pflegende Angehörige von Menschen mit Demenz deutlich stärker belastet sind als pflegende Angehörige von Menschen mit rein somatischen Erkrankungen, lässt sich dabei vor allem durch das Erkrankungsbild Demenz sowie die mit der Demenz einhergehenden Verhaltensveränderungen erklären (Pinquart & Sörensen, 2007; Wetzstein et al., 2015). In den Tagebüchern und Interviews berichten die teilnehmenden pflegenden Angehörigen in diesem Zusammenhang über Schwierigkeiten im Umgang mit ihren an Demenz erkrankten Angehörigen und ordnen permanente Telefonanrufe und das fortwährende Bedürfnis einer sinnvollen und gemeinsamen Beschäftigung mit den pflegenden Angehörigen als alltägliche, belastende Energieräuber ein. Die dabei wahrgenommenen und beschriebenen Verhaltensweisen von Menschen mit Demenz werden etwa vom Medizinischen Dienst in seiner Grundsatzstellungnahme Menschen mit Demenz – Begleitung, Pflege und Therapie als aufforderndes Verhalten beschrieben (2019) und gelten, neben den veränderten Verhaltensweisen von Menschen mit Demenz, für pflegende Angehörige als objektive Belastungsfaktoren in der Pflege und Begleitung eines Menschen mit Demenz (Meier et al., 1999). In ihrer Fürsorgerolle erleben pflegende Angehörige darüber hinaus vorwiegend subjektive Belastungen (Meier et al., 1999), die individuell auf die jeweilige Sorgebeziehung und Pflegesituation sowie das eigene Erleben von den pflegenden Angehörigen wahrgenommen werden. Hinsichtlich dieser subjektiven Belastungen werden Aspekte der physischen und psychischen Gesundheit in den Tagebüchern und Interviews deutlich. Einige pflegende Angehörige berichten davon, selbst an einer körperlichen Erkrankung zu leiden oder aufgrund der Übernahme der Pflege und Begleitung unter gesundheitlichen Einbußen zu leiden. Die pflegenden Angehörigen berichten zudem davon, keine zeitlichen Kapazitäten für regelmäßige Arzttermine oder Präventionsmaßnahmen zu haben. Das Phänomen des *sich selbst vergessens* wurde bereits vor einigen Jahren von Zarit und Kollegen (1985) beschrieben, die pflegende Angehörige demnach als *hidden victims* bezeichnen. Das Konstrukt macht deutlich, dass pflegende Angehörige aufgrund ihrer hohen Belastungen sowohl physisch als auch psychisch stark beansprucht sind und häufig selbst körperliche Beschwerden wie Erkrankungen des Muskel-Skelettal-Systems, ein höheres Risiko für Infektionserkrankungen oder Kopfschmerzen haben (Capistrant et al., 2012; Haley et al., 2010; Roth et al., 2019; Rothgang & Müller, 2018). Weiterhin können auch seelische Erkrankungen wie ein höheres Risiko einer Depression aus den hohen Belastungen resultieren (Butterworth et al., 2010; Sallim et al., 2015; Schäufele et al., 2007; Wilz et al., 1999). Ein Großteil der teilnehmenden pflegenden Angehörigen thematisiert in den Tagebucheinträgen ihren eigenen Gesundheitszustand und das psychische Wohlbefinden, welche subjektiv von den teilnehmenden pflegenden Angehörigen als schlecht bzw. stark belastet eingeschätzt wird. Ein weiterer essentieller

Aspekt in der gegenwärtigen Belastungsforschung ist das Fehlen von sozialen Kontakten und die daraus resultierende Einsamkeit (Andrén & Elmståhl, 2008; Fringer et al., 2022). Auch dieser Zustand wird in den Einträgen der Teilnehmenden deutlich. Darüber hinaus ist bei einigen der teilnehmenden pflegenden Angehörigen eine Belastung durch das soziale Netzwerk erkennbar. Die Tatsache, dass ein bestehendes soziales Netzwerk mitunter auch belastend wirken kann, wurde u. a. von Fringer (2022) sowie Wilz und Pfeiffer (2019) beschrieben. In den Tagebucheinträgen werden diesbezüglich vor allem Konflikte mit anderen in der Pflege und Begleitung involvierten Angehörigen genannt, die die pflegenden Angehörigen unter Druck setzen oder eine Entscheidungsfindung hinsichtlich der Pflege- und Begleitungssituation maßgeblich erschweren. Insgesamt sind vier von zehn der teilnehmenden pflegenden Angehörigen zusätzlich zur Pflege und Begleitung in eine berufliche Tätigkeit eingebunden. Die Vereinbarkeit von Pflege und Beruf stellt insbesondere innerhalb von Schichtarbeitsmodellen sowie Vollzeitstellen eine große Herausforderung für pflegende Angehörige dar, die aktuell in Forschungsarbeiten diskutiert wird (u. a. Clancy et al., 2020; Kuhlmey & Budnick, 2023). Die Erwartung an sich selbst, als pflegende Angehörige alles „unter einen Hut" zu bekommen, wirkt sich dabei nicht ausschließlich positiv im Sinne einer willkommenen Abwechslung und der Möglichkeit von der Pflegesituation Abstand gewinnen zu können, sondern erfordert einen höheren Anteil an Koordination und Flexibilität berufstätiger pflegender Angehöriger. Eine teilnehmende pflegende Angehörige berichtet im Zuge dessen von einer erschwerten beruflichen Tätigkeit aufgrund von fehlendem Verständnis und fehlender Kompromissbereitschaft seitens des Arbeitgebers.

Hinsichtlich der vielfältig erlebten Herausforderungen und Belastungen pflegender Angehöriger von Menschen mit Demenz werden die in Abschnitt 2.2 dargestellten Belastungen auf physischer, psychischer, sozialer und finanzieller Ebene durch die Datenanalyse bestätigt. Die Fürsorge für einen an Demenz erkrankten Angehörigen kann körperlich und emotional belasten und in Folge dessen als kräftezehrender Energieräuber wirken.

14.2 Schöne Momente

Zur Ergänzung und ganzheitlichen Betrachtung der Situation von pflegenden Angehörigen steht hier der ressourcenorientierte Blick auf die Wahrnehmung schöner Momente in der Pflege und Begleitung von Menschen mit Demenz aus Perspektive der pflegenden Angehörigen im Mittelpunkt. Wie bereits in Abschnitt 2.3 eingehend dargestellt liegt der Fokus aktueller Forschungsarbeiten noch auf der Belastungsperspektive. Die positiven Aspekte und deren Auswirkungen werden allerdings immer häufiger im Kontext der familialen Fürsorge von pflegebedürftigen Menschen (mit Demenz) untersucht (Cohen et al., 2002; Habermann et al., 2013; Pendergrass et al., 2019; Smaling et al., 2021; Wang et al., 2022). Eine intensive Auseinandersetzung und die Anerkennung positiver Seiten kann dabei zu einem ganzheitlichen Verständnis informeller Pflegesituationen beitragen (Carbonneau et al., 2010; Pysklywec et al., 2020). Die Betrachtung positiver Aspekte ist dabei nicht als entgegengesetztes Kontinuum zu verstehen, es handelt sich vielmehr um eine eigene individuelle Dimension der Pflegeerfahrung (Boerner et al., 2004; Cheng, 2022; Kramer, 1997a), die eigenständig zu betrachten ist. Die individuelle Wahrnehmung schöner Momente in der Pflege und Begleitung lässt sich auf Grundlage der Tagebucheinträge und Interviews in unterschiedliche Kategorien einordnen, die in Teilen miteinander in Verbindung stehen. In den Analysen konnten insgesamt vier unterschiedliche Kategorien ausfindig gemacht werden, die durch eine Arbeit von Pysklywec und Kollegen (2020) verstärkt werden können. Pysklywec und Kollegen (2020) beschreiben, dass die in der Literatur bereits dargestellten positiven Effekte der Pflegeerfahrung in Beziehungen eingebettet sind und ordnen diese den Bereichen *„Beziehung zu sich selbst"*, *„Beziehung zum Pflegebedürftigen"* sowie *„Beziehung zu anderen"* zu (siehe dazu Abschnitt 2.3). Die aus den Tagebucheinträgen und Interviews induzierten Kategorien *„Interaktion mit Menschen mit Demenz"*, *„Zwischenmenschlichkeit"*, *„soziales Netzwerk"* sowie *„Selbstpflege"* lassen sich den einzelnen Themenbereichen zuordnen und geben der Beziehung zu sich selbst, zur pflegebedürftigen Person sowie zu Anderen einen hohen Stellenwert im Erleben schöner Momente in der Pflegesituation. Gegenwärtige Forschungsarbeiten stellen insbesondere die Wirkungen und Effekte positiver Erfahrungen in der Pflege und Begleitung dar, gehen aber weniger der Frage nach, welche Momente von den Pflegenden als positiv bewertet werden, worauf diese Arbeit erste Antworten gibt.

Bei der Analyse der Tagebucheinträge und Interviews wird deutlich, dass pflegende Angehörige von Menschen mit Demenz insbesondere alltägliche Momente mit ihren an Demenz erkrankten Angehörigen genießen und als schöne Momente wahrnehmen. Dabei kann beispielsweise das Ausführen gemeinsamer Freizeitaktivitäten, ein Spaziergang, Gespräche miteinander oder das gemeinsame Lachen als positiv erlebt werden. Einige der pflegenden Angehörigen berichten darüber hinaus, dass sich durch die Begleitung und Pflege ihrer an Demenz erkrankten Angehörigen das Verhältnis zueinander verbessert habe und intensiver wurde. Die Entwicklung einer engeren Bindung und Beziehung zueinander können auch in dieser Studie als wesentliche Gründe angesehen werden eine Pflege und

14.2 Schöne Momente

Begleitung (langfristig) zu übernehmen (vgl. Andrén & Elmståhl, 2005; Habermann et al., 2013; Kuuppelomäki et al., 2004; Motenko, 1989; Peacock et al., 2010; Pysklywec et al., 2020). Mit einem intensiveren Verhältnis zueinander ist es den pflegenden Angehörigen weiterhin möglich, Momente der Zwischenmenschlichkeit innerhalb der Pflegedyade zu erleben. Insbesondere die (ehe-) partnerschaftliche Pflege und Begleitung wird dabei von gegenseitiger Liebe, Zuneigung und Nähe zueinander geprägt. Als besonders wertvoll wird dabei von den teilnehmenden pflegenden Angehörigen die Reziprozität zwischen Pflegenden und Zu-Pflegenden wahrgenommen und in den Tagebucheinträgen und Interviews genannt. Dennoch ist darauf hinzuweisen, dass positive Pflegeerfahrungen durchaus individuell wahrgenommen werden und vor allem in Abhängigkeit mit der jeweiligen Pflegesituation und dem Verhältnis zwischen den Pflegenden und der pflegebedürftigen Person steht.

Im Folgenden werden die wesentlichen Aussagen der einzeln ausgearbeiteten Kategorien des Ergebnisteils zusammengefasst und mit der vorliegenden Literatur theoretisch verschränkt.

Soziales Netzwerk
Wie aus den dargestellten Ergebnissen (Kapitel 13) ersichtlich wird, ist das soziale Netzwerk die häufigste genannte Kategorie hinsichtlich der Wahrnehmung positiver Aspekte innerhalb der Pflegesituation. Insbesondere das familiäre Netzwerk spielt bei den teilnehmenden pflegenden Angehörigen eine wesentliche Rolle. Dabei werden auf der einen Seite schöne Momente gemeinsam mit der Familie (und der pflegebedürftigen Person) erlebt sowie die Familie – insbesondere Kinder und Enkelkinder – als Kraftspender wahrgenommen. Auf der anderen Seite werden wesentliche Aspekte der Unterstützung und Hilfestellung durch die Familie genannt, die es den pflegenden Angehörigen ermöglichen, eine Auszeit zu nehmen, Abstand von der Pflegesituation zu gewinnen und Kraft zu sammeln. Darauf weisen auch Arbeiten von Peacock und Kollegen (2010) sowie Lindeza und Kollegen (2020) hin: Ihren Arbeiten zufolge fühlen sich pflegende Angehörige vor allem durch die Familie gut in der Übernahme der Pflege und Begleitung eines Angehörigen unterstützt. Dies zeigt die Wichtigkeit eines stabilen familiären Umfelds in Bezug auf die Übernahme der Pflege und Begleitung eines Angehörigen deutlich auf.

Freunde und Bekannte werden in den schriftlichen Ausführungen der pflegenden Angehörigen ebenfalls im Kontext des sozialen Netzwerkes als Kraftspender bzw. in der Wahrnehmung schöner Momente genannt. Gemeinsame Treffen sowie das Teilen und Ausführen gemeinsamer Interessen und Hobbies nehmen dabei einen hohen Stellenwert ein. Die gemeinsame Zeit mit Freunden und Bekannten erscheint nicht nur als Auszeit, sondern ermöglicht es darüber hinaus von Sorgen und Problemen zu berichten und ein „offenes Ohr" zu finden, sodass die pflegenden Angehörigen fast schon einen therapeutischen Nutzen aus der gemeinsamen Zeit mit Freunden und Bekannten ziehen können. Ebendiese positive Wirkung von Freunden und Bekannten wird auch in Arbeiten von Mehrotra und Sukumar (2007) sowie Lindeza und Kollegen (2020) beschrieben.

Mit Blick auf erwerbstätige pflegende Angehörige gilt auch das Kollegium bzw. die Möglichkeit, einer beruflichen Tätigkeit nachzugehen und diese auszuüben, als kraftspendend und wirkt sich positiv auf die Wahrnehmung der Pflegesituation aus. Dieser Aspekt scheint vor allem in Zukunft von hoher Relevanz zu sein, da immer mehr Menschen früher an einer Demenz erkranken, was mit zusätzlichen Belastungen und Herausforderungen auf unterschiedlichen Ebenen verknüpft ist (Chiari et al., 2021), sodass vor allem an dieser Stelle mit Blick auf positive Aspekte weiterer Forschungsbedarf besteht.

Durch die Übernahme der Pflege und Begleitung kann es zudem zu einer Erweiterung des sozialen Netzwerks kommen. Die teilnehmenden pflegenden Angehörigen haben in diesem Zusammenhang davon berichtet, dass vor allem der Kontakt zu anderen betroffenen pflegenden Angehörigen sowie zu professionellen Akteuren, beispielsweise zu professionell Pflegenden oder die Nutzung von Beratungsangeboten, als positiv erlebt wird. Vor allem der Austausch mit anderen Betroffenen und das „sich Verstanden-fühlen" bzw. gegenseitige Kraft spenden scheint dabei positive Auswirkungen auf die pflegenden Angehörigen zu haben (Peacock et al., 2010).

Selbstpflege
Aus den Tagebüchern und Interviews der teilnehmenden pflegenden Angehörigen geht hervor, dass vor allem Momente der Selbstfürsorge und Selbstpflege im Wesentlichen für das Aufrechterhalten von Wohlbefinden und Lebensqualität notwendig sind. Ebendiese Momente, in denen pflegende Angehörige etwas für sich selbst tun, ermöglichen es, Kraft zu sammeln und Abstand von der Pflegesituation zu gewinnen. Aspekte der Selbstpflege sind dabei durchaus individuell und abhängig von den Interessen und Charakterzügen der Pflegenden: So versuchen einige pflegende Angehörige durch körperliche Aktivitäten wie Joggen, Spaziergänge in der Natur oder Yoga für sich selbst zu sorgen, andere hingegen benötigen Zeit für sich selbst, in dem sie tägliche Rituale in ihren Alltag einbauen, Achtsamkeitsübungen machen oder ihren Hobbies nachgehen. Ihnen allen ist jedoch gemeinsam, dass sie die pflegenden Angehörigen erden und dazu beitragen, die Fähigkeit zu stärken, die kleinen Momente zu genießen sowie das Selbstwertgefühl und Selbstwirksamkeit zu verbessern. Die positive Wirkung ebendieser Faktoren wurde in Abschnitt 2.3 eingehend dargestellt.

14.2 Schöne Momente

Interaktion zwischen pflegenden Angehörigen und Menschen mit Demenz
Wie bereits im theoretischen Teil dieser Arbeit ausführlich dargestellt, werden schöne Momente von pflegenden Angehörigen insbesondere in Verbindung mit der pflegebedürftigen Person wahrgenommen. Dabei wird der Beziehungsdimension ein wesentlicher Aspekt in der Wahrnehmung schöner Momente in der Pflege und Begleitung zugesprochen (Nolan et al., 2004). Auch die an dieser Studie teilnehmenden pflegenden Angehörigen geben an, dass die gemeinsame Zeit mit ihren pflegebedürftigen Angehörigen als wesentlich im Erleben positiver Aspekte angesehen wird und beschreiben dabei vor allem die Gestaltung gemeinsamer alltäglicher Momente und das gemeinsame Unternehmen von Freizeitaktivitäten als schöne Momente in der Pflege und Begleitung. Habermann und Kollegen (2013) führen ebenfalls die Zeit, die die Pflegenden mit ihren pflegebedürftigen Angehörigen im Alltag verbringen, als bedeutungsvoll an. Es ist anzunehmen, dass sich durch diese Aspekte auch die Beziehung untereinander innerhalb der Pflegesituation oder gerade durch die Pflegesituation verbessern kann, was durch Arbeiten von Cheng und Kollegen (2015), Lloyd und Kollegen (2016) sowie Yu und Kollegen (2018) bestätigt werden kann. Den Ausführungen der teilnehmenden pflegenden Angehörigen zufolge spielen vor allem gemeinsame Gespräche und das miteinander Lachen eine große Rolle innerhalb der gemeinsam erlebten Pflege und Begleitung. Ebendiese Aspekte sind dabei nicht gänzlich von der Kategorie Zwischenmenschlichkeit abzugrenzen, welche im Folgenden beschrieben wird.

Zwischenmenschlichkeit
Momente der Zwischenmenschlichkeit heben vor allem das Gefühl der gegenseitigen Liebe, Nähe und Zuneigung zwischen der (Pflege-)Dyade hervor. Diese wird dabei insbesondere pflegenden (Ehe-)Partnern zugeschrieben, jedoch auch von Eltern-Kind-Dyaden erlebt. Dabei sind vor allem reziproke Blicke, Berührungen und der Austausch von Zärtlichkeiten für pflegende Angehörige in der Übernahme der Pflege und Begleitung kraftspendend und sinnstiftend. In diesem Zusammenhang sei auf Habermann und Kollegen (2013) verwiesen, die ebenfalls Aspekte der Liebe als schöne Momente in der Pflege und Begleitung werten. Insbesondere die vorherrschende Gegenseitigkeit wird dabei bereits von Peacock und Kollegen (2010), Motenko (1989) sowie Nolan und Kollegen (1996) aufgezeigt. Die Autoren sehen hierbei eine Abhängigkeit zwischen erlebter Reziprozität und der Qualität der Beziehung im Kontext der Wahrnehmung positiver Momente.

Dankbarkeit und der Wunsch, den pflegenden Angehörigen zu helfen, sind darüber hinaus ebenfalls Momente, in denen die Menschen mit Demenz ihre Zuneigung und Liebe gegenüber ihrem Partner zeigen, woraus die pflegenden Angehörigen im erweiterten Sinne Kraft und Mut ziehen können. Die entgegengebrachte Wertschätzung der pflegebedürftigen Person kann sich hierbei nach Kuuppelomäki und Kollegen (2004) sowie Andrén und Elmståhl (2005) positiv auf die Pflegeerfahrung auswirken. Auch Wang und Kollegen (2022) belegen vor diesem Hintergrund positive Aspekte in der Übernahme der Pflege und Begleitung. Die Ergebnisse sind dabei auch mit Arbeiten von Braithwaite (1996) in Verbindung zu setzen, die belegen, dass pflegende Angehörige, welche ein hohes Maß an Liebe und Intimität empfinden, in der Übernahme der Pflege und Begleitung positivere Gefühle sowie ein besseres psychisches Wohlbefinden aufzeigen.

14.3 Methode Tagebuch

Die in dieser Arbeit entwickelte und angewandte Methode des Tagebuchs-Schreibens wurde mit Blick auf Historie und Entwicklung des Tagebuchs in der Wissenschaft in Kapitel 3 eingehend betrachtet und dargestellt. Dabei wurde insbesondere die positive Wirkung des Schreibens deutlich. Auch der ressourcenorientierte Blick auf die Pflege und Begleitung von Menschen mit Demenz und deren Wirkung auf pflegende Angehörige erwies sich als wertvoll in der Entwicklung von Unterstützungsmaßnahmen für pflegende Angehörige (von Menschen mit Demenz). Die eingesetzte Methode des Tagebuch-Schreibens wurde von den teilnehmenden pflegenden Angehörigen als mehrheitlich positiv und gewinnbringend bewertet. Alle Schreibenden haben dabei über insgesamt vier Wochen (28 Tage) das Tagebuch (fast) täglich genutzt und dabei den Fokus ihrer (Selbst-)Reflexionen auf die schönen Momente in der Begleitung und Pflege ihrer an Demenz erkrankten Angehörigen gelegt. Die Schreibenden entwickelten dabei nicht nur eine tägliche Routine, es ist ihnen darüber hinaus gelungen, den Blick nicht ausschließlich auf die in der Regel vorherrschenden Belastungen zu werfen, sondern auch die Betrachtung positiver Pflegeerfahrungen zuzulassen. Insbesondere Kleinigkeiten bzw. alltägliche Momente konnten dabei stärker wahrgenommen werden. Die pflegenden Angehörigen berichteten zudem davon, jene wahrgenommenen Momente, die nicht zuletzt vor allem von Nähe und Intimität innerhalb der Pflegedyade geprägt sind, stärker zu genießen. Dabei haben die Schreibenden auch positive Auswirkungen bei ihren Angehörigen feststellen können. In diesem Zusammenhang ist anzumerken, dass lediglich zwei Teilnehmende (Abschnitt 12.2.4 und 12.2.9) bereits vor der Anwendung des Tagebuchs mit der Methode Tagebuch-Schreiben vertraut waren. Die Ergebnisse entgegnen dahingehend den Befürchtungen von pflegenden Angehörigen, die sich gegen eine

14.3 Methode Tagebuch

Teilnahme an der Studie entschieden haben: Als Gründe gegen eine Teilnahme wurden vor allem die hohe Belastung durch die Pflege und Begleitung sowie der zeitliche Aufwand, den eine Projektteilnahme nachziehen würde, genannt. Auch die Methode des Tagebuch-Schreibens wurde in diesem Zusammenhang teilweise abgelehnt. Weiterhin hat ein Teil der angefragten pflegenden Angehörigen aus Angst, keine schönen Momente mit ihren an Demenz erkrankten Angehörigen zu erleben, nicht teilgenommen.

Die Methode des Tagebuch-Schreibens kann aufgrund der vorgestellten positiven Wirkungen auf pflegende Angehörige und Menschen mit Demenz als eine hilfreiche Strategie zur Selbstreflexion angesehen werden, die nicht nur die bewusste Wahrnehmung schöner Momente fördert, sondern darüber hinaus die Schreibenden empfänglicher für ebendiese schönen Momente macht.

Das Tagebuch-Schreiben kann zudem als eine Achtsamkeitstechnik angewendet werden, mit deren Hilfe innere Prozesse angestoßen werden können und eine Möglichkeit angeboten wird, einen Zugang zu wahrgenommenen Gedanken und Gefühlen zu finden und dadurch (belastenden) Situationen mit Offenheit und Neugier zu begegnen. „Achtsamkeit [unterstützt] den Menschen, Dinge aus einem anderen Blickwinkel zu betrachten und zu einer neuen höheren Erkenntnis zu gelangen" (Billmann et al., 2009, S. 192). Wie aus den Ausführungen des theoretischen Teils zur Wirkung von Schreiben (Abschnitt 3.3) ersichtlich wird, hat autobiographisches, selbstregulatives Schreiben zudem einen positiven Einfluss auf die physische und psychische Gesundheit der Schreibenden und kann als hilfreiches Instrument zur Selbstsorge von pflegenden Angehörigen (von Menschen mit Demenz) angewendet werden.

Anzumerken ist jedoch auch, dass das Tagebuch-Schreiben sehr individuell ist und nicht jede Person einen positiven Nutzen daraus zieht. Die Selbstreflexionen können, vor allem zu Beginn, negativ belasten und möglicherweise unter Druck setzen, einen schönen Moment erleben zu müssen. Grundsätzlich ist jedoch davon auszugehen, dass die Anwendung der Tagebuch-Methode positive Auswirkungen auf die Schreibenden hat und die Entwicklung eines anderen Blickwinkels für die aktuelle Lebenssituation, in diesem Fall der Pflegesituation, erlaubt. Die gemeinsame Zeit mit den an Demenz erkrankten Angehörigen wird dabei aus Sicht der pflegenden Angehörigen mehr wertgeschätzt und in Folge dessen als weniger belastend erlebt.

Im Rahmen einer Fokusgruppe wurden die Ergebnisse professionellen Akteuren aus unterschiedlichen Bereichen (u. a. Psychologie, Pflege, Beratung, Bildung und Kirche) vorgestellt und gemeinsam mögliche Ansatzpunkte für einen Transfer in die Praxis diskutiert. Die Teilnehmenden äußerten sich dabei zu der vorgestellten Methode durchweg positiv und sehen ein hohes Anwendungspotential – nicht zuletzt auch in ihrer eigenen Arbeit, in der sie zum Teil (hoch belastete) pflegende Angehörige begleiten und beraten. Aus der Fokusgruppe heraus wurden Ideen generiert, in welcher Form das Tagebuch weiterentwickelt werden kann sowie Anwendungsmöglichkeiten für die Praxis diskutiert, die im abschließenden Kapitel (Kapitel 15) detailliert dargestellt werden.

Open Access Dieses Kapitel wird unter der Creative Commons Namensnennung 4.0 International Lizenz (http://creativecommons.org/licenses/by/4.0/deed.de) veröffentlicht, welche die Nutzung, Vervielfältigung, Bearbeitung, Verbreitung und Wiedergabe in jeglichem Medium und Format erlaubt, sofern Sie den/die ursprünglichen Autor(en) und die Quelle ordnungsgemäß nennen, einen Link zur Creative Commons Lizenz beifügen und angeben, ob Änderungen vorgenommen wurden.

Die in diesem Kapitel enthaltenen Bilder und sonstiges Drittmaterial unterliegen ebenfalls der genannten Creative Commons Lizenz, sofern sich aus der Abbildungslegende nichts anderes ergibt. Sofern das betreffende Material nicht unter der genannten Creative Commons Lizenz steht und die betreffende Handlung nicht nach gesetzlichen Vorschriften erlaubt ist, ist für die oben aufgeführten Weiterverwendungen des Materials die Einwilligung des jeweiligen Rechteinhabers einzuholen.

Abschließende Gedanken und Ausblick 15

In diesem Kapitel werden abschließende Gedanken zu dieser Arbeit vorgestellt und unter Berücksichtigung der dargestellten Ergebnisse (Kapitel 13) weiterer Forschungsbedarf aufgezeigt und formuliert.

Mit Hilfe der für diese Studie entwickelten Tagebuchvorlage können pflegende Angehörige auf die Wahrnehmung schöner Momente in der Pflege und Begleitung ihrer an Demenz erkrankten Familienmitglieder sensibilisiert werden. Die Auswirkungen des Tagebuch-Schreibens waren für die pflegenden Angehörigen individuell, es zeigte sich aber eine klare Tendenz in Richtung einer positiven Wirkung.

Die Durchführung dieser Studie erfolgte rein qualitativ, weil individuelle Versorgungs- und Pflegesituationen und deren Entwicklung durch die Anwendung der Tagebuchvorlage betrachtet werden sollten. Die qualitative Auswertung der Tagebucheinträge erlaubt dahingehend nicht nur Offenheit und ein hohes Maß an Individualität, sondern ermöglicht insbesondere einen Blick in die „Innenperspektive" pflegender Angehöriger von Menschen mit Demenz, die durch die schlichte Anwendung von Interviews und Fragebögen nicht möglich wäre (Wilz & Brähler, 1997). Jedoch ist darauf hinzuweisen, dass aufgrund des qualitativen Forschungsansatzes von keiner Repräsentativität der Ergebnisse auszugehen ist.

Um die Aussagekraft der Ergebnisse zu stärken und eine Generalisierung zu ermöglichen, ist bei weiteren Forschungsarbeiten die Größe der Stichprobe zu erhöhen und mit quantitativen Befragungen zu ergänzen. Weiterhin ist zu erwähnen, dass pflegende Angehörige von Menschen mit Demenz an dieser Studie teilgenommen haben, die durchweg als Hauptpflegepersonen ihre an Demenz erkrankten Angehörigen begleitet und versorgt haben. Mehrheitlich handelte es sich hierbei um pflegende Frauen im Alter zwischen 50 und 76 Jahren, die

die Pflege und Begleitung ihrer (Schwieger-) Eltern oder Ehepartner übernommen haben. Obwohl sich dieses Profil auch in der Soziodemographie pflegender Angehöriger in Deutschland niederschlägt, sollten in weiteren Studien nicht nur mehr Teilnehmende berücksichtigt, sondern ebenso ein ausgewogeneres Geschlechterverhältnis geschaffen werden.

Darüber hinaus wurden in die Untersuchung ausschließlich pflegende Angehörige von Menschen mit Demenz eingebunden, da diese Personengruppe stark belastet ist und mit besonderen Herausforderungen hinsichtlich ihrer Pflegesituation konfrontiert ist. Es ist jedoch anzunehmen, dass die Förderung der Ressourcenorientierung und Wahrnehmung positiver Momente innerhalb der Pflegesituationen im Rahmen der Anwendung der Methode des Tagebuch-Schreibens auch ein hilfreiches Instrument für pflegende Angehörige im Allgemeinen oder Pflegekräfte im professionellen Setting sein kann, woraus sich weitere Forschungsfragen für zukünftige Projekte ergeben.

Im Vordergrund der Entwicklung der Tagebuchvorlage stand bereits zu Beginn dieser Arbeit der praktische Nutzen und Gewinn für pflegende Angehörige. Die Anwendung des Tagebuchs stellt dabei eine innovative Methode zur Selbsthilfe pflegender Angehöriger dar, welche nicht nur eine Sensibilisierung schöner Momente bei den Schreibenden bewirken, sondern ebenso die Gedanken der teilnehmenden pflegenden Angehörigen auf das Positive lenken und schließlich die Wahrnehmung der Pflegesituation verbessern kann. Das Tagebuch kann deshalb als hilfreiches Manual in der Beratung und Begleitung von pflegenden Angehörigen diskutiert werden und in der Praxis, beispielsweise in professionellen Beratungen, Selbsthilfegruppen und Angehörigengruppen angewendet werden.

Die Tagebuchvorlage könnte dabei in Form einer Broschüre aufbereitet werden, die zusätzliche Informationen und Unterstützungsangebote für pflegende Angehörige enthält. So entsteht eine sinnvolle Mehrdimensionalität, die den pflegenden Angehörigen die Freiheit lässt, nur das zu nutzen, was einem gerade als hilfreich und unterstützend erscheint; und die Möglichkeit bietet, etwas Neues auszuprobieren. Die Broschüre sollte für pflegende Angehörige möglichst leicht zugänglich sein, sowohl in Bezug auf die Infrastruktur als auch in Bezug auf die Gestaltung.

Mit Blick auf die Digitalisierung ergeben sich hinsichtlich der praktischen Anwendung der Tagebuchvorlage zudem weitere Ideen für eine Fortführung des Projekts. So könnte, hinsichtlich der Zielgruppe und unter Berücksichtigung ihrer Ressourcen, die Entwicklung einer App im Form eines digitalen Tagebuchs ein Ansatzpunkt sein, der weiter ausgebaut und wissenschaftlich begleitet werden sollte.

15 Abschließende Gedanken und Ausblick

Hinsichtlich des Praxistransfers sollten dabei nicht zuletzt auch die bereits aufgeführten motivationalen Aspekte der Begleitung bedacht werden. So können im Rahmen praktischer Formate für die Zielgruppe Schreibwerkstätten entstehen oder das Tagebuch in Angehörigengruppen eingebunden werden, sodass ein Austausch zwischen den Schreibenden möglich wird. Zudem könnten Lesungen im Rahmen öffentlicher Veranstaltungen nicht nur pflegenden Angehörigen eine Stimme in der Gesellschaft geben, sondern diese sensibilisieren und darin unterstützen, einen reflektierten und ganzheitlichen Blick auf die Pflege und Begleitung eines Menschen mit Demenz in der Gesellschaft zu schaffen.

Eine mögliche Weiterentwicklung des Tagebuchs folgt dabei einem innovativen Transfergedanken mit dem Ziel der Förderung der Lebensqualität pflegender Angehöriger von Menschen mit Demenz: Der niedrigschwellige Zugang zu einer neuartigen Unterstützungsmaßnahme in Form einer ressourcenorientierten Tagebuchvorlage kann dazu führen, dass das subjektive Wohlbefinden und die Lebensqualität pflegender Angehöriger gestärkt wird und leistet damit einen Beitrag zu einer gesamtgesellschaftlichen Aufgabe.

Open Access Dieses Kapitel wird unter der Creative Commons Namensnennung 4.0 International Lizenz (http://creativecommons.org/licenses/by/4.0/deed.de) veröffentlicht, welche die Nutzung, Vervielfältigung, Bearbeitung, Verbreitung und Wiedergabe in jeglichem Medium und Format erlaubt, sofern Sie den/die ursprünglichen Autor(en) und die Quelle ordnungsgemäß nennen, einen Link zur Creative Commons Lizenz beifügen und angeben, ob Änderungen vorgenommen wurden.

Die in diesem Kapitel enthaltenen Bilder und sonstiges Drittmaterial unterliegen ebenfalls der genannten Creative Commons Lizenz, sofern sich aus der Abbildungslegende nichts anderes ergibt. Sofern das betreffende Material nicht unter der genannten Creative Commons Lizenz steht und die betreffende Handlung nicht nach gesetzlichen Vorschriften erlaubt ist, ist für die oben aufgeführten Weiterverwendungen des Materials die Einwilligung des jeweiligen Rechteinhabers einzuholen.

Literaturverzeichnis

Allen, S. F., Wetherell, M. A. & Smith, M. A. (2020). Online writing about positive life experiences reduces depression and perceived stress reactivity in socially inhibited individuals. *Psychiatry Research, 284*, 112697.
Alltag, S., Conrad, I. & Riedel-Heller, S. G. (2019). Pflegebelastungen bei älteren Angehörigen von Demenzerkrankten und deren Einfluss auf die Lebensqualität: Eine systematische Literaturübersicht. *Zeitschrift für Gerontologie und Geriatrie, 52*(5), 477–486.
Andrén, S. & Elmståhl, S. (2005). Family caregivers' subjective experiences of satisfaction in dementia care: aspects of burden, subjective health and sense of coherence. *Scandinavian journal of caring sciences, 19*(2), 157–168.
Andrén, S. & Elmståhl, S. (2008). The relationship between caregiver burden, caregivers' perceived health and their sense of coherence in caring for elders with dementia. *Journal of clinical nursing, 17*(6), 790–799.
Angerer, E. (2011). Zur häuslichen Betreuung von Demenzkranken in Oberösterreich. Eine qualitative Befragung von Angehörigen von Demenzkranken und Case ManagerInnen der OÖGKK (Paper / Institut für Gesellschafts- und Sozialpolitik, Johannes-Kepler-Universität Linz, Bd. 31). Linz: Gebietskrankenkasse.
Austin, J. T. & Vancouver, J. B. (1996). Goal constructs in psychology: Structure, process, and content. *Psychological bulletin, 120*(3), 338–375.
Baikie, K. A., Geerligs, L. & Wilhelm, K. (2012). Expressive writing and positive writing for participants with mood disorders: An online randomized controlled trial. *Journal of affective disorders, 136*(3), 310–319.
Bartlett, R. & Milligan, C. (2015). *Diary method. Research methods*. London, New York: Bloomsbury Publishing.
Baur, N. & Blasius, J. (2014). *Handbuch Methoden der empirischen Sozialforschung*. Wiesbaden: Springer.
Bernfeld, S. (1978). *Trieb und Tradition im Jugendalter. Kulturpsychologische Studien an Tagebüchern* (Bd. 2) Frankfurt a.M.: Paed.-Extra-Buchverlag.
Bernfeld, S. (2010). *Vom Gemeinschaftsleben der Jugend: Beiträge zur Jugendforschung* (Bd. 2). Leipzig, Wien, Zürich: Internationaler Psychoanalytischer Verlag.
Billmann, M., Schmidt, B. & Seeberger, B. (2009). *In Würde Altern: Konzeptionelle Überlegungen für die Altenhilfe* (Bd. 109). Frankfurt a.M.: Mabuse-Verlag.

Bitzer-Gavornik, G. (2012). Persönlichkeitsentwicklung/Selbsterfahrung. In G. Bitzer-Gavornik (Hg.): *Lebens- und Sozialberatung in Österreich.* 3., überarbeitete Auflage. Wien: Facultas Verlags- und Buchhandels AG. S. 21–25.

Bjørge, H., Sæteren, B. & Ulstein, I. D. (2019). Experience of companionship among family caregivers of persons with dementia: A qualitative study. *Dementia, 18*(1), 228–244.

Blenkner, M. (1965). Social work and family relationships in later life with some thoughts on filial maturity. *Social structure and the family: Generational relations,* 46–59.

Blickhan, D. (2015). *Positive Psychologie. Ein Handbuch für die Praxis.* Paderborn: Junfermann.

Blotenberg, I. & Thyrian, J. R. (2022). *Informationsblatt 1: Die Häufigkeit von Demenzerkrankungen.* Deutsche Alzheimer Gesellschaft e. V., Selbsthilfe Demenz, Berlin.

Bluck, S. & Alea, N. (2008). Remembering being me: the self continuity function of autobiographical memory in younger and older adults. In F. Sani (Hg.): *Self-continuity: Individual and collective perspectives.* New York: Psychology Press. S. 55–70.

Bluck, S. & Liao, H.-W. (2013). I was therefore I am: Creating self-continuity through remembering our personal past. *The International Journal of Reminiscence and Life Review, 1*(1), 7–12.

Boerner, K., Horowitz, A. & Schulz, R. (2004). Positive aspects of caregiving and adaptation to bereavement. *Psychology and aging, 19*(4), 668–675.

Boerner, P. (1969). *Tagebuch* (Vol. 85). Stuttgart: Sammlung Metzler.

Bohnet-Joschko, S. & Bidenko, K. (2022). Hochbelastete Gruppen pflegender Angehöriger–Ergebnisse einer Clusteranalyse. *Das Gesundheitswesen, 84*(06), 510–516.

Bohnsack, R., Marotzki, W. & Meuser, M. (2011). *Hauptbegriffe qualitativer Sozialforschung* (3. Aufl.). Opladen, Farmington Hills, MI: Verlag Barbara Budrich.

Bolger, N., Davis, A. & Rafaeli, E. (2003). Diary methods: Capturing life as it is lived. *Annual review of psychology, 54*(1), 579–616.

Booth, R. J., Petrie, K. J. & Pennebaker, J. W. (1997). Changes in circulating lymphocyte numbers following emotional disclosure: evidence of buffering? *Stress medicine, 13*(1), 23–29.

Bowling, A. (2014). *Research methods in health: Investigating Health and Health Services.* 4. Aufl. Berkshire: Open University Press.

Braithwaite, V. (1996). Between stressors and outcomes: Can we simplify caregiving process variables? *The Gerontologist, 36*(1), 42–53.

Braun, M., Scholz, U., Hornung, R. & Martin, M. (2010). Die subjektive Belastung pflegender Ehepartner von Demenzkranken. *Zeitschrift für Gerontologie und Geriatrie, 43*(2), 111–119.

Breuer, F., Deppermann, A., Kuckartz, U., Mey, G., Mruck, K. & Reichertz, J. (2014). All is data–Qualitative Forschung und ihre Daten. *Qualitative Forschung: Analysen und Diskussionen–10 Jahre Berliner Methodentreffen,* 261–290.

Brody, E. M. (1985). Parent care as a normative family stress. *The Gerontologist, 25*(1), 19–29.

Bruder, J. (1988). Filiale Reife – Ein wichtiges Konzept für die familiäre Versorgung kranker, insbesondere dementer alter Menschen. *Zeitschrift für Gerontopsychologie und -psychiatrie, 1*(1), 95–101.

Literaturverzeichnis

Bundesministerium für Familie, Senioren, Frauen und Jugend (BMFSFJ). (2002). *Vierter Altenbericht zur Lage der älteren Generation in der Bundesrepublik Deutschland: Risiken, Lebensqualität und Versorgung Hochaltriger – unter besonderer Berücksichtigung demenzieller Erkrankungen.* Berlin.

Bundesministerium für Familie, Senioren, Frauen und Jugend (BMFSFJ). (2016). *Siebter Altenbericht. Sorge und Mitverantwortung in der Kommune–Aufbau und Sicherung zukunftsfähiger Gemeinschaften und Stellungnahme der Bundesregierung.* Berlin.

Bundesministerium für Gesundheit (BMG). (2023). Soziale Absicherung der Pflegeperson, in: https://www.bundesgesundheitsministerium.de/soziale-absicherung-der-pflege person.html#:~:text=Eine%20Pflegeperson%20im%20Sinne%20des,oder%20seiner% 20h%C3%A4uslichen%20Umgebung%20pflegt; 18.09.2023.

Burton, C. M. & King, L. A. (2004). The health benefits of writing about intensely positive experiences. *Journal of research in personality, 38*(2), 150–163.

Butterworth, P., Pymont, C., Rodgers, B., Windsor, T. D. & Anstey, K. J. (2010). Factors that explain the poorer mental health of caregivers: Results from a community survey of older Australians. *Australian & New Zealand Journal of Psychiatry, 44*(7), 616–624.

Cameron, J. I., Stewart, D. E., Streiner, D. L., Coyte, P. C. & Cheung, A. M. (2014). What makes family caregivers happy during the first 2 years post stroke? *Stroke, 45*(4), 1084–1089.

Cameron, L. D. & Nicholls, G. (1998). Expression of stressful experiences through writing: effects of a self-regulation manipulation for pessimists and optimists. *Health Psychology, 17*(1), 84–92.

Capistrant, B. D., Moon, J. R., Berkman, L. F. & Glymour, M. M. (2012). Current and long-term spousal caregiving and onset of cardiovascular disease. *Journal of Epidemiology and Community Health, 66*(10), 951–956.

Carbonneau, H., Caron, C. & Desrosiers, J. (2010). Development of a conceptual framework of positive aspects of caregiving in dementia. *Dementia, 9*(3), 327–353.

Cartwright, J. C., Archbold, P. G., Stewart, B. J. & Limandri, B. (1994). Enrichment processes in family caregiving to frail elders. *Advances in Nursing Science, 17*(1), 31–43.

Cheng, S.-T., Mak, E. P. M., Lau, R. W. L., Ng, N. S. S. & Lam, L. C. W. (2015). Voices of Alzheimer Caregivers on Positive Aspects of Caregiving. *The Gerontologist, 56*(3), 451–460.

Cheng, S.-T. (2022). Two sides of the same coin? Revisiting the relationship between burden and positive aspects of caregiving in dementia. *International Journal of Geriatric Psychiatry, 37*(8), 1–9.

Chiari, A., Pistoresi, B., Galli, C., Tondelli, M., Vinceti, G., Molinari, M. A., Addabbo, T. & Zamboni, G. (2021). Determinants of caregiver burden in early-onset dementia. *Dementia and Geriatric Cognitive Disorders Extra, 11*(2), 189–197.

Clancy, R. L., Fisher, G. G., Daigle, K. L., Henle, C. A., McCarthy, J. & Fruhauf, C. A. (2020). Eldercare and Work Among Informal Caregivers: A Multidisciplinary Review and Recommendations for Future Research. *Journal of Business and Psychology, 35*(1), 9–27.

Cohen, C. A., Colantonio, A. & Vernich, L. (2002). Positive aspects of caregiving: rounding out the caregiver experience. *International Journal of Geriatric Psychiatry, 17*(2), 184–188.

Cohen, C. A., Gold, D. P., Shulman, K. I. & Zucchero, C. A. (1994). Positive aspects in caregiving: An overlooked variable in research. *Canadian Journal on Aging/La revue canadienne du vieillissement, 13*(3), 378–391.

Creswell, J. W. & Creswell, J. D. (2017). *Research design: Qualitative, quantitative, and mixed methods approaches* (3. Aufl.). Los Angeles: Sage Publications.

Crow, D. M. (2000). *Physiological and health effects of writing about stress*. Southern Methodist University: ProQuest Dissertations Publishing.

Cunha, L. F., Pellanda, L. C. & Reppold, C. T. (2019). Positive Psychology and Gratitude Interventions: A Randomized Clinical Trial. *Frontiers in Psychology, 10*, 584.

DAK-Gesundheit. (2015). *Pflege-Report 2015*. Hamburg: DAK-Gesundheit.

Deutsche Gesellschaft für Allgemeinmedizin und Familienmedizin (DEGAM). (2018). *DEGAM-S3 Leitlinie: Pflegende Angehörige von Erwachsenen*. (AWMF-Register-Nr. 053–006, DEGAM-Leitlinie Nr. 6). Berlin.

Ducharme, F., Lévesque, L., Lachance, L., Giroux, F., Legault, A. & Préville, M. (2005). 'Taking Care of Myself' Efficacy of an intervention programme for caregivers of a relative with dementia living in a long-term care setting. *Dementia, 4*(1), 23–47.

Duggleby, W., Bally, J., Cooper, D., Doell, H. & Thomas, R. (2012). Engaging hope: the experiences of male spouses of women with breast cancer. *Oncology Nursing Forum, 39*(4), 400–406.

Duplantier, S. C. & Williamson, F. A. (2023). Barriers and Facilitators of Health and Well-Being in Informal Caregivers of Dementia Patients: A Qualitative Study. *International Journal of Environmental Research and Public Health, 20*(5), 4328.

Eggert, S. & Teubner, C. (2022). *Distance Caregiving – Unterstützung und Pflege auf räumliche Distanz*. Zentrum für Qualität in der Pflege (ZQP). Berlin.

Ehrlich, U. & Kelle, N. (2019). Pflegende Angehörige in Deutschland: Wer pflegt, wo, für wen und wie? *Zeitschrift für Sozialreform, 65*(2), 175–203.

Esterling, B. A., L'Abate, L., Murray, E. J. & Pennebaker, J. W. (1999). Empirical foundations for writing in prevention and psychotherapy: Mental and physical health outcomes. *Clinical Psychology Review, 19*(1), 79–96.

Fischer, J.-S. (2022). *Das Schreiben von Tagebüchern als Weg zum Selbst*. Graz.

Flick, U. (2007). *Qualitative Sozialforschung. Eine Einführung* (10. Aufl.). Reinbek bei Hamburg: Rowohlt-Taschenbuch-Verlag.

Flick, U. (2014). *Qualitative Sozialforschung. Eine Einführung* (Vollst. überarb. und erw. Neuausg., Orig.-Ausg.). Reinbek bei Hamburg: Rowohlt-Taschenbuch-Verlag.

Flick, U., von Kardorff, E. & Steinke, I. (2022). *Qualitative Forschung: Ein Handbuch*. (14. Aufl.). Reinbek bei Hamburg: Rowohlt Taschenbuch Verlag.

Francis, M. E. & Pennebaker, J. W. (1992). Putting stress into words: The impact of writing on physiological, absentee, and self-reported emotional well-being measures. *American Journal of Health Promotion, 6*(4), 280–287.

Franke, A., Kramer, B., Jann, P. M., Van Holten, K., Zentgraf, A., Otto, U. & Bischofberger, I. (2019). Aktuelle Befunde zu "distance caregiving". *Zeitschrift für Gerontologie und Geriatrie, 52*(6), 521–528.

Franke, L. (2005). *Demenz in der Ehe: über die verwirrende Gleichzeitigkeit von Ehe- und Pflegebeziehung in der psychosozialen Beratung für Ehepartner Demenzkranker*. Bielefeld.

Frattaroli, J. (2006). Experimental disclosure and its moderators: a meta-analysis. *Psychological Bulletin, 132*(6), 823–865.
Fredrickson, B. L. (1998). What good are positive emotions? *Review of General Psychology, 2*(3), 300–319.
Fredrickson, B. L. (2004). The broaden–and–build theory of positive emotions. *Philosophical Transactions of the Royal Society of London. Series B: Biological Sciences, 359*(1449), 1367–1377.
Frewer-Graumann, S. (2020). „Es ändert sich alles" – der Alltag mit Demenz aus der Perspektive der Angehörigen. *Zeitschrift für Gerontologie und Geriatrie, 53*(1), 3–9.
Fringer, A., Nemecek, G. & Benedetti, F. D. (2022). Einsamkeit und soziale Isolation pflegender Angehöriger. *PiD-Psychotherapie im Dialog, 23*(04), 51–55.
Generali. (2017). *Generali Altersstudie 2017. Wie ältere Menschen in Deutschland denken und leben*. Heidelberg: Springer.
Gérain, P. & Zech, E. (2019). Informal caregiver burnout? Development of a theoretical framework to understand the impact of caregiving. *Frontiers in Psychology, 10*, 1748.
Gerger, H., Werner, C. P., Gaab, J. & Cuijpers, P. (2021). Comparative efficacy and acceptability of expressive writing treatments compared with psychotherapy, other writing treatments, and waiting list control for adult trauma survivors: A systematic review and network meta-analysis. *Psychological Medicine, 52*(15), 3484–3496.
Gibson, R. & Gander, P. (2021). Factors associated with the sleep of carers: a survey of New Zealanders supporting a family member with cognitive impairment or dementia. *Dementia, 20*(3), 919–935.
Gort, A. M., Mingot, M., Gomez, X., Soler, T., Torres, G., Sacristán, O., Miguelsanz, S., Nicolas, F., Perez, A. & de Miguel, M. (2007). Use of the Zarit scale for assessing caregiver burden and collapse in caregiving at home in dementias. *International Journal of Geriatric Psychiatry: A Journal of the Psychiatry of Late Life and Allied Sciences, 22*(10), 957–962.
Gräßel, E. (1994). Physical complaints and subjective stress in working relatives. *Deutsche Medizinische Wochenschrift, 119*(14), 501–506.
Gräßel, E. (1998). Häusliche Pflege dementiell und nicht dementiell Erkrankter Teil II: Gesundheit und Belastung der Pflegenden. *Zeitschrift für Gerontologie und Geriatrie, 31*(1), 57–62.
Gräßel, E. & Behrndt, E.-M. (2016). Belastungen und Entlastungsangebote für pflegende Angehörige. In K. Jacobs, A. Kuhlmey, S. Greß, J. Klauber & A. Schwinger (Hg.), *Pflege-Report 2016: Schwerpunkt: Die Pflegenden im Fokus*. Stuttgart: Schattauer Verlag. S. 169–187.
Greenberg, M. A. & Stone, A. A. (1992). Emotional disclosure about traumas and its relation to health: effects of previous disclosure and trauma severity. *Journal of Personality and Social Psychology, 63*(1), 75–84.
Greenberg, M. A., Wortman, C. B. & Stone, A. A. (1996). Emotional expression and physical health: Revising traumatic memories or fostering self-regulation? *Journal of Personality and Social Psychology, 71*(3), 588–602.
Gugulski, G. (2002). *Die Selbstdarstellung im Tagebuch: am Beispiel des Tagebuchs Witold Gombrowicz'*. Wien: WUV-Univ.-Verlag.
Habermann, B., Hines, D. & Davis, L. L. (2013). Caring for parents with neurodegenerative disease: a qualitative description. *Clinical nurse specialist CNS, 27*(4), 182–187.

Haertl, K. L. & Ero-Phillips, A. M. (2019). The healing properties of writing for persons with mental health conditions. *Arts & Health, 11*(1), 15–25.

Haley, W. E., Roth, D. L., Howard, G. & Safford, M. M. (2010). Caregiving strain and estimated risk for stroke and coronary heart disease among spouse caregivers: differential effects by race and sex. *Stroke, 41*(2), 331–336.

Helfferich, C. (2011). *Die Qualität qualitativer Daten: Manual für die Durchführung qualitativer Interviews* (4. Aufl.). Wiesbaden: VS-Verlag für Sozialwissenschaften.

Hetzel, C., Baumann, R. & Diekmann, J. (2015). Handlungsbedarf für Gesundheitsförderung und Prävention aus Sicht pflegender Angehöriger. *Pflegewissenschaft, 17*(7–8), 408–415.

Hobler, D., Klenner, C., Pfahl, S., Sopp, P. & Wagner, A. (2017). *Wer leistet unbezahlte Arbeit? Hausarbeit, Kindererziehung und Pflege im Geschlechtervergleich. Aktuelle Auswertungen aus dem WSI GenderDatenPortal*. WSI Report Nr. 35, Wirtschafts- und Sozialwissenschaftliches Institut der Hans-Böckler-Stiftung. Düsseldorf.

Hochgraeber, I., Köhler, K., Stöcker, H. & Holle, B. (2023). The dyadic relationship of family carers and people living with dementia – an umbrella review. *Aging & Mental Health, 27*(10), 1965–1974.

Hocke, G. R. (1963). Das europäische Tagebuch. Wiesbaden. *Limes*.

Hocke, G. R. (1978). *Das europäische Tagebuch: Europäische Tagebücher aus vier Jahrhunderten* (2. Aufl.). Wiesbaden: Limes.

Holliday, R., Ricke, D. J., Ricklefs, C. & Mealer, M. (2023). Brief Narrative Writing Program Implemented in a Neurosurgical Intensive Care Unit During the COVID-19 Pandemic. *American Journal of Critical Care, 32*(2), 131–135.

Hopf, C. (1978). Die Pseudo-Exploration – Überlegungen zur Technik qualitativer Interviews in der Sozialforschung. *Zeitschrift für Soziologie, 7*(2), 97–115.

Horn, A. B. & Mehl, M. R. (2004). Expressives Schreiben als Copingtechnik: Ein Überblick über den Stand der Forschung. *Verhaltenstherapie, 14*(4), 274–283.

Kang, J., Shin, D. W., Choi, J. E., Sanjo, M., Yoon, S. J., Kim, H. K., Oh, M. S., Kwen, H. S., Choi, H. Y. & Yoon, W. H. (2013). Factors associated with positive consequences of serving as a family caregiver for a terminal cancer patient. *Psycho-oncology, 22*(3), 564–571.

Kantar Public. (2019). *Wissenschaftliche Evaluation der Umstellung des Verfahrens zur Feststellung der Pflegebedürftigkeit (§ 18c Abs. 2 SGB XI) – Los 2: Allgemeine Befragungen*. München: Version vom September 2019.

Kelle, N. & Ehrlich, U. (2022). *Situation unterstützender und pflegender Angehöriger von Menschen mit Demenz*. [DZA Aktuell 04/2022]. Berlin: Deutsches Zentrum für Altersfragen.

Kim, Y., Schulz, R. & Carver, C. S. (2007). Benefit finding in the cancer caregiving experience. *Psychosomatic Medicine, 69*(3), 283–291.

King, L. A. (2001). The health benefits of writing about life goals. *Personality and Social Psychology Bulletin, 27*(7), 798–807.

King, L. A. (2002). Gain without pain? Expressive writing and self-regulation. In S. J. Lepore & J. M. Smyth (Hg.), *The writing cure: How expressive writing promotes health and emotional well-being*. Washington, DC: American Psychological Association. S. 119–134.

Literaturverzeichnis

King, L. A. & Miner, K. N. (2000). Writing about the perceived benefits of traumatic events: Implications for physical health. *Personality and Social Psychology Bulletin, 26*(2), 220–230.

Klein, K. & Boals, A. (2001). Expressive writing can increase working memory capacity. *Journal of Experimental Psychology: General, 130*(3), 520–533.

Knauf, A.-F. (2004). *Demenz und pflegende Angehörige. Eine Intervention zur Steigerung der Lebensqualität von pflegenden Angehörigen.* Köln.

Kochinka, A. (2008). *Psychisches Geschehen im Tagebuch: kulturpsychologische Fallstudien.* Weilerswist: Velbrück Wiss.

Koehler, I. (2014). Key to Care: Report of the Burstow Commission on the future of the home care workforce. UK: Local Government Information Unit.

Kramer, B. J. (1997a). Differential Predictors of Strain and Gain Among Husbands Caring for Wives With Dementia. *The Gerontologist, 37*(2), 239–249.

Kramer, B. J. (1997b). Gain in the caregiving experience: Where are we? What next? *The Gerontologist, 37*(2), 218–232.

Kröner-Herwig, B., Linkemann, A. & Morris, L. (2004). Selbstöffnung beim Schreiben über belastende Lebensereignisse: Ein Weg in die Gesundheit. *Zeitschrift für Klinische Psychologie und Psychotherapie, 33*(3), 183–195.

Kruse, A. (2017). *Lebensphase hohes Alter: Verletzlichkeit und Reife.* Berlin: Springer.

Kruse, A. (2021a). Spiritualität als eine Dimension beziehungsorientierter Pflege. In I. Darmann-Finck & H. Mertesacker (Hg.), *Pflegerische Versorgung alter Menschen. Qualität – Konzepte – Rahmenbedingungen. Festschrift für Prof. Dr. Stefan Görres.* S. 125–144.

Kruse, A. (2021b). *Vom Leben und Sterben im Alter: Wie wir das Lebensende gestalten können.* Stuttgart: Kohlhammer Verlag.

Kruse, A. (2023). *Leben in wachsenden Ringen. Sinnerfülltes Alter.* Stuttgart: Kohlhammer.

Kruse, A. & Schmitt, E. (1998). Halbstrukturiertes Interview. In G. Jüttemann & H. Thomae (Hg.), *Biographische Methoden in den Humanwissenschaften.* Weinheim: Beltz Taschenbuch. S. 161–174.

Kruse, A. & Schmitt, E. (2018). Spirituality and transcendence. In R. Fernández-Ballesteros, A. Benetos & J.-M. Robine (Hg.), *The Cambridge Handbook of Successful Aging.* Cambridge; New York: Cambridge University Press. S. 426–454.

Kruse, A., Schmitt, E., Becker, G., Böttner, S., Ehret, S., Hinner, J., Jannaschk, M., Kiefer, A., Köhler, J. & Sörensen, M. (2022). Mitverantwortung in „sorgenden Gemeinschaften" als eine Form der Weltgestaltung und Teilhabe im Alter. In A. Kruse & E. Schmitt (Hg.), *>>... der Augenblick ist mein und nehm ich den in Acht<< Daseinsthemen und Lebenskontexte alter Menschen.* Heidelberg University Publishing. S. 139–175.

Kruse, J. (2014). *Qualitative Interviewforschung: Ein integrativer Ansatz* (2. Aufl.). Weinheim; Basel: Beltz Juventa.

Kuckartz, U. (2018). *Qualitative Inhaltsanalyse. Methoden, Praxis, Computerunterstützung* (4. Aufl.). Weinheim; Basel: Beltz Juventa.

Kuhlmey, A. & Budnick, A. (2023). Pflegende Angehörige in Deutschland: Vereinbarkeit von Pflege und Erwerbstätigkeit. *Bundesgesundheitsblatt – Gesundheitsforschung – Gesundheitsschutz, 66*(5), 550–556.

Kunz, A. M. (2018). *Einführung in Diary-Verfahren: Theorie und Praxis in qualitativer Forschung.* Weinheim; Basel: Beltz Juventa.

Kurz, A. & Wilz, G. (2011). Die Belastung pflegender Angehöriger bei Demenz. *Der Nervenarzt, 82*(3), 336–342.

Kuuppelomäki, M., Sasaki, A., Yamada, K., Asakawa, N. & Shimanouchi, S. (2004). Family carers for older relatives: sources of satisfaction and related factors in Finland. *International Journal of Nursing Studies, 41*(5), 497–505.

Laireiter, A. & Thiele, C. (1995). Psychologische Soziodiagnostik: Tagebuchverfahren zur Erfassung sozialer Interaktionen, sozialer Beziehungen und sozialer Unterstützung. *Zeitschrift für Differentielle und Diagnostische Psychologie, 16*, 125–151.

Lazarus, R. & Folkman, S. (1984). *Appraisal, stress, and coping.* New York: Springer.

Leipold, B., Schacke, C. & Zank, S. (2008). Personal growth and cognitive complexity in caregivers of patients with dementia. *European Journal of Ageing, 5*(3), 203–214.

Leitner, S. (2013). *Varianten von Familialismus. Eine historisch vergleichende Analyse der Kinderbetreuungs- und Altenpflegepolitiken in kontinentaleuropäischen Wohlfahrtsstaaten* (Bd. 91). Berlin: Duncker & Humblot.

Lepore, S. J. & Smyth, J. M. (2002). *The writing cure: How expressive writing promotes health and emotional well-being.* American Psychological Association.

Lévesque, L., Gendron, C., Vézina, J., Hébert, R., Ducharme, F., Lavoie, J.-P., Gendron, M., Voyer, L. & Preville, M. (2002). The process of a group intervention for caregivers of demented persons living at home: conceptual framework, components and characteristics. *Aging & Mental Health, 6*(3), 239–247.

Lévinas, E. (2006). *Die Unvorhersehbarkeiten der Geschichte.* Freiburg; München: Karl Alber Verlag.

Lévinas, E. (2013). *Gott, der Tod und die Zeit,* übers. v. Nettling, A.; Wasel, U. Wien.

Lichte, T., Beyer, M., Mand, P. & Fischer, G. (2005). Die neue DEGAM-Leitlinie Nr. 6 „Pflegende Angehörige". *Zeitschrift für Allgemeinmedizin, 81*(2), 79–84.

Lindeza, P., Rodrigues, M., Costa, J., Guerreiro, M. & Rosa, M. M. (2020). Impact of dementia on informal care: a systematic review of family caregivers' perceptions. *BMJ Supportive & Palliative Care, 0,*1–12.

Lloyd, J., Patterson, T. & Muers, J. (2016). The positive aspects of caregiving in dementia: A critical review of the qualitative literature. *Dementia, 15*(6), 1534–1561.

López, J., López-Arrieta, J. & Crespo, M. (2005). Factors associated with the positive impact of caring for elderly and dependent relatives. *Archives of Gerontology and Geriatrics, 41*(1), 81–94.

Lorenz, T., Algner, M. & Binder, B. (2022). A positive psychology resource for students? Evaluation of the effectiveness of the 6 minutes diary in a randomized control trial. *Frontiers in Psychology, 13*, 896741.

Louderback, P. (2000). Elder care: A positive approach to caregiving. *Journal of the American Academy of Nurse Practitioners, 12*(3), 97–100.

Mantovan, F., Ausserhofer, D., Huber, M., Schulc, E. & Them, C. (2012). Interventionen und deren Effekte auf pflegende Angehörige von Menschen mit Demenz – Eine systematische Literaturübersicht. *Pflege, 23*(4), 223–239.

Mayring, P. (2015). *Qualitative Inhaltsanalyse: Grundlagen und Techniken* (12. Aufl.). Weinheim; Basel: Beltz.

McAdams, D. P. (1996). Personality, modernity, and the storied self: A contemporary framework for studying persons. *Psychological Inquiry, 7*(4), 295–321.

McCausland, J. & Pakenham, K. (2003). Investigation of the benefits of HIV/AIDS caregiving and relations among caregiving adjustment, benefit finding, and stress and coping variables. *AIDS Care*, *15*(6), 853–869.
McLean, K. C., Pasupathi, M. & Pals, J. L. (2007). Selves creating stories creating selves: A process model of self-development. *Personality and Social Psychology Review*, *11*(3), 262–278.
Medizinischer Dienst des Spitzenverbandes Bund der Krankenkassen e.V. (Hg.) (2019). *Grundsatzstellungnahme Menschen mit Demenz – Begleitung, Pflege und Therapie*. Essen.
Mehrotra, S. & Sukumar, P. (2007). Sources of strength perceived by females caring for relatives diagnosed with cancer: an exploratory study from India. *Supportive Care in Cancer*, *15*, 1357–1366.
Meier, D., Ermini-Fünfschilling, D., Monsch, A. U. & Stähelin, H. (1999). Pflegende Familienangehörige von Demenzpatienten. Ihre Belastungen und ihre Bedürfnisse. *Zeitschrift für Gerontopsychologie und -psychiatrie*, *12*(2), 85–96.
Merkens, H. (2000). Auswahlverfahren, Sampling, Fallkonstruktion. In U. Flick, E. von Kardorff & I. Steinke (Hg.), *Qualitative Forschung. Ein Handbuch*. Reinbeck bei Hamburg: Rohwolt-Taschenbuch-Verlag. S. 286–299.
Mey, G. (2000). Qualitative Forschung und Prozeßanalyse: Überlegungen zu einer „Qualitativen Entwicklungspsychologie". *Forum Qualitative Sozialforschung*, *1*(1), 10.
Mey, G. (2018). Qualitative Forschung in der Entwicklungspsychologie. In G. Mey & K. Mruck (Hg.), *Handbuch Qualitative Forschung in der Psychologie*. Wiesbaden: Springer Fachmedien. S. 1–18.
Mey, G. (2020). Qualitative Entwicklungspsychologie. In G. Mey & K. Mruck (Hg.), *Handbuch Qualitative Forschung in der Psychologie. Band 1: Ansätze und Anwendungsfelder*. Wiesbaden: Springer Fachmedien. S. 323–340.
Mey, G. & Mruck, K. (2020). *Handbuch Qualitative Forschung in der Psychologie. Band 2: Designs und Verfahren* (2. Aufl.). Wiesbaden: Springer Fachmedien.
Mey, G. & Ruppel, P. S. (2018). Qualitative Forschung. In O. Decker (Hg.), *Sozialpsychologie und Sozialtheorie. Band 1: Zugänge*. Wiesbaden: Springer Fachmedien. S. 205–244.
Meyen, M. & Averbeck-Lietz, S. (2016). Nicht standardisierte Methoden in der Kommunikationswissenschaft: Eine Entwicklungsgeschichte zur Einführung. In S. Averbeck-Lietz & M. Meyen (Hg.), *Handbuch nicht standardisierte Methoden in der Kommunikationswissenschaft*. Wiesbaden: Springer Fachmedien. S. 1–14.
Motenko, A. K. (1989). The frustrations, gratifications, and well-being of dementia caregivers. *The Gerontologist*, *29*(2), 166–172.
Netto, N. R., Jenny, G. Y. N. & Philip, Y. L. K. (2009). Growing and gaining through caring for a loved one with dementia. *Dementia*, *8*(2), 245–261.
Nolan, M. & Allan, S. (2012). The 'Senses Framework': a relationship-centred approach to care. In J. Katz, S. Peace & S. Spurr (Hg.), *Adult lives: A life course perspective*. Bistrol: Policy Press. S. 100–109.
Nolan, M., Brown, J., Davies, S., Nolan, J. & Keady, J. (2006). The Senses Framework: Improving Care For Older People Through a Relationship-Centred Approach. Getting Research into Practice (GRiP, Report no 2.). Sheffield.
Nolan, M., Grant, G. & Keady, J. (1996). Understanding family care: A Multidimensional Model of Caring and Coping. Buckingham: Open University Press.

Nolan, M., Grant, G., Keady, J. & Lundh, U. (2003a). New directions for partnerships: relationship-centred care. In M. Nolan, G. Grant, J. Keady & U. Lundh (Hg.), *Partnerships in Family Care: understanding the caregiving career*, Maidenhead; Philadelphia: Open University Press. S. 257–291.

Nolan, M., Lundh, U., Grant, G. & Keady, J. (2003b). *Partnerships in Family Care: understanding the caregiver career*. Maidenhead; Philadelphia: Open University Press.

Nolan, M. R., Davies, S., Brown, J., Keady, J. & Nolan, J. (2004). Beyond 'person-centred'care: a new vision for gerontological nursing. *Journal of clinical nursing, 13*(3a), 45–53.

Nowossadeck, S. (2018). Pflegende Angehörige. In C. Tesch-Römer & C. Hagen (Hg.), *Ausgewählte Aspekte zur informellen häuslichen Pflege in Deutschland (DZA-Fact Sheet)*. Berlin: Deutsches Zentrum für Altersfragen. S. 17–20.

Nowossadeck, S., Engstler, H. & Klaus, D. (2016). Pflege und Unterstützung durch Angehörige. (Report Altersdaten, 1/2016). Berlin: Deutsches Zentrum für Altersfragen.

Olivieri, P., Sarazin, M. & Lagarde, J. (2022). Young onset dementias. In S. Gauthier, C. Webster, S. Servaes, JA Morais & P. Rosa-Neto (Hg.), *World Alzheimer Report 2022: Life after diagnosis: Navigating treatment, care and support*. London: Alzheimer's Disease International. S. 335–337.

Pakenham, K. I. (2005). The positive impact of multiple sclerosis (MS) on carers: associations between carer benefit finding and positive and negative adjustment domains. *Disability and Rehabilitation, 27*(17), 985–997.

Peacock, S., Forbes, D., Markle-Reid, M., Hawranik, P., Morgan, D., Jansen, L., Leipert, B. D. & Henderson, S. R. (2010). The positive aspects of the caregiving journey with dementia: Using a strengths-based perspective to reveal opportunities. *Journal of Applied Gerontology, 29*(5), 640–659.

Pearlin, L. I., Mullan, J. T., Semple, S. J. & Skaff, M. M. (1990). Caregiving and the stress process: An overview of concepts and their measures. *The Gerontologist, 30*(5), 583–594.

Pendergrass, A., Mittelman, M., Graessel, E., Özbe, D. & Karg, N. (2019). Predictors of the personal benefits and positive aspects of informal caregiving. *Aging & mental health, 23*(11), 1533–1538.

Pendergrass, A., Weiß, S., Rohleder, N. & Graessel, E. (2023). Validation of the Benefits of Being a Caregiver Scale (BBCS) – Further development of an independent characteristic of informal caregiving. *BMC Geriatrics, 23*(1), 1–10.

Pennebaker, J. W. (1990). *Opening up: The healing power of confiding in others*. New York: William Morrow and Company.

Pennebaker, J. W. & Beall, S. K. (1986). Confronting a traumatic event: toward an understanding of inhibition and disease. *Journal of Abnormal Psychology, 95*(3), 274–281.

Pennebaker, J. W. & Chung, C. K. (2011). Expressive writing and its links to mental and physical health. In *Oxford handbook of health psychology. Reference & Research Book News* (Bd. 26). Portland: Ringgold, Inc. S. 417–437.

Pennebaker, J. W. & Francis, M. E. (1996). Cognitive, emotional, and language processes in disclosure. *Cognition & Emotion, 10*(6), 601–626.

Pennebaker, J. W., Kiecolt-Glaser, J. K. & Glaser, R. (1988). Disclosure of traumas and immune function: health implications for psychotherapy. *Journal of Consulting and Clinical Psychology, 56*(2), 239–245.

Pennebaker, J. W. & Seagal, J. D. (1999). Forming a story: The health benefits of narrative. *Journal of Clinical Psychology, 55*(10), 1243–1254.

Petrie, K. J., Booth, R. J., Pennebaker, J. W., Davison, K. P. & Thomas, M. G. (1995). Disclosure of trauma and immune response to a hepatitis B vaccination program. *Journal of Consulting and Clinical Psychology, 63*(5), 787–792.

Pfau-Effinger, B., Och, R. & Eichler, M. (2008). Ökonomisierung, Pflegepolitik und Strukturen der Pflege älterer Menschen. In A. Evers & R. G. Heinze (Hg.), *Sozialpolitik: Ökonomisierung und Entgrenzung.* Wiesbaden: VS Verlag für Sozialwissenschaften. S. 83–98.

Pillemer, S., Davis, J. & Tremont, G. (2018). Gender effects on components of burden and depression among dementia caregivers. *Aging & Mental Health, 22*(9), 1162–1167.

Pinquart, M. & Sörensen, S. (2003). Differences between caregivers and noncaregivers in psychological health and physical health: a meta-analysis. *Psychology and Aging, 18*(2), 250–267.

Pinquart, M. & Sörensen, S. (2004). Associations of caregiver stressors and uplifts with subjective well-being and depressive mood: a meta-analytic comparison. *Aging & Mental Health, 8*(5), 438–449.

Pinquart, M. & Sörensen, S. (2007). Correlates of physical health of informal caregivers: a meta-analysis. *The Journals of Gerontology Series B: Psychological Sciences and Social Sciences, 62*(2), S.126–137.

Preyer, W. T. (1923). *Die Seele des Kindes (Nach dem Tode des Verfassers bearbeitet und herausgegeben von Karl Ludolf Schaefer).* Leipzig: Grieben.

Pruchno, R. A., Michaels, J. E. & Potashnik, S. L. (1990). Predictors of institutionalization among Alzheimer disease victims with caregiving spouses. *Journal of Gerontology, 45*(6), S. 259–266.

Pysklywec, A., Plante, M., Auger, C., Mortenson, W. B., Eales, J., Routhier, F. & Demers, L. (2020). The positive effects of caring for family carers of older adults: a scoping review. *International Journal of Care and Caring, 4*(3), 349–375.

Rädiker, S. & Kuckartz, U. (2019). *Analyse qualitativer Daten mit MAXQDA. Text, Audio und Video.* Wiesbaden: Springer Fachmedien.

Reinders, H. (2016). *Qualitative Interviews mit Jugendlichen führen: Ein Leitfaden* (3. Aufl.). Berlin; Boston: De Gruyter Oldenbourg

Reis, H., Erber, R. & Gilmour, R. (1994). Domains of experience: Investigating relationship processes from three perspectives. In R. Erber & R. Gilmour (Hg.),*Theoretical frameworks for personal relationships.* Hillsdale, NJ: Lawrence Erlbaum Associates. S. 87–110.

Ribeiro, O. & Paúl, C. (2008). Older male carers and the positive aspects of care. *Ageing & Society, 28*(2), 165–183.

Riedijk, S., Duivenvoorden, H., Rosso, S., Van Swieten, J., Niermeijer, M. & Tibben, A. (2008). Frontotemporal dementia: change of familial caregiver burden and partner relation in a Dutch cohort of 63 patients. *Dementia and Geriatric Cognitive Disorders, 26*(5), 398–406.

Risch, A. K. & Wilz, G. (2013). Ressourcentagebuch: Verbesserung der Emotionsregulation und der Ressourcenrealisierung durch therapeutisches Schreiben im Anschluss an eine Psychotherapie. *Zeitschrift für Klinische Psychologie und Psychotherapie, 42*(1), 1–13.

Ritzi, S. (2023). *Freiheitseinschränkende Maßnahmen bei Menschen mit Demenz in professionellen Sorgebeziehungen. Kritische Darstellung und ethisch-fachliche Reflexion.* Wiesbaden: Springer Nature.

Robert-Koch-Institut. (2014). *Daten und Fakten: Ergebnisse der Studie »Gesundheit in Deutschland aktuell 2012«. Beiträge zur Gesundheitsberichterstattung des Bundes.* Berlin: Robert-Koch-Institut.

Rohr, M. K. & Lang, F. R. (2011). Familie und Pflege im höheren Erwachsenenalter: Motivationale Prozesse der Gestaltung von Pflegebeziehungen. In H. Bertram & N. Ehlert (Hg.), *Familie, Bindungen und Fürsorge. Familiärer Wandel in einer vielfältigen Moderne.* Opladen; Farmington Hills, MI: Verlag Barbara Budrich. S. 299–320.

Roth, D. L., Sheehan, O. C., Haley, W. E., Jenny, N. S., Cushman, M. & Walston, J. D. (2019). Is family caregiving associated with inflammation or compromised immunity? A meta-analysis. *The Gerontologist, 59*(5), S. 521–534.

Rothgang, H. & Müller, R. (2018). *Pflegereport 2018: Schriftenreihe zur Gesundheitsanalyse,* (Band 12). Berlin: BARMER

Ruini, C. & Mortara, C. C. (2022). Writing Technique Across Psychotherapies – From Traditional Expressive Writing to New Positive Psychology Interventions: A Narrative Review. *Journal of Contemporary Psychotherapy, 52*(1), 23–34.

Ryff, C. D. (1989). Happiness is everything, or is it? Explorations on the meaning of psychological well-being. *Journal of Personality and Social Psychology, 57*(6), 1069–1081.

Ryff, C. D., Boylan, J. M. & Kirsch, J. A. (2021). Eudaimonic and hedonic well-being. An Integrative Perspective with Linkages to Sociodemographic Factors and Health. In M. T. Lee, L. D. Kubzansky & T. J. Van der Weele (Hg.), *Measuring Well-Being.* Oxford: Oxford University Press. S. 92–135.

Ryff, C. D. & Keyes, C. L. M. (1995). The structure of psychological well-being revisited. *Journal of Personality and Social Psychology, 69*(4), 719–727.

Sallim, A. B., Sayampanathan, A. A., Cuttilan, A. & Ho, R. C.-M. (2015). Prevalence of mental health disorders among caregivers of patients with Alzheimer disease. *Journal of the American Medical Directors Association, 16*(12), 1034–1041.

Schaeffer, D. (2001). Unterstützungsbedarf pflegender Angehöriger von dementiell Erkrankten. Ergebnisse einer empirischen Untersuchung. *Psychomed, 13*(4), 242–249.

Schäufele, M., Köhler, L., Lode, S. & Weyerer, S. (2007). Welche Faktoren sind mit subjektiver Belastung und Depressivität bei Pflegepersonen kognitiv beeinträchtigter älterer Menschen assoziiert? Ergebnisse einer repräsentativen Studie in Deutschland. *Zeitschrift für Gerontopsychologie & -psychiatrie, 20*(4), 197–210.

Schneekloth, U., Geiss, S. & Pupeter, M. (2017). *Abschlussbericht. Studie zur Wirkung des Pflege-Neuausrichtungs-Gesetzes (PNG) und des ersten Pflegestärkungsgesetzes (PSG I).* München: TNS Infratest Sozialforschung.

Schnicke, F. (2009). 18. Jahrhundert. In C. Klein (Hg.), *Handbuch Biographie: Methoden, Traditionen, Theorien.* Stuttgart; Weimar: Verlag J.B. Metzler. S. 234–242.

Schönborn, S. (1999). *Das Buch der Seele. Tagebuchliteratur zwischen Aufklärung und Kunstperiode* (Bd. 68). Tübingen: Max Niemeyer Verlag.

Schulze, E. & Drewes, J. (2004). Die gesundheitliche Situation von Pflegenden in der Bundesrepublik Deutschland: eine Auswertung des Lebenserwartungssurveys des BiB. Deutschland: Bundesinstitut für Bevölkerungsforschung.

Scott, V. B., Robare, R. D., Raines, D. B., Konwinski, S. J., Chanin, J. A. & Tolley, R. S. (2003). Emotive writing moderates the relationship between mood awareness and athletic performance in collegiate tennis players. *North American Journal of Psychology, 5(2), 311–324.*
Seemann, H. (1997). Tagebuchverfahren – Eine Einführung. In G. Wilz & E. Brähler (Hg.), *Tagebücher in Therapie und Forschung. Ein anwendungsorientierter Leitfaden.* Göttingen; Bern; Toronto; Seattle: Hogrefe. S. 13–33.
Seiffge-Krenke, I., Scherbaum, S. & Aengenheister, N. (1997). Das „Tagebuch": Ein Überblick über die Anwendung der Tagebuchmethode in Forschung und Therapiepraxis. In G. Wilz & E. Brähler (Hg.), *Tagebücher in Therapie und Forschung. Ein anwendungsorientierter Leitfaden.* Göttingen; Bern; Toronto; Seattle: Hogrefe. S. 34–60.
Seligman, M. E. & Csikszentmihalyi, M. (2000). Positive Psychology: An Introduction. *American Psychologist, 55*(1), 5–14.
Seligman, M. E., Steen, T. A., Park, N. & Peterson, C. (2005). Positive Psychology Progress: Empirical Validation of Interventions. *American Psychologist, 60*(5), 410–421.
Simón, M. A., Bueno, A. M., Otero, P., Blanco, V., & Vázquez, F. L. (2019). Caregiver burden and sleep quality in dependent people's family caregivers. *Journal of Clinical Medicine, 8*(7), 1072.
Smaling, H. J., Joling, K. J., Achterberg, W. P., Francke, A. L. & van der Steen, J. T. (2021). Measuring positive caregiving experiences in family caregivers of nursing home residents: A comparison of the Positive Experiences Scale, Gain in Alzheimer Care INstrument, and Positive Aspects of Caregiving questionnaire. *Geriatrics & Gerontology International, 21*(8), 636–643.
Smyth, J. M., Stone, A. A., Hurewitz, A. & Kaell, A. (1999). Effects of writing about stressful experiences on symptom reduction in patients with asthma or rheumatoid arthritis: A randomized trial. *Jama, 281*(14), 1304–1309.
Sperl, I. (2010). *Geschriebene Identität – Lebenslinien in Tagebüchern* (Bd. 26). München: Herbert Utz Verlag.
Stangl, W. (2023). *Tagebuchmethode.* Online Lexikon für Psychologie & Pädagogik https://lexikon.stangl.eu/20217/tagebuchmethode; 19.09.2023
Statistisches Bundesamt (2020). *Pflegestatistik 2019. Pflege im Rahmen der Pflegeversicherung.* Deutschlandergebnisse. Wiesbaden: Statistisches Bundesamt (Destatis).
Statistisches Bundesamt (2022). *Pflegestatistik 2021. Pflege im Rahmen der Pflegeversicherung.* Deutschlandergebnisse. Wiesbaden: Statistisches Bundesamt (Destatis).
Steiner, K. L., Pillemer, D. B. & Thomsen, D. K. (2019). Writing about life story chapters increases self-esteem: Three experimental studies. *Journal of Personality, 87*(5), 962–980.
Stern, C. & Stern, W. (1907). *Monographien über die seelische Entwicklung des Kindes.* Leipzig: Johann Ambrosius Barth.
Wagner, M., Franke, A. & Otto, U. (2019). Pflege über räumliche Distanz hinweg: Ergebnisse einer Datenanalyse des Survey of Health, Ageing and Retirement in Europe. *Zeitschrift für Gerontologie und Geriatrie, 52*(6), 529–536.
Wang, J., Li, X., Liu, W., Yang, B., Zhao, Q., Lü, Y. & Xiao, M. (2022). The positive aspects of caregiving in dementia: A scoping review and bibliometric analysis. *Frontiers in Public Health, 10,* 985391.

Weinman, J., Ebrecht, M., Scott, S., Walburn, J. & Dyson, M. (2008). Enhanced wound healing after emotional disclosure intervention. *British Journal of Health Psychology, 13*(1), 95–102.

Wetzstein, M., Rommel, A. & Lange, C. (2015). Pflegende Angehörige – Deutschlands größter Pflegedienst. *GBE Kompakt. Zahlen und Trends aus der Gesundheitsberichterstattung des Bundes, 6*(3). Berlin: Robert-Koch-Institut.

Wheeler, L. & Reis, H. T. (1991). Self-recording of everyday life events: Origins, types, and uses. *Journal of Personality, 59*(3), 339–354.

Wiloth, S. & Kramer, B. (2021). Pflegenden Angehörigen von Menschen mit Demenz eine Stimme geben: Wie in familiären Pflegearrangements die Selbstsorge Pflegender gestärkt werden kann. In H.-P. Zimmermann & S. Peng-Keller (Hg.), *Selbstsorge bei Demenz: Alltag, Würde, Spiritualität*. Frankfurt; New York: Campus Verlag. S. 329–356.

Wiloth, S., Kramer, B., Kiefer, A., Wittek, M., Böttner, S., Fraas, C. & Kruse, A. (2021). Die Methode der „Rathausgespräche": Ein Studienprotokoll. *Zeitschrift für Gerontologie und Geriatrie, 54*(8), 775–780.

Wilz, G. (2002). *Belastungsverarbeitung bei pflegenden Angehörigen von Demenzkranken. Eine Tagebuchstudie.* Göttingen; Bern; Toronto; Seattle: Hogrefe-Verlag.

Wilz, G., Adler, C., Gunzelmann, T. & Brähler, E. (1999). Auswirkungen chronischer Belastungen auf die physische und psychische Befindlichkeit – Eine Prozeßanalyse bei pflegenden Angehörigen von Demenzkranken. *Zeitschrift für Gerontologie und Geriatrie, 32*, 255–265.

Wilz, G., & Brähler, E. (1997). *Tagebücher in Therapie und Forschung: Ein anwendungsorientierter Leitfaden.* Göttingen; Bern; Toronto; Seattle: Hogrefe-Verlag.

Wilz, G. & Kalytta, T. (2012). Evaluation eines kognitiv-behavioralen Gruppenkonzepts für pflegende Angehörige von Demenzerkrankten. *PPmP-Psychotherapie· Psychosomatik· Medizinische Psychologie, 62*(09/10), 359–366.

Wilz, G. & Pfeiffer, K. (2019). *Pflegende Angehörige* (Bd. 73). Göttingen: Hogrefe Verlag GmbH & Co. KG.

Wilz, G., Risch, A. K. & Töpfer, N. F. (2017). *Das Ressourcentagebuch. Eine ressourcenaktivierende Schreibintervention für Therapie und Beratung.* Berlin: Springer-Verlag.

Wood, J. (2013). *Transformation. Through Journal Writing: The Art of Self-Reflection for the Helping Professions.* London: Jessica Kingsley Publishers.

Wright, J. & Chung, M. C. (2001). Mastery or mystery? Therapeutic writing: A review of the literature. *British Journal of Guidance & Counselling, 29*(3), 277–291.

Wuthenow, R. R. (1990). *Europäische Tagebücher: Eigenart, Formen, Entwicklung.* Darmstadt: Wissenschaftliche Buchgesellschaft.

Yu, D. S. F., Cheng, S.-T. & Wang, J. (2018). Unravelling positive aspects of caregiving in dementia: An integrative review of research literature. *International Journal of Nursing Studies, 79*, 1–26.

Zank, S. & Schacke, C. (2007). *Projekt Längsschnittstudie zur Belastung pflegender Angehöriger von demenziell Erkrankten (LEANDER).* Abschlussbericht Phase 2: Längsschnittergebnisse der LEANDER Studie. Berlin: Bundesministerium für Familie, Senioren, Frauen und Jugend.

Zarit, S. H. (2012). Positive aspects of caregiving: More than looking on the bright side. *Aging & Mental Health, 16*(6), 673–674.

Zarit, S. H., Orr, N. K. & Zarit, J. M. (1985). *The hidden victims of Alzheimer's disease: Families under stress.* New York; London: New York University Press.

Printed in the USA
CPSIA information can be obtained
at www.ICGtesting.com
CBHW070048150724
11591CB00005B/169

Printed in the USA
CPSIA information can be obtained
at www.ICGtesting.com
CBHW070048150724
11591CB00005B/169